统计学

李 涛 刘 鑫 吴 洁 冯兴东◎编著

中国人民大学出版社
·北京·

前 言

　　统计学是以数据为研究对象的学科。统计学家的任务就是通过数据表象来理解产生数据的运行机制，因此统计学并不能简单理解为数学的一个分支。统计学科的诞生和跨越性发展从来都是依赖于实际问题产生的需求。在国外，统计学学位有的是科学学位，有的是艺术学位，这也充分说明了这门学科的特点，既是科学又是艺术。就统计学的一些研究基础来看，统计学需要以数学学科作为理论工具，包括概率论、分析、代数等，因此国内经常把统计学放在理学门类下也不令人惊讶。然而，统计学在解决实际应用问题时，往往需要一些精心的设计和巧妙的思路，比如进行实验设计、因果推断、可视化等，从而又充满了艺术设计层面的内容。总体说来，统计学是一门扎根应用领域的学科，统计学和实际问题就是"鱼"和"水"的关系，离开了实际问题，统计学就缺少了生存的空间，因此其源源不断的发展生命力来自实际应用问题。

本书在传授统计学知识的同时，特别强调经管特色。我们将统计学的内容与实际经济和管理问题相结合，以案例分析的方式展示统计方法在实际中的应用。通过真实的案例，读者将能够更好地理解统计学的核心概念，并将其运用到实际问题的解决中。

此外，本书特别关注统计软件的使用。在现代数据分析中，统计软件已成为必不可少的工具，而能够进行编程的统计软件将赋予使用者更大的自由度，从而能够让使用者应对更为复杂的问题场景。为此，本书将授课内容与统计软件 R 的使用结合，以便读者能够高效地进行数据分析和统计建模。同时，为了更好地辅助学生熟练掌握 R 语言，本书还引入了上海财经大学统计与管理学院张立文老师课题组训练的大语言模型。大语言模型是近年来人工智能领域的重要突破，它能够生成高质量的自然语言文本，并提供实时的问题解答和学习辅助。通过与大语言模型的互动，读者将能够方便、快捷地学习 R 软件的使用并协助完成相关案例分析，提高学习效果。

最后，我们要强调的是，统计学是一门需要实践的学科。在学习过程中，我们将提供实际案例和练习题，供学习者进行实践和巩固。只有通过不断的实践和应用，才能真正掌握统计学的方法和技巧。

致谢

感谢我们的家人、同事以及学生们对本书的大力支持！

李 涛 刘 鑫 吴 洁 冯兴东

于上海财经大学

目　录

表　格

插　图

第 1 章　数据的收集与抽样

 引例：美国大选的民意调查

　　1936 年，美国罗斯福总统准备竞选连任，他的对手是堪萨斯州州长兰顿。美国权威的《文学文摘》杂志为了预测谁能当选总统，采用了大规模的模拟选举，向电话簿上的地址和俱乐部成员名单上的地址发出 1 000 万封信，收到回信 200 万封。在调查史上，样本量这么大是少见的，杂志社花费了大量的人力和物力，它相信自己的调查统计结果，即兰登将以 57% 对 43% 的优势获胜。而刚刚成立的盖洛普咨询公司在调查了 50 000 个样本后，便预测罗斯福会以 56% 的选票获胜。选举结果是罗斯福以 62.5% 对 37.5% 获得压倒性的胜利。这一结果可以说和《文学文摘》的预测结果大相径庭。为什么《文学文摘》基于如此大规模的样本进行的预测会出现错误？它的抽样调查出了什么问题？

　　正如报告 "Statistics at a Crossroads: Who is for the Challenge?"[①] 所指出的那样，统计学是一门以解决实践问题为中心的学科，不仅需要理解和重视具体的领域问题（如生物领域、金融领域、经济领域、环境领域等），也需要注重编程动手能力的培养。实际上，随着计算机软硬件的长足发展，越来越多的统计方法依赖于计算的实现，因此通过计算机编程实现统计方法对统计学而言已经成为不可或缺的重要基础手段。

1.1　总体与样本

　　统计学的研究对象是数据，但研究的目的绝不只是手上的数据，而是希望理解产生数据的运行规则。现代统计学的很多理论都是基于概率论来描述产生数据的未知世界。总而言之，统计学通过研究所能观察到的个体数据来达到解释总体特征的目的。

1.1.1　数据

　　这个时代深深地和数据 (data) 联系在一起，似乎每个人都在谈论数据。那么什么是数

---

① https://www.nsf.gov/mps/dms/documents/Statistics_at_a_Crossroads_Workshop_Report_2019.pdf.

据呢？数据可以是若干个数字、一张表格、一段书面文字或者语音，也可以是几张图片或者一段视频。在这个世界里，数据呈现出了丰富多彩的形态。在一项特定研究中收集到的数据集合，称为**数据集 (data set)**。例如，审计时，审计人员可能会随机抽取一些财务报表来审核，这些抽取的财务报表自然就是这次审计的一个数据集。审计的目的不是看看抽取出来的财务报表有无问题，而是希望搞清楚相关企业的财务状况、运营情况等。再例如，某条光伏产品的生产线上，工人不停地通过观察摄像头拍摄到的产品图片来确认光伏面板是否存在缺陷，那么这些光伏面板的图片组成的集合就是所要分析的数据集。

这里，围绕着数据还有一些概念和名词需要介绍。数据的采集对象在统计学中称作**元素 (element)**；元素的某个特征则称为一个**变量 (variable)**；在一项研究中，针对某个元素所采集的变量的取值汇在一起称为一个**观测值 (observation)**。

下面我们介绍一个简单的例子。假设客户拿过来如图1.1所示的 8 张图片，并且告诉数据分析人员这些图片来自同一个字母。客户希望搞清楚真实的字母到底是什么。

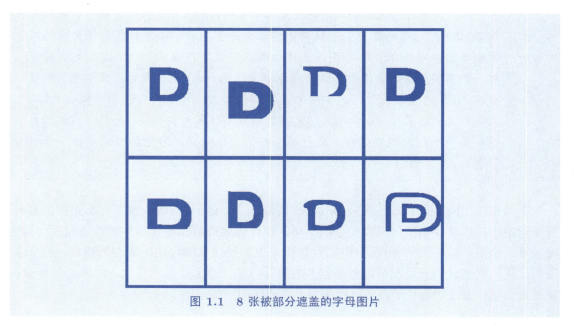

图 1.1　8 张被部分遮盖的字母图片

对于客户来说，他觉得已经提供了足够的数据和信息。当拿到了该数据集之后，数据分析人员掌握的实际数据是 8 张图片。数据分析人员还明白自己需要分析的元素是字母，且这批观测值来自 26 个字母中的某个字母而非多个字母。从图片来看，所有观测值只是某个字母同一部位的不同字体所形成的图片，因此对于数据分析人员来说，实际上这 8 个数据蕴含的有用**信息 (information)** 非常有限。客户和数据分析人员在数据和信息上的认知显然存在差别，然而这恰恰是现实中经常碰到的情况。数据越多并不必然意味着可以利用的有用信息越多。**先验 (prior)** 知识会告诉我们，能够形成这些图片的字母有四个：B、D、P、R（这里允许 8 张图片只展现字母的一部分），而通过这 8 个观测值想要 100% 确定是哪个字母根本不可能。其实这 8 张图片是我们有意盖住了字母的下半部分，真实情况如图1.2所示。

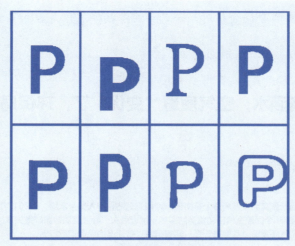

图 1.2　8 张字母的图片

对于数据分析人员而言，理解这一点并不困难，可是客户往往不能明白自己的数据集蕴含的信息并不能满足他的分析需求，甚至可能会质疑统计学是不是能帮助他解决问题。因此，数据分析人员能够较早地参与到数据获取的过程中将会有效提高数据的质量（即增加数据集中蕴含的有用信息），从而使客户的需求更好地得到满足。比如，合理的**抽样方法 (sampling method)** 就非常重要，在下一小节中，我们将介绍一些常用的抽样方法。

1.1.2　抽样方法

所谓**总体 (population)**，指的是我们在研究中感兴趣的所有元素的集合。比如，我们希望了解太湖的水质污染情况，那么我们研究的总体就是整个太湖，显然把整个太湖蕴含的数据信息全部提取出来并不可行。

而从总体中抽取出来的部分个体形成的集合叫作**样本 (sample)**。比如，我们为了分析太湖水质，从太湖中提取出一定量的水来分析，这个提取的过程就是一种抽样。当然如何提取就会涉及设计方案问题，和研究目的、**目标总体 (target population)** 的特点都有关联，也是统计学艺术属性的一面。如果所设计的抽样方案不当，那么可能会出现**抽样总体 (sampled population)** 与目标总体不一致的情况，这样抽取的数据很有可能带来结论性的谬误。

 视角与观点：我们希望了解某个地区的空气污染状况，显然我们的目标总体就是自然状况下该地区的空气。然而有些地方为了将公布的污染指数降低，可能会刻意在空气监测站附近通过洒水等方式净化附近的空气，从而使得监测站的空气样本实际上是从净化之后的空气中抽取的 (如下图所示)。这样就使得取样总体与目标总体出现了偏差，因此结论也就可能不正确。实际上，这种行为本质上是一种有意识的造假，通过改变取样总体来得到误导性的结论。因此我们在进行实际数据分析时，一定要注意抽样总体是否和目标总体一致，避免造假的嫌疑。

要闻　　　　　　　　　　　　　　　　　每经网首页 > 要闻 > 正文

向监测设备洒水，空气质量"变优"了，环保局长被抓起来了……

每日经济新闻　　2018-08-06 21:21:50

临汾市环保局原局长张文清授意局办公室主任张烨和监测站聘用人员张永鹏，于2017年4月至2018年3月，组织人员对全市6个国控空气自动监测站实施干扰近百次，导致监测数据严重失真达53次。约谈认为，临汾市环境空气质量监测数据造假是一起有组织、有预谋的蓄意犯罪行为。

每经记者 李彪　　每经编辑 陈星

统计分析时，无论是进行实验设计 (experimental design) 还是观察性研究 (observational study)，其实都是在分析样本数据，并基于样本数据对总体的特征进行统计推断 (statistical inference)。不同之处在于，实验设计是统计学家通过一些设计方案主动从总体中抽取样本数据，而观察性研究则是在已经生成的数据集中按照某种准则抽取部分或者全部样本数据进行分析。我们在本书中不对实验设计和观察性研究做具体的讲解，但是将介绍一些基本的抽样方法。

1.1.2.1　简单随机抽样

简单随机抽样 (simple random sampling) 是一种常见的抽样方法。该方法让总体中 N 个元素以同等的概率被独立抽取出来，因此这是一种基于概率的抽样方法。简单随机抽样又分为重复抽样 (sampling with replacement) 和不重复抽样 (sampling without replacement)。重复抽样表示一个元素被抽中之后，还有可能被继续抽取出来；不重复抽样则不会如此。在很多社会调查研究中，往往采用的是不重复抽样，比如我们希望了解某批次水果的质量，可能会随机抽取出若干个水果来查看。重复抽样的例子也非常多，比如玩飞行棋的时候掷骰子，而掷骰子的过程就相当于从 1、2、3、4、5、6 这 6 个数字中可重复地抽取出一个数字来决定走几步；或者足球比赛中裁判通过抛硬币来决定哪个队伍先开球，其实也是从正面和反面两个状态中进行随机的重复取样。

我们可以使用 R 的 sample 函数来实现简单随机抽样。比如，我们想从 $\{1, 2, \cdots, 10\}$ 中可重复地随机取出 5 个数，则使用的代码及输出如下所示。

```
a=1:10
sample(a,5,replace=T)
```

```
## [1] 10 10 10 9 7
```

如果想不重复地随机取出 5 个数，则使用的代码及输出如下所示。

```
sample(1:10,5)
```

[1] 7 2 6 10 4

虽然简单随机抽样比较容易理解，但是在早期计算机还不够强大，因此当人们在进行实际调查工作时，如果总体的数目 N 非常大，如何确保简单随机的方式就成为一个问题。此时我们就需要一些其他的抽样手段，如下面介绍的抽样方法。

1.1.2.2　系统随机抽样

如果我们将总体元素进行某种编号，然后随机选择第一个元素编号，再按照固定间隔选择后续的样本，这种方法就叫作系统随机抽样 (systematic sampling)。比如我们进行电话调查时，可以先将电话号码按照某种顺序进行排列，然后随机确定第一个电话号码并拨打，接着每隔 6 个 (间隔数目可以自己选定) 号码选取一个号码拨打，直至达到我们需要的样本量为止，如图1.3所示。

	山海经的主角	住址	电话号码	
1				
2	异兽蠃鱼	邽山	11111111	
3	异兽孰湖	崦嵫山	11111112	
4	异兽穷奇	邽山	11111113	←随机选取的第一个号码
5	异兽驳	中曲山	11111114	
6	冉遗鱼	英鞮山	11111115	
7	异兽鵸𪄀	翼望山	11111116	
8	异兽讙	翼望山	11111117	
9	神灵帝江	天山	11111118	
10	异兽天狗	阴山	11111119	
11	异兽毕方	章莪山	11111120	←选取的第二个号码
12	异兽狰	章莪山	11111121	
13	异兽胜遇	玉山	11111122	
14	异兽狡	玉山	11111123	
15	西王母	玉山	11111124	
16	异兽鸾鸟	女床山	11111125	
17	异兽鹦鹉	黄山	11111126	
18	异兽数斯	皋涂山	11111127	←选取的第三个号码
19	.	.	.	
20	.	.	.	
21				

图 1.3　系统抽样

相较于简单随机取样而言，系统随机抽样具有一定的经济性。然而如果碰到的总体元素存在周期性变化，使用系统随机抽样就不能充分反映出总体中元素的差异。

1.1.2.3　分层随机抽样

实施分层随机抽样 (stratified random sampling) 时，我们需要先将总体按照某种方式分成若干组，在每个组中采用简单随机抽样的方法抽样。如果分组变量 (strutum)

选择得比较好，使得每个组中的数据分布差异较小，这种抽样就能够抽取到质量比较高的样本。当然，要做到这一点就需要我们对如何选择合适的分组变量比较有把握。

那么如何实施分层随机抽样呢？我们用一个例子来说明。假如某种疾病的发病率约为1%。假设我们需要抽出 100 个人的样本来分析该疾病的某些情况，那么采用简单随机抽样的方法抽取样本时，100 个人的样本中患者数目为零的概率是 $0.99^{100} \approx 0.366$。也就是说，如果随机抽取 100 个人的样本，该样本中一个患者都没有的可能性不低于 1/3，这会对后续研究产生影响。因此，当存在这种不平衡组时，分层随机抽样方法就有了用武之地：将是否患病作为分组的依据，然后分别对未患病组和患病组进行简单随机抽样即可。

R 中的 sampling 软件包可以用来帮助实现分层随机抽样。我们将使用美国纽约市公寓数据 housing.csv[①]来阐述如何使用该软件包进行分层随机抽样。

```
housing=read.csv("data/housing.csv")
head(housing,n=2)
```

```
##   Neighborhood             Class Units YearBuilt    SqFt
## 1    FINANCIAL R9-CONDOMINIUM    42      1920   36500
## 2    FINANCIAL R4-CONDOMINIUM    78      1985  126420
##    Income IncomePerSqFt Expense ExpensePerSqFt
## 1 1332615         36.51  342005           9.37
## 2 6633257         52.47 1762295          13.94
##   NetIncome    Value ValuePerSqFt      Boro
## 1    990610  7300000        200.0 Manhattan
## 2   4870962 30690000        242.8 Manhattan
```

```
table(housing$Class)    #不同房型的数目
```

```
##
## R2-CONDOMINIUM R4-CONDOMINIUM R9-CONDOMINIUM
##            441           1883            237
## RR-CONDOMINIUM
##             65
```

```
library(ggplot2)
ggplot(housing,aes(x=Expense))+geom_histogram()+facet_wrap(~Class)
```

在这个 CSV 文件中，名称为 Class 的数据列包含四种房型：R2-CONDOMINIUM、R4-CONDOMINIUM、R9-CONDOMINIUM、RR-CONDOMINIUM，且第四种房型的公寓比较少。名称为 Expense 的数据列则包含公寓每年所需的维护保养等的花费。我们按照不同的房型给出公寓费用的直方图，如图1.4所示。从图1.4中可以看出，对于每种房型而言费用的分布比较集中。假设我们需要从这个数据集中取出 100 个观测值，分层随机抽样就是一个不错的选择。我们使用下面的代码依次从这四种房型中抽出 20 个、40 个、20 个、20 个数据。

---

① https://www.jaredlander.com/data/.

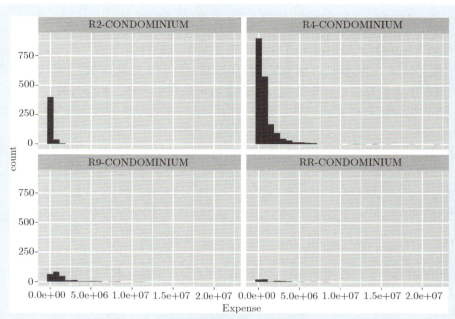

图 1.4　美国纽约市公寓数据中 Expense 的直方图

```
library(sampling)
#确定分层随机抽样对应的数据指标，样本直方图如图1.5所示
StratifiedID=strata(housing,c("Class"),c(20,40,20,20),method="srswor")
Stratified=getdata(housing,StratifiedID)  #提取抽样数据
ggplot(Stratified,aes(x=Expense))+geom_histogram()+facet_wrap(~Class)
```

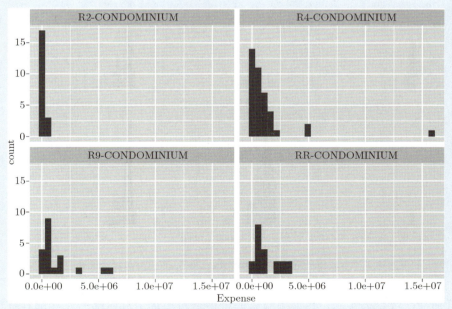

图 1.5　美国纽约市公寓数据中 Expense 的分层随机抽样样本直方图

1.1.2.4 整群抽样

整群抽样 (cluster sampling) 也是一种先分类再抽样的方法。首先需要将总体分成 K 个互不相交的群 (cluster)，接着采用简单随机抽样的方法从这 K 个群中抽取出若干个群，这些抽取出来的群就是样本数据。与分层随机抽样不一样，整群抽样在选择群的时候，希望群内的数据能够有较大的差异。如果群内的分布状况与整个总体的分布状况类似，整群抽样的效果就会比较好。

继续考虑上一节中美国纽约市公寓数据。使用如下代码查看文件中包括的街区数目。

```
num.community=length(levels(factor(housing$Neighborhood)))  #街区数目
num.community
```

[1] 151

由此可见，这个文件中包括 151 个街区。为了节省资源，我们不妨采用整群抽样方法，随机地从这些街区中抽取出 6 个街区用于统计分析，所得直方图如图1.6所示。

```
# 确定整群抽样对应的数据指标
ClID=cluster(housing,c("Neighborhood"),size=6,method="srswor")
ClData=getdata(housing,ClID)  #提取抽样数据
ggplot(ClData,aes(x=Expense))+geom_histogram()+facet_wrap(~Neighborhood)
```

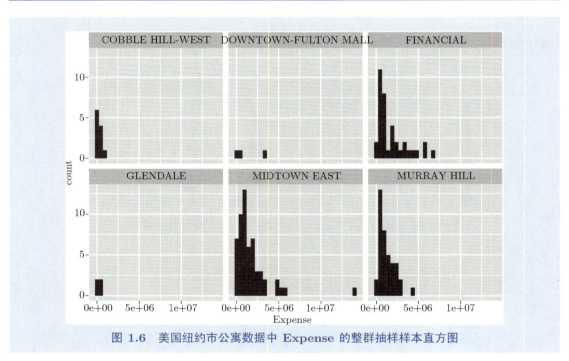

图 1.6　美国纽约市公寓数据中 Expense 的整群抽样样本直方图

整群抽样比较容易实施，也能节省资源，但是希望每个群内部的元素都具有较大的差异并且能够较好地反映总体的分布特征并不现实，因此可能导致后续的统计分析出现偏差。

1.1.2.5　便利抽样

前面介绍的几种抽样方法都是基于概率的抽样。然而在很多场景下，我们由于各种原因并不能采用随机抽样方式来获取样本。比如，2020 年的新冠疫情给全世界带来了巨大的影响，不少国家关闭了各种交通关口，一些国家如中国、美国都争分夺秒地研发疫苗。2020 年 3 月，中美两国先后展开了疫苗的人体试验。如果采用随机抽样方式决定谁来接受这些人体试验，显然就会存在有违伦理道德的风险，毕竟在现代社会强迫人类接受一些人体试验已经不太现实。此时一种常用的非概率抽样方法——**便利抽样 (convenience sampling)** 就成为现实的选择。这种抽样不考虑概率，而是考虑便利。那么在这种人体试验中，招募志愿者显然就是比较便利的抽样方式。

又比如，大学老师在课堂上叫学生回答问题时，会看着学生名单，姓名中存在比较难念的汉字的学生就不太容易被叫来回答问题，毕竟念错了名字对老师们来说可能是一件挺尴尬的事情，因此这也是通过便利抽样来了解学生对知识点的掌握情况。然而从这个例子中也可以看出便利抽样的一个重要缺点，即样本的代表性可能严重不足。

1.1.2.6　判断抽样

判断抽样 (judgment sampling) 也是一种非概率抽样方法。这种抽样方法和便利抽样不一样，它会涉及一些判断，也就是说有人对研究的背景比较熟悉，从而制定了一些选取样本的准则。样本的选取会按照这种准则来进行。比如在"两会"期间，记者可能会根据自己了解的代表信息，就某些问题选取一些代表来回答，这就是一种判断抽样。

 视角与观点：2020 年新冠疫情在世界各国爆发，不同的国家采用了不同的对策。对统计人而言，真正感兴趣的是总体状况，比如在中国，我们感兴趣的是中国感染新冠病毒的病人。中国采取的手段是，一旦有人出现发烧等症状，就予以检测，以确定是否患有新冠肺炎。这不是一种基于概率的抽样方法。虽然基于概率的抽样方法可以带来后面统计分析的便利，但是在这一场景下并不合适，因为只要是基于概率就会有漏缺，而韩国有些人士认为在控制新冠病毒传播方面，随机抽样风险非常大，因此需要采用这种判断抽样，即通过专家的观点来决定是否取样。当然最理想的是采用普查 (census) 的形式，即把所有人都检测一遍，这样不管有无症状，都可以得到检查，但是成本过高 (所需的核酸检测试剂的数量将会是天文数字，而完成这些检测花费的时间也过长)，因此这种办法并不现实，而且会影响到对新冠病毒传播的控制等。而不同国家采用的判断标准不一样，自然对总体情况的掌握程度就会不一样。显而易见，相比美国在疫情初期采用的新冠检测的资格标准而言 (美国疾控中心 2020 年 2 月 13 日的指导意见是对"三类人群"(见下图) 可以进行核酸检测，但并未考虑无接触史但有症状的人，直到 2020 年 3 月 28 日才改变了这一严苛标准)，中国采用的标准可以在更大程度上反映新冠疫情的真实情况。

Clinical Features	&	Epidemiologic Risk
Fever[1] **or** signs/symptoms of lower respiratory illness (e.g. cough or shortness of breath)	**AND**	Any person, including health care workers, who has had close contact[2] with a laboratory-confirmed[3,4] 2019-nCoV patient within 14 days of symptom onset
Fever[1] **and** signs/symptoms of a lower respiratory illness (e.g., cough or shortness of breath)	**AND**	A history of travel from **Hubei Province**, China[5] within 14 days of symptom onset
Fever[1] **and** signs/symptoms of a lower respiratory illness (e.g., cough or shortness of breath) requiring hospitalization[4]	**AND**	A history of travel from mainland **China**[5] within 14 days of symptom onset

1.2 抽样方法在大数据时代的应用

在大数据时代，数据海量呈现，且往往不能存储在同一台计算机或者同一个集群之中。此外，人们对于数据的隐私保护又有极高的要求。因此，在现代社会很多数据都存储在不同机器上（这种存储方式称为**分布式存储**），将完整数据同时放在一起进行分析已经不太现实。然而，将数据中蕴含的有用信息合并起来加以利用对统计学家而言又具有不可抵抗的吸引力。如何充分利用分布式存储的数据中的信息且不泄露隐私则成为大数据时代统计学家的一项重要任务。而这一任务的完成也在现实中具有极其重要的意义。比如在医疗卫生管理中，对传染性疾病的监控和防范显然需要极高的时效性。然而，在某种从未见过的传染病刚刚出现之际，不同医院会零星接收到一些病人，此时如果不同医院可以将信息及时汇总，统计学家在有充分数据量的情况下，就能迅速作出较为准确的统计分析。如果能够在不合并原始数据的条件下整合数据中的信息来完成统计分析和推断，这种推断过程就可以称为**分布式统计推断**。通过分布式统计推断，我们可以充分利用分布式存储在不同机器上的数据，并能够有效保护个体隐私。

> **例 1.1** 假设北京、上海、广州、深圳各有 10 万条数据，出于安全性考虑，我们需要先针对每个城市处理数据，而不是共享每条数据信息，最后采用某种方法将 4 个城市的信息加以汇总，这也是当前分布式计算的一种基本思路。再设我们已知所有数据都产生于正态分布族 $N(\mu, 1)$，那么我们可以用样本均值来估计参数 μ。

在这个问题中，如果无法将原始的 40 万条数据合并在一起，那么该如何完成估计任务呢？实际上，我们只需要分别得到这 4 个城市所有观测值的和，然后求这 4 个和的和，最后除以样本总量就可以得到最终的样本均值了。上述求解过程的优点在于：

(1) 我们不需要将所有原始数据都通过网络传输等办法汇集到一处，而只需传输 4 个和（每个城市仅需要提供一个总和），这样就降低了数据的传输量，缩减了传输时间和成本。

（2）我们只是传递了每个城市观测值的和，并没有分享每条个体数据，从而也保护了个体隐私。

（3）根据数理统计的理论，在本例中，对于估计参数 μ 而言，知道 4 个样本总和就已经足够了，没有任何信息损失。换句话说，如果我们采用具有优良统计性质的样本均值来估计参数，那么知道 4 个样本总和与知道所有原始数据对估计参数 μ 而言没有任何区别。

上例中，假设数据所产生的真实分布的均值参数为 $\mu = 5$（当然在真实场景中，参数往往是无法观察到的，这也是需要基于数据来估计参数的原因），并用以下代码产生数据。

```
set.seed(20220722) #使用日期作为随机种子
num=100000
dat=data.frame(matrix(rnorm(4*num,mean=5),num,4))
names(dat)=c("北京","上海","广州","深圳")
```

如果我们将数据汇聚一处，那么样本均值 $\hat{\mu}$ 可以由以下代码得到。

```
SumByCity=colSums(dat)  #分城市计算观察值之和
n=num*4  #计算样本总量
mu=sum(SumByCity)/n #得到均值的估计
cat("均值估计值为: ",round(mu,3))
```

均值估计值为： 5

如果我们通过并行算法中常用的 MapReduce 方式来完成计算，那么代码及输出如下所示。

```
library(purrr)
Cities <- list(dat$北京,dat$上海,dat$广州,dat$深圳)
N <- length(dat$北京)+length(dat$上海)+length(dat$广州)+length(dat$深圳)
#使用Map函数，求总数
SumByCity <- map_dbl(Cities,sum)
#使用Reduce函数聚合各个城市的结果
mu <- Reduce(sum, SumByCity)/N  #得到均值估计
cat("均值估计值为:",round(mu,3))
```

均值估计值为： 5

在上述代码中，我们采用的 MapReduce 方式也是分布式计算中常用的计算策略，也就是在每台工作电脑上完成一定的计算工作（Map 过程），然后将得到的一些汇总结果汇聚到某一台主机上得到最终结果（Reduce 过程）。如果这些计算策略能够结合数理统计理论推导得到的一些计算量，那么我们可以在有效保护个体隐私的前提下尽量减少信息损失。

在上面的例子中，我们将所有数据都用来计算样本均值。然而在实际问题中，很多时候数据量大到计算样本均值都耗时耗力。此时抽样技术就有了用武之地。抽样的核心目的是尽量得到具有代表性的样本数据，这里的代表性是指对于总体的代表。在数据具有代表

性的基础上，统计理论告诉我们，通过抽样得到的估计可以离真实参数足够近。对于统计分析而言，很多时候都是一种权衡，利用所有数据完成推断任务固然更加准确，但是正如前面所说的，整个过程耗费的时间可能非常多并且计算成本可能非常高昂。如果觉得精度只需要达到一定程度即可，并不需要耗费太多精力来取得一点改进，那么一种自然的策略就是牺牲一定的精度来换取计算效率。这也是大数据分析中的常用策略，比如人工智能领域中常用的优化方法——随机梯度下降算法，就是随机抽样方法的应用。

接上例，如果在每个城市的 10 万条数据中随机抽取 1 000 条数据来完成计算任务，那么实现代码及输出如下。

```
N <- length(dat$北京)
#使用Map函数，求总数
SumByCity <- map_dbl(Cities, function(x){index=sample(1:N,1000)
                                         sum(x[index])})
#使用Reduce函数聚合各个城市的结果
mu <- Reduce(sum,SumByCity)/4000   #得到均值估计
cat("均值估计值为:",round(mu,3))
```

均值估计值为： 4.994

在这个例子中，如果对于我们而言，μ 的估计 $\hat{\mu} = 4.994$ 已经足够精确，那么说明我们只需要在每个城市各随机抽取 1 000 条观测值就已经满足实际需求。目前已有的一些统计理论可以帮助我们在一些特殊情况下计算样本量与估计精度之间的关系。这种计算涉及的知识超出了本章内容，我们在这里不再继续介绍。总之，在大数据时代，通过随机抽样等方法来尽量获得代表性较强的样本数据，从而实现计算成本的大幅降低，已经成为一种广泛考虑的策略。

课后习题

1. 我们于 2022 年 1 月 15 日对上海市的空气质量进行调查，每 15 分钟从 10 个监测站采集数据。那么在该研究中，目标总体和样本数据分别是什么？

2. 某门课程的任课教师所出的期末考试试卷可以看作一种抽样工具，那么教师想要了解的目标总体是什么？元素是什么？样本数据集又是什么？如果教师出的题目中出现了超纲的题目，抽样总体又是什么？

3. 老师在上课时，通过等概率随机抽取学号来叫学生回答问题，这是什么抽样？假如有上级听课，任课教师为了展示教学效果，点名叫学生回答问题，这又是什么抽样？

4. 盖洛普的 2008 年环境民意调查表明，为了帮助保护环境，28% 的受访者在过去的 5 年已经在购物和生活习惯方面有了很大的改变，55% 的受访者有了较小的改变，17% 没有任何改变。这些结果基于 2008 年 3 月 6—9 日进行的对生活在美国年满 18 岁的 1 102 人的电话采访。

(1) 描述感兴趣的总体；

(2) 描述收集的样本;

(3) 描述调查的一个参数;

(4) 列举用来描述 (3) 中参数的统计量。

5. 判断下列抽样方法是否为等概率抽样:

(1) 总体编号 $1 \sim 64$, 从 $0 \sim 99$ 中产生随机数 r, 若 $r = 0$ 或 $r > 64$, 则舍弃重抽;

(2) 总体编号 $1 \sim 64$, 从 $0 \sim 99$ 中产生随机数 r, r 除以 64 的余数作为抽中的数, 若余数为 0, 则抽中 64;

(3) 总体编号 $20000 \sim 21000$, 从 $1 \sim 1\,000$ 中产生随机数 r, 然后用 $r + 19\,999$ 作为被抽中的数。

6. 某刊物对其读者进行调查, 调查表随刊物送到读者手中, 研究人员对寄回的调查表进行分析。试问: 这是不是一项抽样调查? 样本的抽取是不是概率抽样? 为什么?

第 1 章补充习题

## 第 2 章

数据的整理与可视化

 引例：安斯库姆四重奏

在人类记录的数据中，最早的是由瑞典人记录的人口情况。从这个简单的记录表出发，我们了解了均值、方差、四分位数等描述数据分布基本特征的量。但是，仅有统计值就可以展现数据了吗？安斯库姆四重奏 (Anscombe's quartet) 让我们意识到分析数据前先绘制图表的重要性。

统计学家弗朗西斯·安斯库姆 (Francis Anscombe) 于 1973 年构造了四组二维数据，它们基本的统计特性完全一样。x 的均值都是 9.0，方差都是 10.0，y 的均值都是 7.5，方差都是 3.75。它们的相关系数都是 0.816，线性回归线都是 $y = 3 + 0.5x$。但由它们绘制出的图表则截然不同，见图2.1。

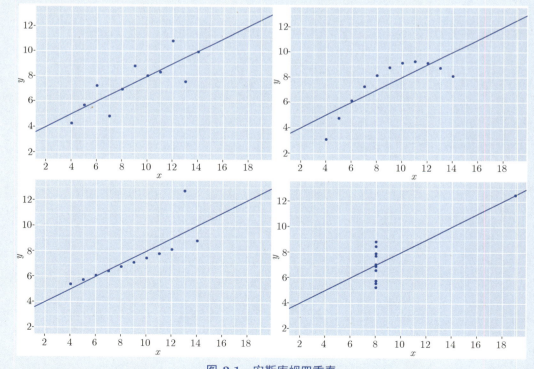

图 2.1　安斯库姆四重奏

对收集到的数据进行整理和通过可视化的方法展示数据是统计学分析中最基本的工作。数据整理是对杂乱的原始数据的系统化、条理化。而描述性统计分析可以让分析人员对数据有更加直观的认识，并发现数据的一些特征和问题，增强对业务场景的理解，从而为后续的建模分析做出启发性的铺垫工作。

2.1　数据的分类

根据不同的分类方法，数据具有不同的分类形式，常见的有下面几种类型。

1. 按计量尺度分类

按计量尺度可以分为定性数据 (qualitative data) 和定量数据 (quantitative data)。定性数据也称为属性数据 (categorical data)，是只能归于某一类别的非数字型数据。例如，"是"或者"不是"。定性数据又可以分为名义数据 (nominal data) 和定序数据 (ordinal data)。

名义数据各类别之间没有序的关系，如人的性别 (男、女)、婚姻状况 (未婚、有配偶、丧偶、离婚等)，等等。尽管常用数来表示属性的分类，例如在性别分类上用数 "1" 和 "0" 分别表示男性和女性，但数只是一个代码，没有大小关系，也不能进行运算。

定序数据各类别之间有序的关系，如人的文化程度分为文盲、小学、初中、高中、大学等五类；又如顾客对某商场服务态度的评价分为"满意""一般""不满意"三类。用数 0、1、2、3 和 4 分别表示文盲、小学、初中、高中、大学。这些数起到一个定义类之间顺序关系的作用，但类与类之间的差别是不能运算的。

定量数据也称为数值数据 (numerical data)，是按数字尺度测量的数据，例如，人的身高、人的体重、某地区每天的交通事故数、车险投保人每年申请理赔的次数。这几个例子的数据又有所不同，其中身高和体重是连续数据，而交通事故数和保险理赔的次数显然是离散的，也称为计数数据。这两种数据的差别在于，连续数据的分布是连续型分布，例如正态分布，而计数数据的分布是离散型分布，例如泊松分布、二项分布等。

2. 按收集方法分类

按收集方法分类可以分为观测数据 (observational data) 和实验数据 (experimental data)。观测数据是通过调查或观测收集到的数据，这类数据是在没有对事物人为控制的条件下得到的，有关社会经济现象的统计数据几乎都是观测数据。而实验数据是在实验中控制实验对象而收集到的数据，自然科学领域以及医学领域的大多数数据为实验数据。

3. 按描述对象与时间关系分类

按描述对象与时间关系可以分为截面数据 (cross-sectional data)、时间序列数据 (time series data) 以及面板 (或纵向) 数据 (panel/longitudinal data)。

截面数据是指在同一时间（时期或时点）截面上收集的不同对象的数据。它突出不同对象的差异，是样本数据中的常见类型之一，例如 2010 年我国各省区的国内生产总值。

时间序列数据，顾名思义，就是与时间相关的数据。时间序列数据是指在不同时点上收集到的数据，这类数据反映了某一事物、现象等随时间的变化状态或程度。分析时间序列数据主要考察的是随着时间推移，某一研究对象的变化及其将来的发展趋势等，例如，某只股票过去一年的每日收盘价、某地区过去 20 年的年降雨量等。时间序列数据是统计学中需要处理的现实生活中存在的一大类数据，其主要特征就是相依而不独立，与时间跨度有关。本书将在第 10 章学习时间序列数据。

面板数据也称作**时间序列与截面混合数据 (time series-cross section data)**，该数据具有横截面和时间序列两个维度，是截面个体在不同时间点的重复观测数据。面板数据从横截面看，是由若干个体在某一时点构成的截面观测数据，从纵剖面看，是每个个体的时间序列数据，例如 2010—2023 年我国各省区每年人均国民生产总值。

社会的进步和科学技术的发展带来了更为复杂的数据的出现，例如**时空数据 (spatio-temporal data)、网络数据 (network data)、图像数据 (image data)** 等，这里就不详细介绍了。这些数据的出现也推动了统计学的发展。本书处理的数据除时间序列数据外均是基于简单随机抽样得到的数据，因而满足独立同分布的假设。

2.2　数据的整理

数据整理主要是指对原始数据进行加工处理，使之系统化、条理化，以便简化数据，使之更容易理解和分析，同时也为数据的可视化打下基础。

2.2.1　定性数据的整理

2.2.1.1　频数表

对于属性数据，主要汇总每个类的频数 (frequency)、频率 (relative frequency)、百分比频率 (percent frequency)，以便了解频数分布和各类间的差异。

本章我们对美国纽约市的公寓 (condominium) 数据集 housing.csv[①] 进行数据整理与可视化。该数据集包含纽约市 2 626 家出租公寓住宅小区的数据信息，共有 13 个变量，如表2.1所示。

表 2.1　数据集的变量说明

变量	说明	变量	说明
Neighborhood	所处街区	Expense	维护等总花费（美元）
Class	公寓的房型	ExpensePerSqFt	每平方英尺的费用（美元）
Units	住房数目	NetIncome	净收入（美元）
YearBuilt	建筑年份	Value	市场总售价（美元）
SqFt	总面积（平方英尺）	ValuePerSqFt	每平方英尺价格（美元）
Income	总出租收入（美元）	Boro	隶属的行政区
IncomePerSqFt	每平方英尺的收入（美元）		

例 2.1　对数据集 housing.csv 中公寓的房型进行汇总。

---

① https://www.jaredlander.com/data/.

解　代码如下：

```
# 得到频率表并转化为Data Frame格式
HouseClass=as.data.frame(table(housing$Class))
names(HouseClass)[1]="Class"
HouseClass$ReFreq=HouseClass$Freq/sum(HouseClass$Freq)
HouseClass$Perc=percent(HouseClass$ReFreq)
```

结果显示，共有四种房型。四种房型的频数、频率和百分比频率见表2.2。

表 2.2　不同房型频率分布

房型	频数	频率	百分比频率
R2-CONDOMINIUM	441	0.167 9	16.8%
R4-CONDOMINIUM	1 883	0.717 1	71.7%
R9-CONDOMINIUM	237	0.090 3	9.0%
RR-CONDOMINIUM	65	0.024 8	2.5%

由表2.2可以看出，纽约市的公寓以 R4 房型为主，占七成以上，而 RR 这种房型只占 2.5%。如果打算投资纽约市的房地产出租房，是考虑增加 RR 类型的住宅供给，还是继续投资主流的 R4 和 R2 两种房型呢？我们将在后面针对该数据集的数值型变量做进一步的统计分析，再来看看这个数据能告诉我们什么。

2.2.1.2　列联表

对于两个 (或多个) 属性数据，则是通过列联表 (contingency table) 将两个 (或多个) 属性的交叉分类联合计数，以便了解变量之间是否存在某种关联性。在两个属性数据列联表中，我们通常称其中一个为行变量，称另一个为列变量。如果行变量有 r 类，列变量有 c 类，交叉分类后得到的列联表称为 $r \times c$ 列联表，见表2.3。表中每个单元格中的数字 n_{ij} 是行变量第 i 个类别和列变量第 j 个类别交叉分类的计数 (频数)。除了计数表示，列联表还经常用百分比表示。每个单元格的计数占总和的比例 n_{ij}/n 称为总和百分比。除此之外，列联表中还经常用到行百分比，行百分比是每个单元格的计数占行总和的比例 $n_{ij}/n_{i\cdot}$。类似地，还可以定义列百分比，即每个单元格的计数占列总和的比例 $n_{ij}/n_{\cdot j}$。相较于计数形式，百分比的列联表更容易观察变量间的关系。

表 2.3　$r \times c$ 列联表

行变量	列变量					合计
	1	$\cdots$	j	$\cdots$	c	
1	n_{11}	$\cdots$	n_{1j}	$\cdots$	n_{1c}	$n_{1\cdot}$
$\vdots$	$\vdots$		$\vdots$		$\vdots$	$\vdots$
i	n_{i1}	$\cdots$	n_{ij}	$\cdots$	n_{ic}	$n_{i\cdot}$
$\vdots$	$\vdots$		$\vdots$		$\vdots$	$\vdots$
r	n_{r1}	$\cdots$	n_{rj}	$\cdots$	n_{rc}	$n_{r\cdot}$
合计	$n_{\cdot 1}$	$\cdots$	$n_{\cdot j}$	$\cdots$	$n_{\cdot c}$	n

对于例2.1的纽约市公寓数据，汇总公寓的房型和所隶属的行政区的关系，可以观察不同房型的公寓在纽约市的分布情况。

表2.4至表2.6分别是基于计数、总和百分比和列百分比的房型和所隶属的行政区的列联表。从表2.4和表2.5不难看出，大部分公寓分布在曼哈顿 (Manhattan) 区，占纽约市整体的 52.55%。而斯塔顿岛 (Staten Island) 区最为特殊，只有 R4 一种房型。其次，从列百分比可以看出，布鲁克林 (Brooklyn) 区和皇后 (Queens) 区的房型比例比较类似，都是 R4 房型的占比大约为 70%。而且和表2.2对比，这两个区房型的分布和整个纽约市房型的分布差别不大。相对而言，曼哈顿区的 R2 房型明显低于纽约市的整体比例，而布朗克斯 (Bronx) 区的 R2 房型明显高于纽约市的整体比例。

表 2.4　不同房型与所隶属的行政区的列联表频数分布

	Bronx	Brooklyn	Manhattan	Queens	Staten Island	Sum
R2-CONDOMINIUM	27	225	82	107	0	441
R4-CONDOMINIUM	33	466	1 063	295	26	1 883
R9-CONDOMINIUM	7	24	176	30	0	237
RR-CONDOMINIUM	2	2	59	2	0	65
Sum	69	717	1 380	434	26	2 626

表 2.5　不同房型与所隶属的行政区的总和百分比列联表

	Bronx	Brooklyn	Manhattan	Queens	Staten Island	Sum
R2-CONDOMINIUM	0.010 3	0.085 7	0.031 2	0.040 7	0.000 0	0.167 9
R4-CONDOMINIUM	0.012 6	0.177 5	0.404 8	0.112 3	0.009 9	0.717 1
R9-CONDOMINIUM	0.002 7	0.009 1	0.067 0	0.011 4	0.000 0	0.090 3
RR-CONDOMINIUM	0.000 8	0.000 8	0.022 5	0.000 8	0.000 0	0.024 8
Sum	0.026 3	0.273 0	0.525 5	0.165 3	0.009 9	1.000 0

表 2.6　不同房型与所隶属的行政区的列百分比列联表

	Bronx	Brooklyn	Manhattan	Queens	Staten Island
R2-CONDOMINIUM	0.391 3	0.313 8	0.059 4	0.246 5	0
R4-CONDOMINIUM	0.478 3	0.649 9	0.770 3	0.679 7	1
R9-CONDOMINIUM	0.101 4	0.033 5	0.127 5	0.069 1	0
RR-CONDOMINIUM	0.029 0	0.002 8	0.042 8	0.004 6	0
Sum	1.000 0	1.000 0	1.000 0	1.000 0	1

2.2.2　定量数据的整理

定量数据同样可以整理汇总成频数分布表。定量数据的频数分布表与定性数据的频数分布表稍有不同的是，对定量数据作频数分布表时，需要人为地对数据分组。具体步骤如下：

(1) 确定区间数以及每个区间宽度。首先确定区间数，区间数通常为 5 ~ 20 个。然后根据数据范围确定每个区间的宽度。区间通常取为等宽，但有时根据实际需要也可以不同。若设定的宽度相同，则此宽度可以通过"数据极差/区间数"来近似。

(2) 确定每个区间端点。第一组左端点比数据最小值略小，而最后一组右端点比数据最大值略大。区间必须包含所有可能的数据值，且每个值必须只能归为一个区间。

(3) 统计各区间的频数，列出频数分布表。

> **例 2.2** 我们继续分析纽约市公寓数据集。费用 (Expense) 是定量数据，为了更好地分析这一变量，我们将样本取值范围等分为 10 组，具体如表 2.7所示。

解 创建频数分布表的代码如下：

```
# 确定分割点
a=min(housing$Expense); b=max(housing$Expense)
sep=a+c(0,cumsum(rep((b-a)/10,10)))
# 对数据分组
SepExpense=cut(housing$Expense, breaks=sep, include.lowest=TRUE)
CutData=as.data.frame(table(SepExpense))  # 各房型频率
library(stringr)
# 通过正则表达式将字符串按照 "e" 或者 "," 分割成几个子字符串
a=str_split(string=CutData$SepExpense, pattern="e|,")
# 定义处理上面区间字符串的函数，形成便于LaTex处理的文本形式
IntervalToLaTex=function(x)
{
  Strings=NULL
  for(i in c(2,4))
{

  # 分割点值中第一个非零数字的位置
  pos1=str_locate(x[i],pattern="[1-9]")
  pos1=pos1[1,1]
  # 区分区间中间的分割点值和右端的分割点值
  if(i==2){
    j=-1; End=""
  }else{
    j=-2; End="]"
  }
  # 添加LaTex中的乘号以及分割点值表达式
  a1=paste("{\\times}10^{","}",sep=str_sub(x[i],pos1,j))
  a1=paste(x[i-1], End, sep=a1)
  Strings=c(Strings, a1)
  }
  paste("$","$",sep=paste(Strings[1],Strings[2],sep=","))
}
# 创建新的Data Frame类变量
NCutData=data.frame(区间=sapply(a,FUN=IntervalToLaTex), 频数=CutData$Freq,
百分比=paste(as.character(round(CutData$Freq/sum(CutData$Freq)*100,2)),
"%",sep="\\"))
```

表 2.7 公寓按照费用区间分组

区间	频数	百分比
$[1.74\times10^3, 2.18\times10^6]$	2 369	90.21%
$(2.18\times10^6, 4.36\times10^6]$	184	7.01%
$(4.36\times10^6, 6.53\times10^6]$	45	1.71%
$(6.53\times10^6, 8.71\times10^6]$	15	0.57%
$(8.71\times10^6, 1.09\times10^7]$	3	0.11%
$(1.09\times10^7, 1.31\times10^7]$	5	0.19%
$(1.31\times10^7, 1.52\times10^7]$	2	0.08%
$(1.52\times10^7, 1.74\times10^7]$	1	0.04%
$(1.74\times10^7, 1.96\times10^7]$	1	0.04%
$(1.96\times10^7, 2.18\times10^7]$	1	0.04%

由此可见，超过 90% 的公寓的费用都落在第一个区间内，说明这些公寓的维护等费用总体上差异较小。

2.3 描述性度量

对于整理好的数据，通过描述性统计分析，可以挖掘出变量的很多特征，例如集中趋势、离散程度和分布形态等。

2.3.1 集中趋势的度量

集中趋势反映了一组数据向某一中心值靠拢的倾向。根据取得中心值的方法可以将描述集中趋势的指标分为两类。

2.3.1.1 数值平均数

数值平均数是指根据全部数据计算出来的平均数，主要有算术平均数、几何平均数、加权平均数等。

1. 算术平均数

算术平均数 (arithmetic mean)，简称**均值 (mean)**，是最常见的描述集中趋势的指标。对于 n 个样本观测值 $x_1, x_2, \cdots, x_n$，它的均值 $\bar{x}$ 定义为：

$$\bar{x} = \frac{x_1 + x_2 + \cdots + x_n}{n} = \frac{1}{n}\sum_{i=1}^{n} x_i$$

从均值的表达式可以看出，所有数据对均值的影响相同，权重都是 $1/n$。所以均值容易受到极端值的影响。

> **例 2.3** 某银行为了提高服务质量，欲调查中午 12 点至下午 1 点期间顾客的等候时间。银行在一周内随机调查了 10 位顾客在这一时间段的等候时间 (单位：分钟)。结果如下：

$$10 \quad 6 \quad 8 \quad 6 \quad 9 \quad 4 \quad 8 \quad 8 \quad 11 \quad 7$$

(1) 计算均值；

(2) 由于调查员不小心将最后一个样本值 7 输入成 70，计算此时的样本均值。

解 (1) $\bar{x} = \dfrac{10 + 6 + \cdots + 11 + 7}{10} = 7.7$（分钟）；

(2) $\bar{x} = \dfrac{10 + 6 + \cdots + 11 + 70}{10} = 14$（分钟）。

在此例中，极端值 70 使得样本均值增加了 6.3 分钟，这也改变了均值在整个数据中的位置。对于真实的数据，均值 7.7 基本位于数据的中间位置，有 4 个数据小于它、6 个数据大于它。但是错误输入的极端值使得均值大于 10 个数据中的 9 个，而只小于极端值本身。

2. 几何平均数

n 个样本观测值 $x_1, x_2, \cdots, x_n$ 的**几何平均数** (geometric mean)就是这 n 个观测值乘积的 n 次方根，即

$$G = \sqrt[n]{x_1 x_2 \cdots x_n}$$

几何平均数适用于求比率数据的平均数，主要用于计算数据平均增长 (变化) 率。几何平均数受极端值影响的程度比算术平均数要小。

例 2.4 某产品须经三道工序加工才能完成，已知三道工序的合格率分别为 95%，90% 和 98%。求三道工序平均加工合格率。

解 完成这一产品需要三道工序连续加工，因此产品的合格率等于三道工序合格率的乘积。所以三道工序平均加工合格率应该采用几何平均数：

$$G = \sqrt[3]{0.95 \times 0.9 \times 0.98} = 0.942\,8$$

例 2.5 某企业向银行申请一笔贷款，期限为 5 年，以复利计息。5 年的利率分别如下：第 1、2 年为 6%，第 3~5 年为 7%。求平均年利率。

解 在复利条件下，各年的利息是在一年本利和的基础上计算的，因此必须先把各年利率换算成各年本利率，计算得到本利率的几何平均数之后再减去 1。所以平均年利率为：

$$G = \sqrt[5]{(1 + 0.06)^2 (1 + 0.07)^3} - 1 = 0.065\,99$$

2.3.1.2 位置平均数

位置平均数是指按数据的大小顺序或出现频数的多少，确定的集中趋势的代表值，主要有众数、中位数、四分位数等。

1. 众数

众数 (mode)是指一组数据中出现次数最多的数值。众数可能不唯一，也可能不存在。

由于众数仅与一组数据出现的次数有关，某些数据的变动对众数并没有影响，因此相对于平均数，众数不易受极端值的影响。众数适用于定性数据，对于定量数据来说，尤其是当样本量比较少的时候，数据很难出现重复，往往不存在众数。

例如，在例2.3中，原始数据的众数为 8，出现的频数为 3 次。当原始数据中的 7 变为 70 时，众数依然是 8。

2. 中位数

中位数 (median)是指一组数据从小到大排序后处在中间位置的数。观测值 $x_1, x_2, \cdots, x_n$ 从小到大排序之后记作 $x_{(1)} \leqslant x_{(2)} \leqslant \cdots \leqslant x_{(n)}$，中位数为：

$$M = \begin{cases} x_{\left(\frac{n+1}{2}\right)}, & n\text{为奇数} \\ \frac{1}{2}[x_{(n)} + x_{(n+1)}], & n\text{为偶数} \end{cases}$$

例如，例2.3中我们将数据从小到大排序：

$$4 \quad 6 \quad 6 \quad 7 \quad 8 \quad 8 \quad 8 \quad 9 \quad 10 \quad 11$$

n 为偶数，所以中位数是第 5 和第 6 位置上的两个数据的平均值，$M = \frac{8+8}{2} = 8$。

中位数是将数据从小到大排序后二等分。这一概念可以推广到分位数。样本q-分位数 (q-quantile)是把顺序排列的样本 $x_{(1)} \leqslant x_{(2)} \leqslant \cdots \leqslant x_{(n)} q$ 等分的分割点对应的数值。q-分位数有 $q - 1$ 个分割点，其中第 k 个分割点称为第 k q-分位数，记作 Q_k，$k = 1, 2, \cdots, q-1$。Q_k 可以如下定义：

$$Q_k = \begin{cases} x_{([nk/q])}, & nk/q\text{不是整数} \\ \frac{1}{2}[x_{([nk/q])} + x_{([nk/q]+1)}], & nk/q\text{是整数} \end{cases}$$

其中，$[a]$ 表示对实数 a 取整。

3. 四分位数

中位数其实就是分位数中最简单的一种。除此之外，四分位数也是常见的分位数之一。四分位数 (quartile)是将从小到大排序后的数据四等分的三个分割点对应的数值，分别称为第一四分位数 Q_1、第二四分位数 Q_2 和第三四分位数 Q_3。显然，第二四分位数即为中位数，因此通常所说的四分位数是指处在 25% 位置上的第一四分位数 (也称为下四分位数) 和处在 75% 位置上的第三四分位数 (也称为上四分位数)。

> **例 2.6** 对于例2.3中的数据求各四分位数。

解 例2.3中共有 $n = 10$ 个数据，所以有

(1) $(nk)/q = 10/4 = 2\frac{1}{2}$，故下四分位数为：

$$Q_1 = \frac{1}{2}(x_{(2)} + x_{(3)}) = \frac{6+6}{2} = 6$$

(2) $(nk)/q = (10 \times 2)/4 = 5$，故中位数为：

$$M = Q_2 = x_{(5)} = 8$$

(3) $(nk)/q = (10 \times 3)/4 = 7\frac{1}{2}$，故上四分位数为：

$$Q_3 = \frac{1}{2}(x_{(7)} + x_{(8)}) = \frac{8+9}{2} = 8.5$$

2.3.2 离散程度的度量

用来衡量数据的离散程度的统计量包括极差、四分位距、方差和标准差以及变异系数等。

2.3.2.1 极差

极差 (range)，又称全距，记为 R，是一组数据中最大值与最小值的差，即

$$R = x_{(n)} - x_{(1)}$$

极差只指明了样本的最大离散范围，而未能利用全部样本的信息。它的优点是计算简单，含义直观，运用方便。但是，它仅仅取决于两个极端值的水平，所以易受极端值的影响，并且不能反映其间的变量分布情况。

在例2.3中，其最小值 $x_{(1)} = 4$，最大值为 $x_{(10)} = 11$，所以极差为 $R = 11 - 4 = 7$。

> **例 2.7** 如果我们考虑下列数据：
>
> | 4 | 4 | 6 | 11 | 11 | 11 | 11 | 11 | 11 | 11 |
>
> 同样还是 10 个数据，并且最小值和最大值与例2.3完全相同，进而极差也相同，$R = 7$。但是与例2.3相比，两组数据的离散程度明显不一样，本例中数据的离散程度明显更小，数据基本集中在最大值 11 处。

2.3.2.2 四分位距

极差给出了全部数据散布的最大范围，除此之外，我们还会关心中间一半数据的散布范围，也就是四分位距。

四分位距 (interquartile range) 是上、下四分位数之差，通常记作 IQR。其计算公式为：

$$IQR = Q_3 - Q_1$$

四分位距反映了中间 50% 数据的离散程度，其数值越小，说明中间的数据越集中；其数值越大，说明中间的数据越分散。四分位距不受极值的影响。此外，由于中位数处于数据的中间位置，因此四分位距的大小在一定程度上也说明了中位数对一组数据的代表程度。

> **例 2.8** 前面我们讨论了例2.3和例2.7中的两组数据具有相同的极差 $R = 7$。我们再来比较一下两组数据的四分位距。
>
> 对于例2.3，在例 2.6 中已经计算得到上、下四分位数分别为 8.5 和 6，所以四分位距为 $IQR = 8.5 - 6 = 2.5$。而对于例2.7，不难得到 $Q_1 = (4+6)/2 = 5$ 以及

$Q_3 = (11 + 11)/2 = 11$，所以四分位距为 IQR $= 11 - 5 = 6$。相比较而言，例2.7的 IQR 明显更大，也就是中间的数据相对分散，而两端的数据相对集中。

2.3.2.3 方差和标准差

方差是反映一组数据离散程度最常用的一种量化形式，是表示精确度的重要指标。由于方差的计量单位和量纲与原始数据不一致，不便于解释，所以我们通常使用方差的算术平方根 (即标准差) 来反映数据的离散程度。对于一组样本 $x_1, x_2, \cdots, x_n$，**方差 (variance)**，记作 s^2，其计算公式为：

$$s^2 = \frac{1}{n-1} \sum_{i=1}^{n} (x_i - \bar{x})^2 = \frac{1}{n-1} \left(\sum_{i=1}^{n} x_i^2 - n\bar{x}^2 \right)$$

标准差 (standard deviation)，记作 s，是方差的算术平方根。其计算公式为：

$$s = \sqrt{s^2} = \sqrt{\frac{1}{n-1} \sum_{i=1}^{n} (x_i - \bar{x})^2}$$

由定义可以看出，方差是样本中各个观测值与样本均值的离差平方和的平均数，这里之所以除以 $n-1$ 而不是 n，是为了使它估计总体方差时更精确。我们会在后面的章节中进行详细的解释。对于一个样本来说，其方差、标准差越大，说明它的各个观测值越分散，它的集中趋势就越差。反之，其方差、标准差越小，说明它的各个观测值越集中，它的集中趋势就越好。

例 2.9 我们依然使用例2.3中的数据，计算其方差和标准差。

解 例2.3中计算得到样本均值 $\bar{x} = 7.7$，代入方差与标准差公式计算可得：

$$s^2 = \frac{1}{n-1} \left(\sum_{i=1}^{n} x_i^2 - n\bar{x}^2 \right) = \frac{1}{9} [(4^2 + \cdots + 11^2) - 10 \times 7.7^2] = 4.233\ 3$$

$$s = \sqrt{s^2} = \sqrt{4.233\ 3} = 2.057\ 5$$

2.3.2.4 变异系数

前面介绍的极差、方差和标准差都是反映一组数据变异程度的绝对数，其数值的大小不仅取决于数据的变异程度，而且与变量值水平的高低、计量单位的不同有关。所以当对不同水平或者不同计量单位的数据进行比较时，不宜使用上述离散程度指标。

变异系数 (coefficient of variation)，也称离散系数，其定义为样本的标准差与均值的比，即

$$C = s/\bar{x}$$

变异系数是度量数据离散程度的相对统计量，是一个无量纲的量。变异系数主要用于比较量纲不同的变量之间的离散程度，或者量纲相同但是均值相差较大的变量之间的离散程度。变异系数大，说明数据的离散程度大；变异系数小，说明数据的离散程度小。

例 2.10　表2.8中是 2021 年广州市每月的平均温度和平均相对湿度，比较这两个天气指标的离散程度。

表 2.8　2021 年广州市天气指标

月份	1	2	3	4	5	6	7	8	9	10	11	12
平均温度 (°C)	14.7	19.5	21.7	24.1	29.1	28.6	30.3	29	30	24.4	20.4	16.4
平均相对湿度 (%)	54.1	69.5	76.5	77.9	77.1	83.1	76.1	83.1	76.3	75.2	63.9	63.7

解　令平均温度为变量 x，平均相对湿度为变量 y，计算可得：

$$\bar{x} = 24.016\ 7$$

$$s_x = \sqrt{\frac{(14.7 - 24.016\ 7)^2 + \cdots + (16.4 - 24.016\ 7)^2}{11}} = 5.483\ 7$$

$$\bar{y} = 73.041\ 7$$

$$s_y = \sqrt{\frac{(54.1 - 73.041\ 7)^2 + \cdots + (63.7 - 73.041\ 7)^2}{11}} = 8.640\ 1$$

从标准差来看，平均温度的标准差为 5.483 7°C，平均相对湿度的标准差为 8.640 1%。这是两个单位完全不同的指标，并且数据在量级上也有较大差异。因此我们采用变异系数进行比较。两个指标的变异系数分别为：

$$\frac{s_x}{\bar{x}} = \frac{5.483\ 7}{24.016\ 7} = 0.228\ 3, \qquad \frac{s_y}{\bar{y}} = \frac{8.640\ 1}{73.041\ 7} = 0.118\ 3$$

从变异系数不难看出，平均温度的离散程度明显比平均相对湿度的离散程度大。

2.3.3　分布形态的度量

前面两个小节我们分别讨论了数据的集中趋势的度量和离散程度的度量。除此之外，数据的分布形态用偏度系数和峰度系数来度量。

偏度 (skewness)，也称为偏态系数，是度量数据分布的偏斜方向和程度，即度量数据分布非对称程度的数字特征。其定义是样本的三阶标准化矩，即

$$\text{SK} = \frac{1}{n} \sum_{i=1}^{n} \left(\frac{x_i - \bar{x}}{s} \right)^3$$

从偏度的表达式可以看出，当 SK 接近于 0 时，表明均值左侧的数据和右侧的数据对称 (见图2.2(b))。对于对称分布的数据，其均值和中位数应非常接近。当存在几个明显大于其他数据的数据时，SK 应大于 0。从形态上看，此时分布向右延伸的程度远远大于其向左延伸的程度，我们称分布为右偏 (right skewness)，也称正偏 (见图2.2(c))。对于右偏分布，由于存在极大值，所以以均值受其影响而比中位数大。反之，当存在几个明显小于其他数据的数据时，SK 应小于 0。从形态上看，此时分布向左延伸的程度远远大于其向右延伸的程度，我们称分布为左偏 (left skewness)，也称负偏 (见图2.2(a))。对于左偏分布，由于存在极小值，所以均值受其影响而比中位数小。

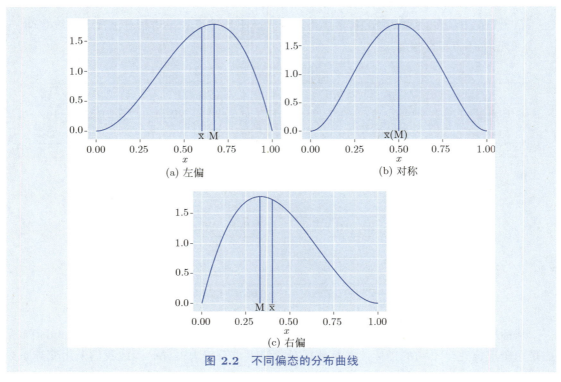

图 2.2　不同偏态的分布曲线

峰度 (kurtosis)是度量数据分布在平均值处峰值高低的数字特征。其定义为样本的四阶标准化矩减 3：

$$K = \frac{1}{n} \sum_{i=1}^{n} \left(\frac{x_i - \bar{x}}{s} \right)^4 - 3$$

样本的峰度是与正态分布相比较而言的。按照峰度的定义，正态分布的峰度等于 0。如果峰度大于 0，则数据分布与正态分布相比较为陡峭，此时称分布为尖峰 (lepokurtic)。反之，如果峰度小于 0，则数据分布与正态分布相比较为平坦，此时称分布为平峰 (platykurtic)，见图2.3。中心数据变化的速度还会影响尾部数据的分布，从图2.3中不难看出，尖峰通常会加大两端极值数据出现的概率，因此呈现厚尾的形态。

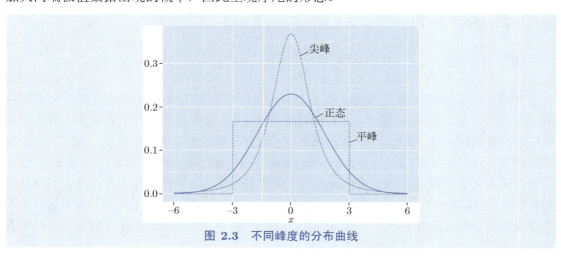

图 2.3　不同峰度的分布曲线

例 2.11　例2.10中计算得到月平均温度的平均值为 $\bar{x} = 24.016\ 7$，标准差为 $s_x = 5.483\ 7$；月平均相对湿度的平均值为 $\bar{y} = 73.041\ 7$，标准差为 $s_y = 8.640\ 1$。计算可得标准化数据，见表2.9。

表 2.9　2021 年广州市天气指标的标准化数据

月份	1	2	3	4	5	6	7	8	9	10	11	12
$(x_i - \bar{x})/s_x$	−1.70	−0.82	−0.42	0.02	0.93	0.84	1.15	0.91	1.09	0.07	−0.66	−1.39
$(y_i - \bar{y})/s_y$	−2.19	−0.41	0.40	0.56	0.47	1.16	0.35	1.16	0.38	0.25	−1.06	−1.08

所以，月平均温度的偏度和峰度分别为：

$$\text{SK} = \frac{1}{12}[(-1.70)^3 + (-0.82)^3 + \cdots + (-1.39)^3] = -0.295\ 4$$

$$K = \frac{1}{12}[(-1.70)^4 + (-0.82)^4 + \cdots + (-1.39)^4] - 3 = -1.512\ 5$$

计算结果表明，偏度系数小于 0，说明月平均温度的分布略呈现左偏态势，同时峰度系数也小于 0，说明月平均温度的分布顶部比正态分布平缓。类似地，计算可得月平均相对湿度的偏度和峰度分别为：

$$\text{SK} = \frac{1}{12}[(-2.19)^3 + (-0.41)^3 + \cdots + (-1.08)^3] = -0.787\ 0$$

$$K = \frac{1}{12}[(-2.19)^4 + (-0.41)^4 + \cdots + (-1.08)^4] - 3 = -0.542\ 7$$

计算结果表明，偏度系数小于 0，说明月平均相对湿度的分布也呈现左偏态势，并且比月平均温度分布的偏态性明显。同时峰度系数也小于 0，说明月平均相对湿度的分布顶部比正态分布平缓，但是比月平均温度的分布的顶部陡峭。

2.3.4　两个变量关系的描述

在概率论中我们学习过协方差和相关系数的概念，这两个数字特征用来度量两个变量间线性相关关系的强弱。对于两组定量数据，我们同样可以定义样本协方差和样本相关系数来表征这两个定量变量间线性相关关系的强弱。

1. 协方差

样本协方差是用于衡量两个变量之间关系的统计量。对于 n 个样本$(x_1, y_1), \cdots, (x_n, y_n)$，**样本协方差 (sample covariance)** 定义为：

$$s_{xy} = \text{Cov}(x, y) = \frac{1}{n-1} \sum_{i=1}^{n} (x_i - \bar{x})(y_i - \bar{y})$$

例 2.12　计算例2.10中月平均温度和月平均相对湿度的协方差。

解

$$s_{xy} = \frac{(-9.316\ 7) \times (-18.941\ 7) + (-4.516\ 7) \times (-3.541\ 7) + \cdots + (-7.616\ 7) \times (-9.341\ 7)}{11}$$

$$= 40.497\ 4$$

协方差可以由软件计算，代码及输出如下：

```
Temp=c(14.7,19.5,21.7,24.1,29.1,28.6,30.3,29,30.0,24.4,20.4,16.4)
Humid=c(54.1,69.5,76.5,77.9,77.1,83.1,76.1,83.1,76.3,75.2,63.9,63.7)
cov(Temp,Humid)
```

[1] 40.5

样本协方差的结果是一个标量，它描述了两个变量之间线性关系的强度和方向。如果 $s_{xy} > 0$，则表示两个变量之间存在正相关关系；如果 $s_{xy} < 0$，则表示两个变量之间存在负相关关系；如果 s_{xy} 接近 0，则表示两个变量之间没有线性关系。

样本协方差作为描述两个变量的线性关系的数字特征，存在一个问题，即协方差受量纲的影响。例如，在研究身高和体重的相关性时，如果将身高的计量单位从米换为厘米，协方差将扩大 100^2 倍。此外，由于协方差可以为任意实数，所以我们无法通过协方差判断变量间关系的强弱。例如，在广州天气数据中我们计算可得月平均温度和月平均相对湿度的协方差为 40.497 4，但是并不能通过这一数据判断温度和相对湿度关系的强弱。因此，统计学家 K.皮尔逊提出了相关系数的概念。

2. 相关系数

样本相关系数 (sample coefficient of correlation) 的定义为：

$$r = \frac{s_{xy}}{s_x s_y} = \frac{\sum_{i=1}^{n}(x_i - \bar{x})(y_i - \bar{y})}{\sqrt{\sum_{i=1}^{n}(x_i - \bar{x})^2}\sqrt{\sum_{i=1}^{n}(y_i - \bar{y})^2}} = \frac{1}{n-1}\sum_{i=1}^{n}\left(\frac{x_i - \bar{x}}{s_x}\right)\left(\frac{y_i - \bar{y}}{s_y}\right)$$

从定义不难看出，样本相关系数实际上是一种数据标准化后的协方差，是剔除了两个变量的量纲影响后得到的统计量。和协方差一样，如果相关系数大于 0，表示两个变量之间存在正相关关系；如果相关系数小于 0，表示两个变量之间存在负相关关系；如果相关系数接近 0，表示两个变量之间没有线性关系。但和协方差不同的是，相关系数的值介于 -1 和 1 之间。其值越接近 1，表示两个变量之间的正线性相关程度越强；其值越接近 -1，表示两个变量之间的负线性相关程度越强。

图2.4展示了不同相关性下两个变量之间的散点图。其中 (a) 和 (b) 分别是 $r = 0$ 和 $r = 1$ 的散点图。当 $r = 0$ 时，两个变量不相关，数据的分布没有任何规律和形态，呈现一种完全随机的状态；而当 $r = 1$ 时，两个变量完全正相关，数据在一条直线上。(c) 和 (d) 是相关系数为负时的散点图，可以看出 y 随 x 的增大而减小。同时，$|r|$ 越大，数据呈现直线的形态越明显，也就是数据越紧密地围绕在某条直线的周围。类似地，(e) 和 (f) 是相关系数为正时的散点图，此时 y 随 x 的增大而增大。

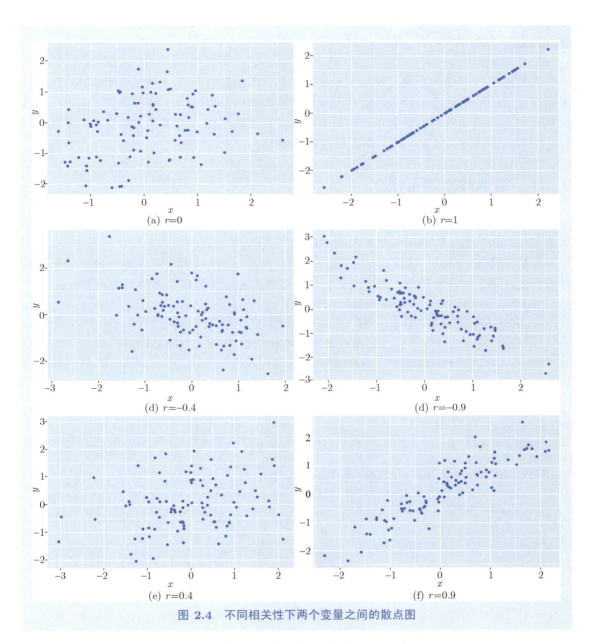

图 2.4 不同相关性下两个变量之间的散点图

例2.10中的月平均温度和月平均相对湿度的相关系数为：

$$r = \frac{1}{11} \sum_{i=1}^{12} \left(\frac{x_i - \bar{x}}{s_x} \right) \left(\frac{y_i - \bar{y}}{s_y} \right) = \frac{(-1.70) \times (-2.19) + \cdots + (-1.39) \times (-1.08)}{11}$$

$$= 0.854\ 7$$

相关系数可以由软件计算，代码及输出如下：

```
cor(Temp,Humid)
```

[1] 0.8547

2.4　数据的可视化

大数据时代的到来为我们带来了丰富的信息资源的同时，也对如何从庞杂的数据中提炼出有价值的信息提出了要求。数据可视化是将数据信息以图形化的形式呈现出来，通过可视化的方式帮助人们以更直观、更易懂的方式发现数据背后的规律与趋势。本节我们依然按照不同的数据类型对一些常用图形进行介绍。

2.4.1　定性数据的可视化

在2.2节中我们学习了通过频数分布表整理定性数据。下面我们将通过可视化的图形来展示定性数据，常用的图形包括条形图、饼图等。

条形图 (bar plot)，也称为柱状图，是对定性数据的每个水平绘制矩形条，矩形条的高度为此水平上的样本频数、频率或百分比。条形图是定性数据频数分布表的图形表示。

> **例 2.13**　例2.1中汇总了纽约市公寓数据中四种房型的频数分布表，其相应的条形图见图2.5。从图中可以清晰地看出在四种房型中 R4-CONDOMINIUM 的占比最多，是占比次多的 R2-CONDOMINIUM 的三倍左右。

解　绘制条形图的代码及输出如下：

```
library(ggplot2)
library(scales)
# 绘制条形图
ggplot(HouseClass, aes(x=Class, y=Freq)) +
        geom_bar(stat="identity", fill="grey", colour="black") +
        ylab("频数")+xlab("房型")
```

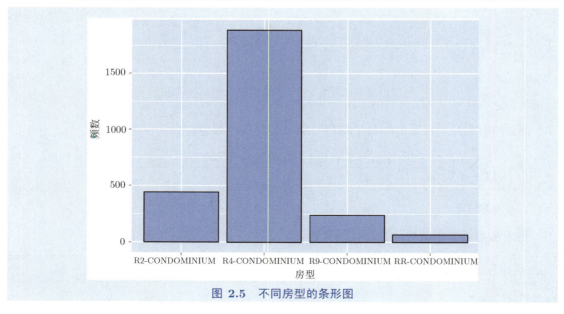

图 2.5　不同房型的条形图

饼图 (pie chart)为一个圆形图被划分成很多扇形，每个扇形代表定性数据的一个水平，扇形面积则表示该水平上的频率或百分比。对于不同水平的比较尤其是频数相近的不同水平的比较而言，条形图比饼图更直观清晰。

南丁格尔玫瑰图 (Nightingale rose diagram)，也称为极坐标区域图 (polar area diagram)、鸡冠花图 (coxcomb)，是一种圆形的直方图，它由弗罗伦斯·南丁格尔发明，用以表达军队医院季节性死亡率。南丁格尔玫瑰图是在极坐标系中绘制的柱状图，用扇形的半径长度表示每个水平的频数、频率或百分比。由于半径和面积之间是平方关系，南丁格尔玫瑰图会将数据的比例大小夸大，因此适合对比大小相近的数值。另外，当不同水平的频数差距较大时，南丁格尔玫瑰图会夸大这一差距，例如图2.6。此外，由于圆形有周期性，所以南丁格尔玫瑰图也适用于表示一个周期内的时间概念，比如星期、月份。

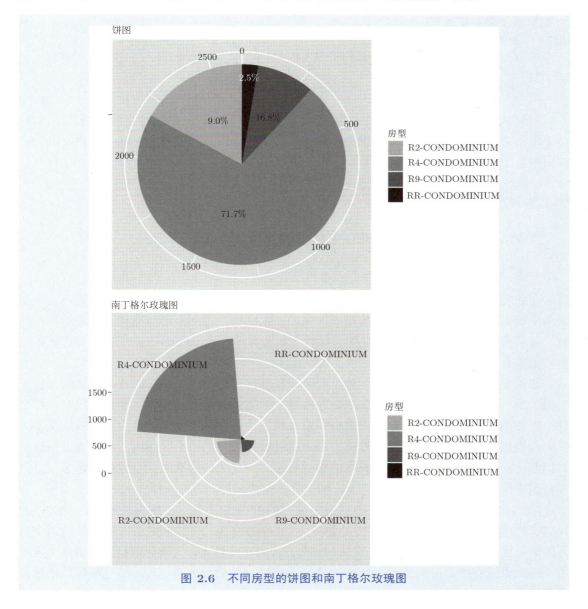

图 2.6　不同房型的饼图和南丁格尔玫瑰图

> **例 2.14** 绘制例2.1中纽约市公寓数据四种房型的饼图和南丁格尔玫瑰图。

解 代码及输出 (见图 2.6) 如下。

```
library(scales)
# 绘制饼图
HousePie=ggplot(HouseClass,aes(x="",y=Freq,fill=Class))
HousePie=HousePie+geom_bar(width=1,stat="identity")
HousePie=HousePie+coord_polar("y",start=0)
HousePie+labs(x="",y="",title="饼图")+
  scale_fill_grey("房型",start=0.8,end=0)+
  geom_text(aes(y=Freq/2+c(0,cumsum(Freq)[-length(Freq)]),
              label=percent(Freq/sum(Freq))),size=3)
# 绘制南丁格尔玫瑰图
ggplot(HouseClass,aes(y=Freq,x=reorder(Class,Freq),fill=Class))+
      geom_bar(stat="identity")+coord_polar()+
  labs(x="",y="",title="南丁格尔玫瑰图")+
      scale_fill_grey("房型",start=0.8,end=0)
```

尽管从饼图中我们能够看出四种房型占比的大小关系,但是很难定量地对比。此外,由于本例中不同房型的频数差别很大,而南丁格尔玫瑰图进一步夸大了这一差距,所以在本例中南丁格尔玫瑰图并不是一个很好的选择。

2.4.2 定量数据的可视化

直方图和箱线图是两种最常用的描述定量数据分布的图形。

1. 直方图

在2.2.2节中,我们学习了如何对定量数据制作频数分布表。按照频数分布表,在平面直角坐标系中,横轴标出每个组的端点,纵轴表示频数,每个矩形的高代表对应的样本频数、频率或百分比,称这样的统计图为频数分布**直方图 (histogram)**。所以,直方图是定量数据频数分布表的图形表示。

理论上,随着样本量的增加,分组的区间宽度也可以适当减小,而且两者之间存在一定的关系。可以设想,如果区间太窄,导致每个区间中的数据就只有一个或者没有,那么这个直方图就过于注重细枝末节而忽视了整体状况,这样绘制出来的直方图也就意义不大了。再设想一种情况,如果区间过宽,导致所有数据都在同一个区间内,那么直方图也就只绘制出一个长方形,无法体现分布的整体状况。因此大体的准则就是数据量越多,可以选择越窄的分组区间,而数据量越少,则反之。通常而言,我们选择 5～20 组。

图2.7展示了例2.1纽约市公寓数据中变量"费用"的直方图。上图为按照频数表2.7中的 10 个等宽区间绘制的直方图,下图是划分为 30 个等宽区间时绘制的直方图。从这两个直方图的对比可以看出,按 10 个等宽区间划分,区间宽度过大,大部分数据落在第一个区间内,因此无法看出数据的分布。显然,30 个等宽区间的划分更为合理,能更准确地刻画公寓费用的分布。

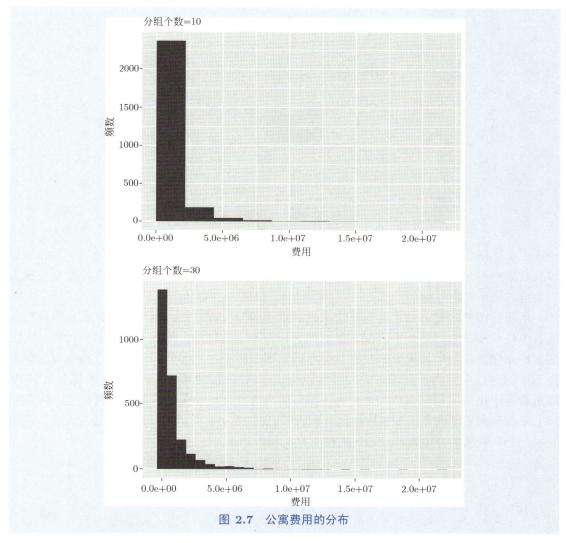

图 2.7　公寓费用的分布

关于直方图我们还要说明，虽然直方图与条形图看上去很像，但它们有明显的差别。条形图用于绘制定性数据，因此各矩形表示的是定性数据的不同水平，不同水平之间是离散的，分割自然清晰；然而直方图用于绘制定量数据，数据通常是连续的，因此各矩形之间是相连的，并无清晰的分割方法。

2. 箱线图

箱线图 **(boxplot)**，也称为箱须图 (box-whisker plot)，是利用数据中的五个统计量——最小值、第一四分位数、中位数、第三四分位数、最大值来描述定量数据分布的可视化工具。它能够简单明了地显示分布的离散程度、对称性以及数据中的异常值。

如图2.8所示，箱线图由箱和须构成，其中箱的上、下边界分别是第一四分位数和第三四分位数，而箱的中间由中位数隔开。须的上、下边缘数分别定义为：

$$上边缘数 \ (upper \ whisker) = Q_3 + 1.5\text{IQR}$$
$$下边缘数 \ (lower \ whisker) = Q_1 - 1.5\text{IQR}$$

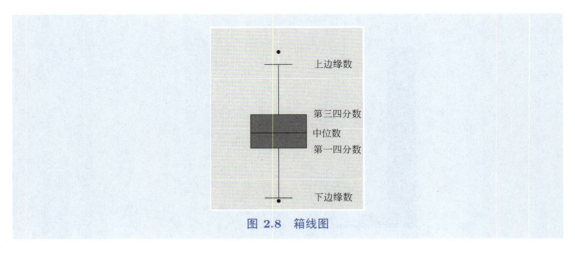

图 2.8　箱线图

在实际操作时，上边缘数延伸到数据中不超过 $Q_3 + 1.5\text{IQR}$ 的最大值处，下边缘数延伸到数据中不小于 $Q_1 - 1.5\text{IQR}$ 的最小值处。大于上边缘数或小于下边缘数的数据被视为异常值，通常用符号标出。

从箱线图的定义可知，落在下边缘数和第一四分位数之间、第一四分位数和中位数之间、中位数和第三四分位数之间、第三四分位数和上边缘数之间的数据应各有 25% 左右。假如将箱线图横放，如果数据是对称分布的，那么箱子左半部分和右半部分的宽度应非常接近，同时，左须的长度和右须的长度也应该非常接近，见图2.9(b)。如果数据是右偏的，那么数据中出现了极端大值，使得大值部分的离散程度比小值部分的离散程度大，因而箱体右半部分和右须的宽度都相应地比左侧大，见图2.9(c)。类似地，当数据是左偏时，箱体左半部分和左须的宽度都相应地比右侧大，见图2.9(a)。

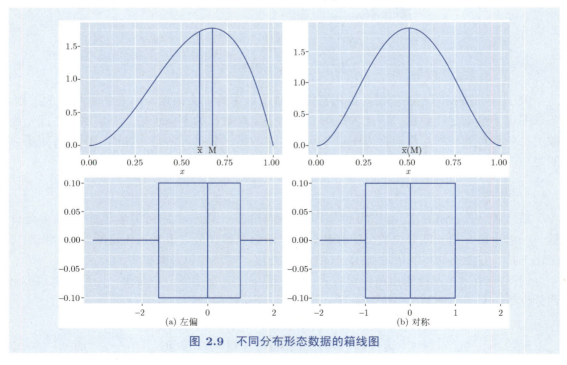

图 2.9　不同分布形态数据的箱线图

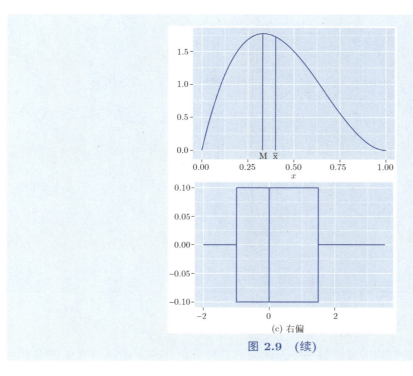

(c) 右偏

图 2.9　(续)

例 2.15　图2.7展示了例2.1纽约市公寓数据中变量"费用"的直方图。下面我们给出相应的箱线图,见图2.10(a)。从图中可以看出,费用呈明显的右偏。这与直方图一致。在后面的章节中将学习到,在一些统计推断中我们对数据的分布是有要求的,例如近似正态性。对于不满足假设的数据,我们通常需要进行变换。例如,对于右偏数据通常会取对数以调整其偏态性。在本例中,我们对费用进行了对数变换,变换后数据的箱线图见图2.10(b)。从图中可以看出,其偏态性得到了很好的调整。

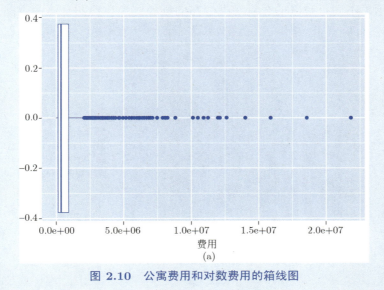

(a)

图 2.10　公寓费用和对数费用的箱线图

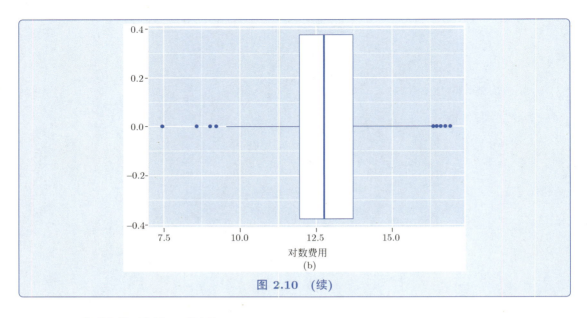

图 2.10　（续）

2.4.3　变量关系的可视化

当有多个变量时，我们除了展示每个变量的分布特征外，还希望通过可视化研究变量间的相关性。

1. 两个定性变量间

两个定性变量可以通过**复合条形图 (side-by-side bar chart)**、**堆叠条形图 (stacked bar chart)** 或者两个变量的南丁格尔玫瑰图展示。事实上，无论条形图还是玫瑰图均是列联表的图形表示。

例如，对例2.1中的纽约市公寓数据，我们欲对比不同行政区的公寓房型分布是否相同。图2.11展示了不同行政区的公寓房型分布的堆叠图和玫瑰图。这两个图形均是列联表

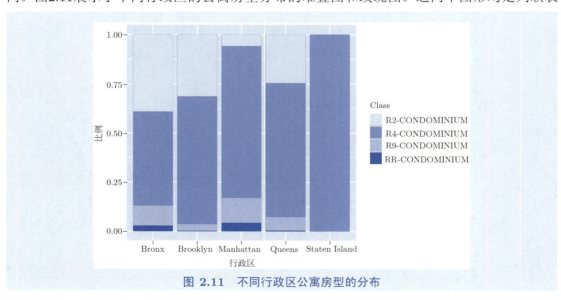

图 2.11　不同行政区公寓房型的分布

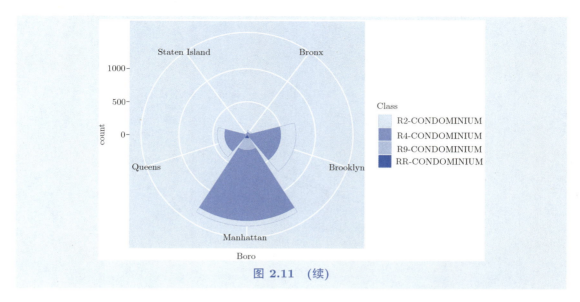

图 2.11　（续）

表2.6的图形表示。从图中可以看出，Bronx、Brooklyn 和 Queens 三个行政区中四种房型的分布比较相似，而 Manhattan 和 Staten Island 两个行政区中四种房型的分布与其他行政区的差异比较明显。

2. 定量变量间

散点图 (scatter plot)是最常用的刻画两个定量变量间关系的图形。散点图用两组数据构成一系列坐标点，考察坐标点的分布，判断两个变量之间是否存在某种关联或总结坐标点的分布模式。

例如，对例2.1，我们可以通过散点图观察公寓总出租收入与总面积之间的关系，见图2.12(a)。从图中可以看出总出租收入与总面积之间存在一定的线性关系，但是明显回归线被右下侧的离群点 (总面积偏大，但是总出租收入偏小) 拉低。

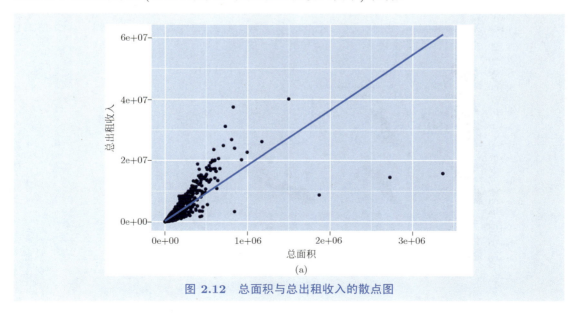

图 2.12　总面积与总出租收入的散点图

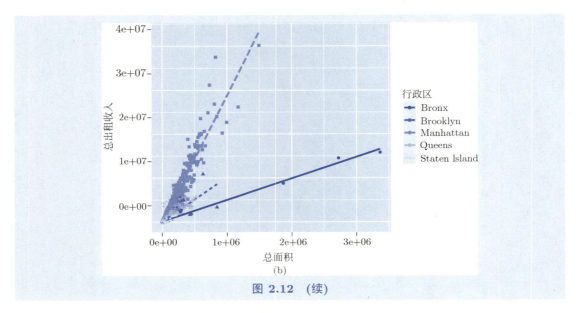

图 2.12 （续）

我们还可以在两个变量关系中加入定性变量的影响。例如，考虑总出租收入与总面积之间的关系时，同时考虑不同行政区内二者关系是否一致，见图2.12(b)。从图中可以看出，各行政区内总出租收入与总面积之间的线性关系有所不同，尤其是 Manhattan 和 Bronx 区之间。同时可以看出，前面提到的几个离群点全部在 Bronx 区。

对于多个定量变量，我们使用 R 中的 cor 函数来得到两两之间的相关系数，使用 R 中的 ggpairs 函数绘制变量两两之间的散点图。例如，图2.13为纽约市公寓数据中我们选取的 5 个定量变量 Units、SqFt、Income、Expense 和 Value 的散点图阵。从图2.13以及下方

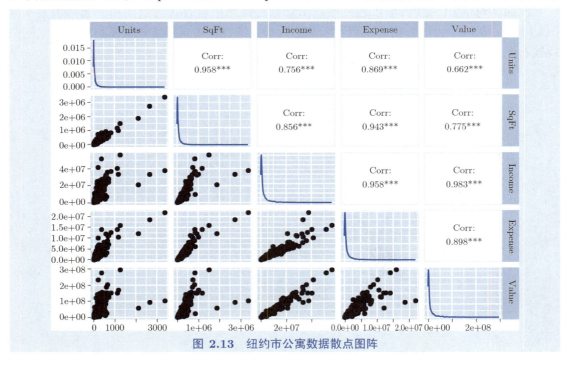

图 2.13 纽约市公寓数据散点图阵

的相关系数阵均可以看出，这 5 个变量间的相关性都很高，例如 Income 和 Value 之间 (相关系数 = 0.983 0)。后期在做统计推断 (例如做回归分析) 时，我们应谨慎对待这些高度相关的变量。

相关系数阵如下：

```
##          Units   SqFt Income Expense  Value
## Units   1.0000 0.9578 0.7557  0.8690 0.6616
## SqFt    0.9578 1.0000 0.8561  0.9433 0.7747
## Income  0.7557 0.8561 1.0000  0.9577 0.9830
## Expense 0.8690 0.9433 0.9577  1.0000 0.8982
## Value   0.6616 0.7747 0.9830  0.8982 1.0000
```

例 2.16　数据集 keyindicators 是一个多维数据集，综合反映了国家发展水平的若干个指标。各指标变量汇总见表2.10。

表 2.10　keyindicators 数据集指标汇总

变量名称	中文名	变量名称	中文名
Coutry	国家	Income.Group	收入水平
Region	地区	density_pop	人口密度
GNI	国民总收入	aGNI	人均国民总收入
life_exp_m	男性平均寿命	life_exp_f	女性平均寿命

我们首先分析人均国民总收入是否对平均寿命有影响。如果有影响，对女性和男性的影响是否相同？为此我们作人均国民总收入与平均寿命的散点图 (见图2.14(a))。从图中可以看出，平均寿命与人均国民总收入存在曲线关系，并且对于相同的人均国民总收入，女性的平均寿命明显高于男性。为了进一步探究平均寿命与人均国民总收入之间的关系，我们对人均国民总收入作对数变换后 (ln aGNI) 再绘制变换后的数据与平均寿命的散点图 (见图2.14(b))。平均寿命与对数人均国民总收入呈明显

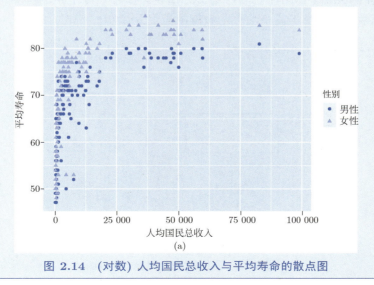

(a)

图 2.14　(对数) 人均国民总收入与平均寿命的散点图

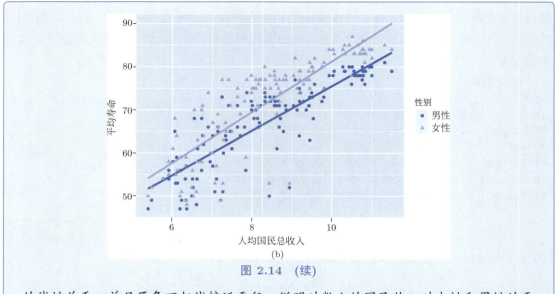

图 2.14　(续)

的线性关系，并且两条回归线接近平行，说明对数人均国民收入对女性和男性的平均寿命均有影响且影响的差异不大。而女性和男性的平均寿命的差异有可能来自其他因素的影响。

3. 定性与定量变量间

对定性与定量变量之间关系的研究，通常通过对定性变量分组绘制关于定量变量的图形来进行各组间的对比，例如分组直方图、分组箱线图和分组密度图等。

例 2.17　在例2.16的分析中我们发现女性和男性的平均寿命有差异，下面通过分组箱线图和分组密度图进一步观察，见图2.15。从分组箱线图 (见图2.15(a)) 可以看出，男性和女性的平均寿命分布相似，都为左偏，并且女性的平均寿命高于男性。从分组密度图 (见图2.15(b)) 也可以看出男性和女性的平均寿命分布相似，女性低平均寿命的概率低于男性而高平均寿命的概率高于男性。

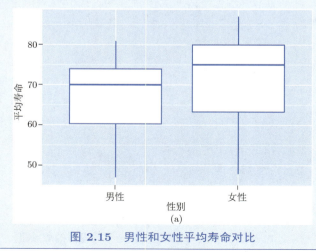

图 2.15　男性和女性平均寿命对比

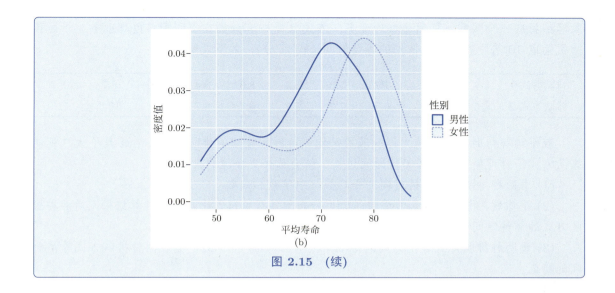

图 2.15　（续）

课后习题

1. 对于以下每个变量，确定它们是否为数值型变量。如果是数值型变量，确定它们是离散的还是连续的。

(1) 网络供应商的姓名；

(2) 每周上网花费的时间；

(3) 每周收到的电子邮件数量；

(4) 每月网上购物的次数。

2. 假设以下是申请住房抵押贷款提供的信息：

(1) 月收入：1 427 美元；

(2) 过去 10 年间的工作数：1；

(3) 家庭年工资收入：86 000 美元；

(4) 婚姻状况：已婚。

判断对以上问题的回答所得到的数据的类型。

3. 下列数据为 6 家连锁剧场中两张票以及在线服务、大爆米花和两杯中软饮料的价格（美元）。

　　36.15　31.00　35.05　40.25　33.75　43.00

(1) 计算算术平均值和中位数。

(2) 计算方差、标准差、极差。

(3) 这些数据是否有偏？如有，是左偏还是右偏？

(4) 基于 (1) 到 (3) 的结果，关于看电影的花费，你能够得出什么结论？

4. 有些顾客抱怨到某银行办理业务时等待时间太长，管理员认为可能是排队方式不合理造成少数顾客等待时间太长。为此，该银行采取两种排队方式进行实验：方式 1 是所有顾客都排成一个队列,按顺序办理业务;方式 2 是顾客分别在不同窗口办理业务。于是各随机抽取 10 名顾客,记录他们的等待时间 (单位: 分),如下表所示。

排队方式 1	7.5	7.6	7.7	7.8	8.1	8.3	8.4	8.7	8.7	8.7
排队方式 2	5.2	6.4	6.8	7.2	7.7	8.7	8.7	9.5	10.3	11.0

若平均等待时间相差较大,就采用平均等待时间较短的排队方式;若相差不大,可能排队方式不合理使少数顾客等待时间过长,就会选择更合理的排队方式。

(1) 求两种排队方式等待时间的平均数、中位数和众数。

(2) 平均数、中位数和众数反映了数据分布的什么特征?比较三种计算结果,对两种排队方式的等待时间可得出什么结论?

(3) 设两种排队方式等待时间的标准差依次为 0.48 和 1.82,比较两种排队方式等待时间的特征。

(4) 经以二分析,哪种排队方式更合理?说明理由。

5. 某物业公司需要购买一大批灯泡,你接受了采购灯泡的任务。假如有两家供应商,你从两家各随机抽取了灯泡的一个样本,进行破坏性实验,得到灯泡寿命的数据如下表所示。

供应商	寿命 (小时)				合计
	700 ~ 900	900 ~ 1100	1100 ~ 1300	1300 ~ 1500	
甲	11	15	24	10	60
乙	4	34	19	3	60

(1) 从供应商甲处抽取的样本量是多少?

(2) 用直方图直观地比较这两个样本,能得到什么结论?

(3) 应当采取哪一个综合度量指标描述两家供应商灯泡寿命的一般水平?简要说明理由。

(4) 根据 (3) 的结果,比较哪家供应商的灯泡使用寿命长。

(5) 计算两个样本的标准差。

(6) 你选择哪家供应商?简要说明理由。

6. 某学校学生的平均年龄为 20 岁,标准差为 3 岁;该校教师的平均年龄为 38 岁,标准差为 3 岁。比较该校学生年龄和教师年龄的离散程度。

7. 某公司招收推销员,要测定男女推销员的推销能力是否有差别,便随机抽选了 8 人,经过一段时间的销售测试,取得的数据如下表所示。

男推销员销售额 (万元)	31	12	52	51	20	19	28	29
女推销员销售额 (万元)	35	27	24	22	55	49	14	44

绘制箱线图比较男女推销员销售额数据的分布,并用描述数据集中趋势的测度值说明男女推销员销售额的差异。

8. 抽样调查某省 50 户城镇居民年人均可支配收入资料，数据如下所示。

88 77 66 85 74 92 67 84 77 94 58 60 74 64 75 66 78 55 70 66 78 64 65 87 49 97 77 69 68 71 65 78 77 86 78 82 98 95 86 100 66 74 70 62 68 56 83 52 71 108

(1) 试根据上述资料编制频数分布表；

(2) 根据所编制的频数分布表绘制直方图。

9. R 包 gcookbook 中的数据集 uspopchange 记录了美国某段时间内不同州的人口变化数据，总共有 50 个观测值和 4 个变量：州名、州名简写、所处区域、变化量。请使用描述性统计工具做一些分析。

10. R 包 gcookbook 中的数据集 heightweight 记录了 236 名青少年的身高和体重信息，有 5 个变量：性别、以年为单位的年龄、以月为单位的年龄、身高、体重。请使用描述性统计工具做一些分析。

11. R 包 ggplot2 中的数据集 diamonds 包含近 54 000 颗钻石的信息，包括价格 (price)、重量 (carat)、切割 (cut)、颜色 (color)、纯度 (clarity) 等。其中价格和重量可以看作连续型数值变量，而切割、颜色和纯度都是取值具有顺序意义的离散型变量。采用适合的可视化工具对这一数据集中的变量进行汇总和分析并形成分析报告。

第 2 章补充习题

第 3 章

抽样分布

 引例：如何了解全国居民收支和生活状况

满足人民日益增长的美好生活需要是我国社会发展的一项重要目标，全面、准确、及时地了解全体常住居民的生活水平和生活质量具有重要意义。由于我国居民群体数量庞大，国家统计局只能通过抽样调查的方式获得反映居民收入和消费状况的相关数据，这一调查称为住户收支与生活状况调查。例如，2020 年在全国范围内共抽样选取了约 16 万住户进行调查，获得了居民可支配收入和消费支出的相关数据。

如果要估计 2020 年全国居民人均消费支出，就需要利用住户收支与生活状况调查的 16 万住户数据进行推断。这样利用样本信息推断总体的某个特征的做法是否合理？其理论依据是什么？这就涉及本章关于抽样分布的相关内容。

在实际应用中，利用统计图表等方式对抽样获得的数据进行整理和展示通常是数据分析的基础，数据分析的一个主要目的是统计推断。虽然总体的参数是客观存在的，但通常未知，因此需要基于样本的相关统计信息进行推断以估计总体参数的值，既统计推断。例如，研究人员想估计全国大学生的平均身高，由于总体数量很大，研究小组随机抽取了 5 000 名大学生作为样本并基于这 5 000 名大学生的平均身高对全国大学生的平均身高进行相关估计。值得注意的是，统计推断的重点是得到关于总体的结论，而不是样本本身，如上例中研究人员关注的是利用 5 000 名大学生的样本平均身高来估计总体的平均身高。本章将围绕样本统计量和抽样分布的相关内容展开介绍。

3.1 统计量与抽样分布

进行统计推断时，根据样本数据计算得到的统计指标称为统计量 (statistic)，也称为样本统计量。统计量是样本的函数，并且不依赖于任何未知的总体参数。假设 $X_1, X_2, \cdots,$ X_n 是取自总体 X 的一个样本，函数 $F(X_1, X_2, \cdots, X_n)$ 不依赖于任何未知总体参数，则称 $F(X_1, X_2, \cdots, X_n)$ 是一个统计量。当获得样本的一组具体观测值 $(x_1, x_2, \cdots, x_n)$ 时，可通过计算函数 $F(X_1, X_2, \cdots, X_n)$ 得到统计量的一个具体值。

> **例 3.1**　设 $X_1, X_2, \cdots, X_n$ 是从总体 X 中抽取的一个样本，有以下指标：
>
> $$\overline{X} = \frac{1}{n} \sum_{i=1}^{n} X_i$$
>
> $$s^2 = \frac{1}{n-1} \sum_{i=1}^{n} (X_i - \overline{X})^2$$
>
> $$T = \overline{X} - \mu$$
>
> 其中属于统计量的是哪个指标？

解　样本均值 $\overline{X}$ 和样本方差 s^2 均不包含未知总体参数，因此都是统计量；对于 $T = \overline{X} - \mu$，当总体均值 μ 已知时，$\overline{X} - \mu$ 是统计量，但是当总体均值 μ 未知时，$\overline{X} - \mu$ 就不是统计量。

对于不同的统计推断问题，通常需要构造不同的统计量，常用的统计量包括样本均值、样本方差、样本比例等。构造合理的统计量是进行统计推断的重要前提。

当用样本统计量估计总体参数时，从总体中可以随机抽取给定样本量下的一个或多个可能的样本，由每个样本均可以计算得到相应的样本统计量。抽样分布 (sampling distribution)指的是所有可能的样本的统计量所构成的概率分布。抽样分布是统计推断的基础，只有明确了抽样分布的性质，才能对总体作出一定概率下的相关推断。

3.2　统计学中常用的几种重要分布

统计学中常用的分布包括正态分布、χ^2 分布、t 分布和 F 分布。

3.2.1　正态分布

正态分布 (normal distribution)，又称高斯分布 (Gaussian distribution)，是连续型随机变量的概率分布中最重要和最常用的分布，在统计理论和社会经济实践问题中都具有广泛的应用。

1. 正态分布的定义及特点

若随机变量 X 的概率密度函数为：

$$f(x) = \frac{1}{\sqrt{2\pi}\sigma} e^{-\frac{(x-\mu)^2}{2\sigma^2}}, \quad -\infty < x < +\infty \tag{3.1}$$

则称 X 服从均值为 μ、方差为 σ^2 的正态分布，记为 $X \sim N(\mu, \sigma^2)$。其中，μ 和 σ 分别是连续型随机变量 X 的均值和标准差，是正态分布的两个参数。

正态分布的概率密度曲线是中间高、两侧低的对称钟形，如图3.1所示，因此又称钟形曲线。该曲线具有以下特点：

(1) 正态分布的概率密度曲线位于 x 轴的上方，即 $f(x) \geqslant 0$。

(2) 以直线 $x = \mu$ 为对称轴，且 $f(x)$ 在 $x = \mu$ 处达到最大值。

(3) 当 x 从左右两侧远离 μ 时，曲线逐渐降低；当 $x \to \pm\infty$ 时，曲线以 x 轴为渐近线，从而形成中间高、两侧低的对称的钟形曲线。

(4) μ 和 σ 分别决定了曲线的中心位置和陡峭程度。当 σ 保持不变时，曲线会随着 μ 的变化而沿 x 轴平移，如图3.1(a) 所示；当 σ 较小时，曲线趋于陡峭，即分布越集中，反之，当 σ 较大时，曲线趋于平缓，即分布越分散，如图3.1(b) 所示。

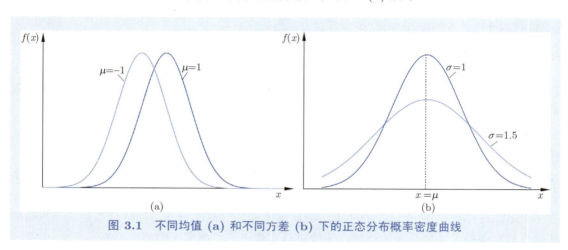

图 3.1 不同均值 (a) 和不同方差 (b) 下的正态分布概率密度曲线

2. 标准正态分布

由于正态分布的概率计算较为烦琐，现实中通常通过数据变换将一般正态分布转化成标准正态分布进行计算和应用。

设 $X \sim N(\mu, \sigma^2)$，则

$$Z = \frac{X - \mu}{\sigma} \sim N(0, 1) \tag{3.2}$$

即任一一般正态随机变量 X 均可以通过上式转化为标准化的正态随机变量 Z，相应的分布 $N(0,1)$ 称为标准正态分布 (standard normal distribution)，此时均值为 0，标准差等于 1。

把式(3.2)代入式(3.1)，可得到标准正态分布的概率密度函数 $f(z)$ 和分布函数 $F(z)$：

$$f(z) = \frac{1}{\sqrt{2\pi}} \mathrm{e}^{-\frac{z^2}{2}}, \quad -\infty < z < +\infty \tag{3.3}$$

$$F(z) = \int_{-\infty}^{z} f(t)\mathrm{d}t = \int_{-\infty}^{z} \frac{1}{\sqrt{2\pi}} \mathrm{e}^{-\frac{t^2}{2}} \mathrm{d}t \tag{3.4}$$

标准正态分布函数 $F(z)$ 的值可以通过查表获得，因此一般正态分布只要转化为标准正态分布即可简化概率计算问题。一般地，$z \geqslant 0$ 的函数值可直接查表得到，对于 $z < 0$，根据正态分布的对称性可由下式求得：

$$F(-z) = 1 - F(z) \tag{3.5}$$

可以用 R 语言绘制标准正态分布概率密度曲线，代码如下：

```
curve(dnorm(x),-4,4,col=4,lwd=2.5,ylim=c(0,0.45),ylab="f(x)")
legend("topright",legend=c("N(0,1)"),lwd=2)
lines(c(0,0),c(0,dnorm(0)),lty=2)
lines(c(1,1),c(0,dnorm(1)),lty=2)
lines(c(-1,-1),c(0,dnorm(1)),lty=2)
```

运行结果见图3.2。

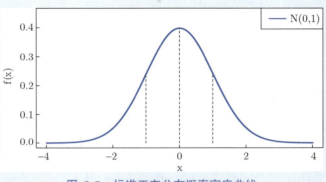

图 3.2　标准正态分布概率密度曲线

> 例 3.2　假设你是一家公司的市场分析师，需要根据过去几个季度的销售数据预测下个季度的销售额。公司过去几个季度的销售额 X 服从正态分布，均值为 2 000 万元，标准差为 500 万元，即 $X \sim N(2\,000, 500^2)$。现在你想知道下个季度销售额在 2 200 万～2 500 万元之间的概率是多少。

解　根据正态分布的概率密度函数，可以计算下个季度销售额在 2 200 万～2 500 万元之间的概率：

$$P(2\,200 \leqslant X \leqslant 2\,500) = \int_a^b \frac{1}{\sigma\sqrt{2\pi}} \mathrm{e}^{-\frac{1}{2\sigma^2}(x-\mu)^2} \mathrm{d}x = \int_{2\,200}^{2\,500} \frac{1}{500 \times \sqrt{2\pi}} \mathrm{e}^{-\frac{1}{2\times 500^2}(x-2\,000)^2} \mathrm{d}x$$

计算上面的积分不是一件简单的事情，可以借助 R 语言求得结果。代码及输出如下：

```
# 均值和标准差
mu <- 2000
sigma <- 500
# 计算下个季度销售额在2200万元到2500万元之间的概率
p <- pnorm(2500,mean=mu,sd=sigma)-pnorm(2200,mean=mu,sd=sigma)
# 输出概率值
print(p)
```

[1] 0.1859

以上问题也可以通过数据变换将一般正态分布转化成标准正态分布进行计算:

$$P(2\,200 < X < 2\,500) = P\left(\frac{2\,200 - 2\,000}{500} < \frac{X - \mu}{\sigma} < \frac{2\,500 - 2\,000}{500}\right)$$

$$= P(0.4 < Z < 1)$$

$$= \Phi(1) - \Phi(0.4)$$

$$= 0.185\,9$$

3.2.2 χ^2 分布

χ^2 分布 (Chi-square distribution,卡方分布) 是由德国统计学家 F.R. 赫尔默特和英国数学家 K. 皮尔逊分别于 1875 年和 1900 年提出的一种分布,在统计推断中具有广泛的应用,如总体方差的假设检验、非参数统计中拟合优度检验和独立性检验等。

设随机变量 $X_1, X_2, \cdots, X_n$ 均服从 $N(0,1)$ 且相互独立,则随机变量 $Y = \sum_{i=1}^{n} X_i^2$ 服从自由度为 n 的 χ^2 分布,记为 $Y \sim \chi^2(n)$。

自由度 (degree of freedom,df) 表示独立随机变量的个数,如上述 χ^2 分布中自由度 n 表示 $\sum_{i=1}^{n} X_i^2$ 中有 n 个可以自由取值的随机变量。对于一组随机变量 $X_1, X_2, \cdots, X_n$,若其平均值 $\bar{x}$ 已确定,则只有 $n-1$ 个随机变量的数值可以自由取值,最后一个变量的取值必然由其他 $n-1$ 个变量的取值和平均值 $\bar{x}$ 决定,而不能自由取值,此时这 n 个随机变量的自由度为 $n-1$。若上述随机变量之间存在 k 个独立的线性约束条件,则此时自由度为 $n-k$。

$\chi^2(n)$ 分布的数学期望为 $E(\chi^2) = n$,方差为 $D(\chi^2) = 2n$。

χ^2 分布的概率密度曲线如图3.3所示。从图中可以看出,χ^2 分布为非对称分布,一般为右偏分布。随着自由度的增大,χ^2 分布的概率密度曲线逐渐趋向于对称。当 $n \to +\infty$ 时,χ^2 分布趋近于正态分布。

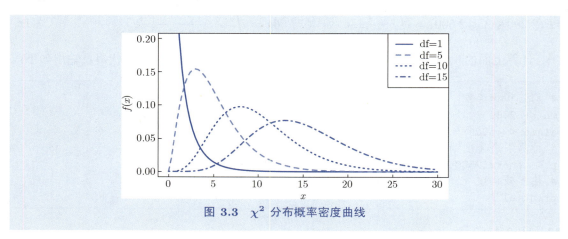

图 3.3 χ^2 分布概率密度曲线

3.2.3　t 分布

t 分布是英国统计学家 W.S.戈塞特在 1908 年以 "Student" 为笔名发表的一篇论文中提出的，因此也称为学生 t 分布。t 分布在小样本的统计推断应用中具有重要作用，如小样本下总体方差未知时正态总体均值的估计与检验等。

设随机变量 $X \sim N(0,1)$，$Y \sim \chi^2(n)$，且 X 与 Y 相互独立，则

$$T = \frac{X}{\sqrt{Y/n}} \sim t(n) \tag{3.6}$$

随机变量 T 的分布即称为自由度为 n 的 t 分布，记为 $t(n)$，其中，n 为自由度。

$t(n)$ 分布的数学期望和方差分别为：

$$E(t) = 0, \quad n \geqslant 2$$
$$D(t) = \frac{n}{n-2}, \quad n \geqslant 3$$

t 分布的概率密度曲线与标准正态分布的概率密度曲线形状相似 (见图3.4)，都是均值为零的对称钟形曲线。但是，t 分布的方差大于标准正态分布的方差，$t(n)$ 曲线的中心部位较低、两侧尾部较粗。因此，t 分布的尾部面积比标准正态分布大，而中心部位的面积比标准正态分布小。随着自由度 n 的不断增大，t 分布逐渐接近于标准正态分布。在实际应用中，一般当 $n \geqslant 30$ 时，可认为 t 分布近似于标准正态分布。

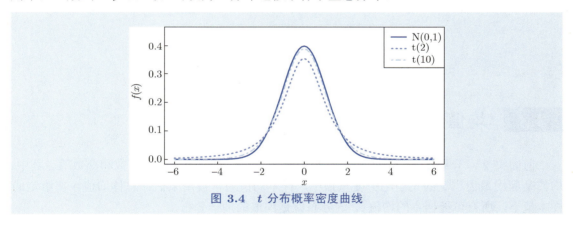

图 3.4　t 分布概率密度曲线

3.2.4　F 分布

F 分布是英国统计学家 R.A. 费希尔在 1924 年提出的，也称为斯尼德克 F 分布或费希尔–斯尼德克分布。F 分布可被用于两个正态总体方差的比较检验、方差分析和回归方程的显著性检验等。

设随机变量 $X \sim \chi^2(m)$，$Y \sim \chi^2(n)$，且 X 与 Y 相互独立，则

$$F = \frac{X/m}{Y/n} \sim F(m,n) \tag{3.7}$$

随机变量 F 的分布称为自由度为 (m,n) 的 F 分布，即随机变量 F 服从第一自由度为 m、第二自由度为 n 的 F 分布，记为 $F(m,n)$。

$F(m,n)$ 分布的数学期望和方差分别为：

$$E(F) = \frac{n}{n-2}, \quad n > 2$$

$$D(F) = \frac{2n^2(m+n-2)}{m(n-2)^2(n-4)}, \quad n > 4$$

F 分布的概率密度曲线如图3.5所示，一般为右偏分布。由式 (3.7) 可以看出，自由度为 (m,n) 的 F 分布的倒数是自由度为 (n,m) 的 F 分布，并且有：

$$F_{1-p}(m,n) = \frac{1}{F_p(n,m)} \tag{3.8}$$

其中，$F_p(n,m)$ 表示 $F(n,m)$ 分布右侧面积为 p 的 F 值。

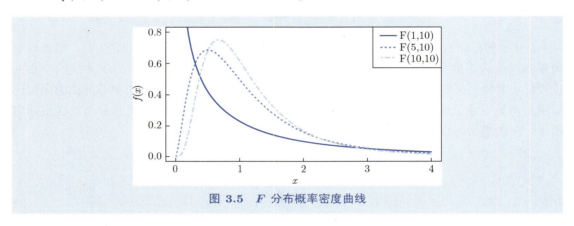

图 3.5　F 分布概率密度曲线

3.3　均值的抽样分布

前面第 2 章介绍了描述数据集中趋势的几种度量，包括均值、中位数和众数等。其中，均值是应用最为广泛的集中趋势度量指标，样本均值通常被用来估计总体均值。在给定的样本量下，所有可能样本的均值 $\overline{X}$ 的分布就是**均值的抽样分布**。

3.3.1　正态总体抽样

当从正态总体中抽样[①]时，设总体分布为 $N(\mu, \sigma^2)$，则样本均值 $\overline{X}$ 的抽样分布仍为正态分布，其数学期望为 μ，方差为 $\dfrac{\sigma^2}{n}$，即

$$\overline{X} \sim N\left(\mu, \frac{\sigma^2}{n}\right) \tag{3.9}$$

[①] 简便起见，若无特殊说明，本章及后面内容涉及的抽样均指无限总体抽样或有限总体的有放回抽样。

由以上可知，不论样本量大小，样本均值 $\overline{X}$ 的期望都与总体均值相等，表明当用样本均值 $\overline{X}$ 估计总体均值 μ 时，平均来说没有偏差，即样本均值在估计总体均值时具有无偏性。但是，样本均值 $\overline{X}$ 的方差是总体方差 σ^2 的 $1/n$，即样本均值 $\overline{X}$ 的标准差 $\sigma_{\overline{X}} = \dfrac{\sigma}{\sqrt{n}}$，这表明样本量 n 越大，样本均值 $\overline{X}$ 的离散程度越小，用 $\overline{X}$ 估计 μ 越准确。

3.3.2　非正态总体抽样与中心极限定理

上面介绍了当总体分布是正态分布时样本均值的抽样分布，然而在实际应用中，通常会面临总体分布是非正态分布或未知的情况。当样本量较大时，统计学中的一个重要定理——中心极限定理 (central limit theorem) 提供了在此类情况下对总体均值的推断依据。

中心极限定理表明，从均值为 μ、方差为 σ^2(有限) 的任一总体中抽样，当样本量 n 足够大时，不论总体服从何种分布，样本均值 $\overline{X}$ 的抽样分布都近似服从正态分布。样本均值 $\overline{X}$ 的数学期望和方差分别为：

$$E(\overline{X}) = E\Big(\frac{1}{n}\sum_{i=1}^{n} X_i\Big) = \frac{1}{n}E\Big(\sum_{i=1}^{n} X_i\Big) = \mu \tag{3.10}$$

$$D(\overline{X}) = D\Big(\frac{1}{n}\sum_{i=1}^{n} X_i\Big) = \frac{1}{n^2}D\Big(\sum_{i=1}^{n} X_i\Big) = \frac{\sigma^2}{n} \tag{3.11}$$

即 $\overline{X} \sim N\Big(\mu, \dfrac{\sigma^2}{n}\Big)$，标准化后可得：

$$Z = \frac{\overline{X} - \mu}{\sigma/\sqrt{n}} \sim N(0,1)$$

以均匀分布为例，设 $X_1, X_2, \cdots, X_n$ 是独立同分布的随机变量，均服从 $[0,1]$ 上的均匀分布，密度函数为：

$$f(x) = \begin{cases} 1, & 0 \leqslant x \leqslant 1 \\ 0, & \text{其他} \end{cases}$$

图3.6(a) 为相应的密度函数图。现在考虑 $X_1, \cdots, X_n$ 的均值 $\overline{X}_n = \dfrac{X_1 + \cdots + X_n}{n}$ 的均值分布。通过模拟，图3.6分别给出了 $n = 2, 5, 50$ 时 $\overline{X}_n$ 的直方图。从图中不难发现，随着 n 的增加，$\overline{X}_n$ 的分布逐渐趋于正态分布，这就是中心极限定理的内涵。

应用中心极限定理时，一个重要的问题是多大的样本量可被认为足够大呢？根据统计学中的发现，对于多数总体分布，当样本量至少为 30 时，样本均值的抽样分布近似正态分布。因此，一般要求 $n \geqslant 30$。但需要注意的是，若总体分布近似钟形，中心极限定理可应用于更小的样本量；若总体分布极为偏斜或具有多个众数，则可能需要远大于 30 的样本量才可以使得样本均值的分布为正态分布。

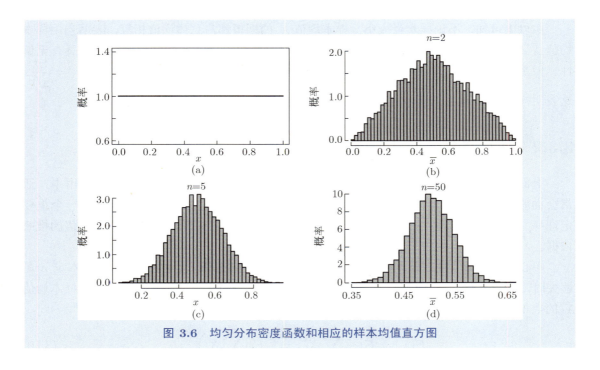

图 3.6　均匀分布密度函数和相应的样本均值直方图

3.4　比例的抽样分布

当变量为分类变量时，统计分析中常常会用到比例这一指标，如男性或女性的占比、一项提议的赞同者的占比等。总体比例 (通常用 π 表示) 指具有某一特征的单位在总体中的占比，样本比例 (通常用 p 表示) 指具有某一特征的单位在样本中的占比。与样本均值类似，样本比例也是一个常用的统计量，主要用于估计总体比例这一参数。在给定的样本量下，所有可能的样本比例 p 的分布就是**比例的抽样分布**。

样本比例：

$$p = \frac{\sum\limits_{i=1}^{n} x_i}{n} = \frac{\text{具有某一特征的样本数}}{\text{样本量}}, \quad x_i = \begin{cases} 1, & \text{具有某一特征} \\ 0, & \text{不具有某一特征} \end{cases} \tag{3.12}$$

本书主要讨论大样本下的样本比例的抽样分布和总体比例的估计问题。当样本量足够大 (通常 $np \geqslant 5$ 且 $n(1-p) \geqslant 5$) 时，比例 p 的抽样分布可以用正态分布近似。[1] 样本比例 p 的数学期望和方差分别为：

$$E(p) = \pi \tag{3.13}$$

$$D(p) = \frac{\pi(1-\pi)}{n} \tag{3.14}$$

即 $p \sim N\left(\pi, \dfrac{\pi(1-\pi)}{n}\right)$，标准化后可得：

---

[1] 一般地，当 $np \geqslant 5$ 且 $n(1-p) \geqslant 5$ 时，二项分布近似服从正态分布。

$$Z = \frac{p - \pi}{\sqrt{\pi(1-\pi)/n}} \sim N(0,1)$$

3.5 方差的抽样分布

在一些情况下，我们常常需要对总体的离散程度进行统计推断，如产品生产质量的稳定性、不同群体收入的差异性等。其中，方差是应用最广泛的离散程度度量指标，样本方差通常被用来估计总体方差。在给定的样本量下，所有可能的样本方差 (通常用 s^2 表示) 的分布就是方差的抽样分布。

对于方差的抽样分布和总体方差的估计，本书只围绕正态总体展开讨论。设随机变量 X 服从均值为 μ、方差为 σ^2 的正态分布，从中抽取样本量为 n 的随机样本，样本方差为 s^2，则统计量 $(n-1)s^2/\sigma^2$ 服从自由度为 $n-1$ 的 χ^2 分布，即

$$\frac{(n-1)s^2}{\sigma^2} \sim \chi^2(n-1) \tag{3.15}$$

证明如下：

$$\frac{(n-1)s^2}{\sigma^2} = \frac{\sum_{i=1}^{n}(X_i - \overline{X})^2}{\sigma^2} = \frac{\sum_{i=1}^{n}[(X_i - \mu) - (\overline{X} - \mu)]^2}{\sigma^2} \tag{3.16}$$

式(3.16)可进一步推导得到：

$$\frac{(n-1)s^2}{\sigma^2} = \frac{\sum_{i=1}^{n}(X_i - \mu)^2}{\sigma^2} - \frac{\sum_{i=1}^{n}(\overline{X} - \mu)^2}{\sigma^2}$$

$$= \sum_{i=1}^{n}\left(\frac{X_i - \mu}{\sigma}\right)^2 - \left(\frac{\overline{X} - \mu}{\sigma/\sqrt{n}}\right)^2 \tag{3.17}$$

由 X_i, $\overline{X}$ 的分布和 χ^2 分布的定义可知，式(3.17)服从 χ^2 分布，进一步由 X_i 与 $\overline{X}$ 的关系可得该 χ^2 分布的自由度为 $n-1$。

课后习题

1. 简述 χ^2 分布、t 分布和 F 分布的性质及三大分布之间的关系。

2. 设 $x_1, x_2, \cdots, x_9$ 是从正态总体 $N(20,16)$ 中抽取的样本，求样本均值 $\bar{x}$ 的标准差。

3. 设 $x_1, x_2, \cdots, x_{40}$ 是从二项分布 $B(n,p)$ 中抽取的样本，求样本均值 $\bar{x}$ 的渐近分布。

4. 已知一个总体的均值为 100，方差为 9，从该总体中抽取样本量为 36 的样本，求样本均值 $\bar{x}$ 的渐近分布。

5. 已知生产某产品需要的时间（单位：分钟）服从正态分布 $N(50,5)$，试求：

(1) 在半小时或更短的时间内完成该产品的生产的概率是多少？

(2) 在 30～40 分钟内完成该产品的生产的概率是多少？

6. 设 $x_1, x_2, \cdots, x_n$ 是从正态总体 $N(\mu, 16)$ 中抽取的样本，请问样本量 n 多大时可使 $P(|\bar{x} - \mu| < 1) \geqslant 0.99$？

7. 根据历史数据分析，某地区水稻亩产量服从均值为 300 千克、标准差为 30 千克的正态分布。现从该地区随机抽样获得 20 个试验田数据，试描述这些试验田的水稻平均亩产量的分布。

8. 某公司称其研发的驱蚊产品药性持续时间均值为 12 小时，标准差为 2 小时。为了检验该公司的声称是否属实，现有一研究小组随机抽取了该公司生产的 100 个驱蚊产品进行测试。若该公司声称属实，试描述这 100 个产品的药性平均持续时间的抽样分布，并计算这 100 个产品的药性平均持续时间不超过 11 小时的概率。

第 3 章补充习题

第4章 参 数 估 计

 引例：大学生平均身高的估计

　　大学生体质健康是世界各国共同关注的重要社会问题之一，保证大学生的健康成长对于国家发展意义重大。身体素质是体质健康的基础，为了解当前我国大学生的基本体质状况，某研究机构想估计全国大学生的平均身高。由于总体数量很大，该研究机构随机抽取了 5 000 名大学生作为样本，并计划基于这 5 000 名学生的平均身高对全国大学生的平均身高进行相关估计。

　　以上就是一个典型的参数估计问题。

　　现实中我们一般很难掌握总体的全部数据，因此总体参数通常是未知的，往往需要通过抽样获取样本统计量的相关信息来对总体参数进行推断，这就是参数估计。参数估计是统计推断的重要内容之一，本章将重点介绍参数估计的原理和基本方法，以及如何确定参数估计中的样本量。

4.1　参数估计的基本原理

　　参数估计 (parameter estimation) 是在抽样和抽样分布的基础上，通过样本统计量对总体参数进行的估计。例如，用样本均值 $\overline{X}$ 估计总体均值 μ，用样本比例 p 估计总体比例 π，用样本方差 s^2 估计总体方差 σ^2。

4.1.1　估计量与估计值

　　在参数估计中，若用 θ 表示总体参数，则 $\hat{\theta}$ 表示用于估计总体参数的统计量，当用 $\hat{\theta}$ 估计 θ 时，$\hat{\theta}$ 也被称为估计量 (estimator)。例如，样本均值、样本比例、样本方差都可作为估计量。当确定一组具体的样本观测值时，根据该组样本计算得到的估计量 $\hat{\theta}$ 的数值即为估计值 (estimated value)。设 $x_1, x_2, \cdots, x_n$ 是样本的一组观测值，由此可以计算得到 $\hat{\theta}(x_1, x_2, \cdots, x_n)$ 的数值，这个数值就称为参数 θ 的估计值。例如，研究人员想估计全校所有学生的平均身高，因此从所有学生中抽取了一个随机样本进行观察，全校所有学生

的平均身高 μ 就是未知的总体参数 θ, 根据样本计算得到的平均身高 $\bar{x}$ 就是总体参数的一个估计量 $\hat{\theta}$。若计算得到的平均身高为 168cm, 则 168cm 就是估计量的具体取值, 即估计值。

4.1.2 估计量的评价标准

对于一个总体参数, 用于估计的估计量可以很多, 不同的估计方法可以得到不同的估计量。例如, 可以用样本均值作为总体均值的估计量, 也可以用样本中位数或样本众数作为总体的估计量。进行参数估计时就会面临究竟选择哪个估计量更好的问题, 对此, 统计学家设定了一些评价估计量好坏的标准。一般来说, 估计量的评价标准主要有以下四个。

1. 无偏性

无偏性 (unbiasedness) 指的是估计量的抽样分布的期望等于估计的总体参数, 即 $E(\hat{\theta}) = \theta$, 则称 $\hat{\theta}$ 是 θ 的一个无偏估计量。$\hat{\theta}$ 是一个随机变量, 随着抽取的样本不同, $\hat{\theta}$ 的取值不同, 所有这些可能的估计值构成了估计量的分布。尽管 $\hat{\theta}$ 的取值有大有小, 但我们希望其在平均意义上能够离总体参数 θ 越近越好, 这就是无偏性的含义。根据第 3 章关于均值和比例的抽样分布可知, $E(\overline{X}) = \mu$, $E(p) = \pi$, 因此样本均值和样本比例分别是总体均值和总体比例的无偏估计量。同样可以证明, $E(s^2) = \sigma^2$, 即样本方差是总体方差的无偏估计量; 但应注意, $\sum(X - \overline{X})^2/n$ 不是总体方差的无偏估计量。

2. 有效性

有效性 (effectiveness) 指的是对于同一个总体参数的多个无偏估计量, 方差越小的估计量越有效。一个总体参数的无偏估计量通常不止一个, 这些无偏估计量中与总体参数的离散程度较小的, 被认为更有效。假设 $\hat{\theta}_1$ 和 $\hat{\theta}_2$ 为总体参数的两个无偏估计量, 若 $D(\hat{\theta}_1) < D(\hat{\theta}_2)$, 则称 $\hat{\theta}_1$ 是比 $\hat{\theta}_2$ 更有效的估计量。

例如, 设 $X_1, X_2, \cdots, X_n$ 是取自无限总体 X (总体均值 μ 和方差 σ^2 都存在) 的一个样本, 可知 $\overline{X}$ 和 X_n 都是总体均值的无偏估计量 ($E(\overline{X}) = \mu$, $E(X_n) = \mu$), 由于 $D(\overline{X}) = \dfrac{\sigma^2}{n}$, $D(X_n) = \sigma^2$, 所以 $\overline{X}$ 比 X_n 更有效, 且样本量 n 越大, $\overline{X}$ 越有效。

3. 一致性

一致性 (consistency) 指的是当样本量增大时, 估计量的值会趋近于被估计的总体参数, 也称为相合性。也就是说, 随着样本量的增大, 一个好的估计量与被估计的总体参数之间的偏差会越来越小。例如, 样本均值抽样分布的标准差可表示为 $\sigma_{\overline{X}} = \dfrac{\sigma}{\sqrt{n}}$, 可知样本量 n 越大, $\sigma_{\overline{X}}$ 越小, 即样本均值 $\overline{X}$ 越接近总体均值 μ, 因此样本均值是总体均值的一致估计量。同样也可以证明, 样本比例是总体比例的一致估计量, 样本方差是总体方差的一致估计量。值得注意的是, 估计量的一致性是大样本情况下的一种性质, 在小样本情况下并不能作为评价估计量好坏的标准。

4. 充分性

充分性 (sufficiency) 指的是估计量包含样本中所有与被估计的总体参数相关的信息。假设 $X_1, X_2, \cdots, X_n$ 是取自总体 X 的一个样本，$\hat{\theta}(X_1, X_2, \cdots, X_n)$ 是一个统计量。在统计推断中，统计量 $\hat{\theta}(X_1, X_2, \cdots, X_n)$ 可以看作对原始样本资料 $X_1, X_2, \cdots, X_n$ 的加工结果，加工后的资料可能会损失一部分原始样本资料中关于总体参数 θ 的信息。若统计量 $\hat{\theta}(X_1, X_2, \cdots, X_n)$ 把包含在样本中有关总体参数 θ 的所有信息完全提取出来了，则称这种统计量为充分统计量，估计量的充分统计量就称为充分估计量。

4.2　点估计与区间估计

参数估计的方法包括点估计和区间估计两种。

4.2.1　点估计

点估计 (point estimation) 指用样本统计量的某个取值作为总体参数的估计值。常用的点估计的方法有矩估计法、顺序统计量法、极大似然估计法、最小二乘法等，以下主要介绍前三种。

1. 矩估计法

矩估计法由英国统计学家 K. 皮尔逊于 1894 年提出，该方法通过用样本矩的函数估计总体矩的同一函数来构造估计量，其理论基础为大数定律。例如，可以用样本一阶原点矩估计总体一阶原点矩，即用样本均值估计总体均值。通俗地讲，当样本量增大时，样本分布将以某种概率意义趋近于总体分布，样本的数字特征也随之趋近于总体的数字特征，此时可以用样本的数字特征估计与之相应的总体的数字特征，因此矩估计法也称数字特征法。

> **例 4.1**　设 $X_1, X_2, \cdots, X_n$ 是取自正态总体 $N(\mu, \sigma^2)$ 的一个样本，其中 μ 和 σ^2 均未知。试求 μ 和 σ^2 的矩估计。

解　显然 μ 的矩估计为：

$$\hat{\mu} = \frac{1}{n} \sum_{i=1}^{n} X_i = \overline{X}$$

由于 $\sigma^2 = E(X^2) - (E(X))^2$，根据矩估计的定义可以得到 σ^2 的矩估计为：

$$\hat{\sigma}^2 = \frac{1}{n} \sum_{i=1}^{n} X_i^2 - \overline{X}^2$$

2. 顺序统计量法

顺序统计量法通过顺序统计量或其函数来构造估计量。设 $X_1, X_2, \cdots, X_n$ 是从总体 X 中抽取的一个样本，将它们从小到大按序排列成 $X_1^* \leqslant X_2^* \leqslant \cdots \leqslant X_n^*$，这个排列就称为样本顺序统计量。顺序统计量法较直观简便，例如，用样本中位数估计总体均值，用样本极差估计总体标准差，等等。

3. 极大似然估计法

极大似然估计 (maximum likelihood estimation, MLE) 法是基于极大似然原理，根据样本的似然函数对总体参数进行估计的一种方法。该方法是在总体类型已知的条件下使用的一种参数估计方法，其实质是根据样本观测值发生的可能性达到最大这一原则来选取未知参数的估计量，理论依据就是概率最大的事件最可能出现。设 $X_1, X_2, \cdots, X_n$ 是从总体 X 中抽取的一个样本，样本的联合密度函数 (连续型) 或联合概率函数 (离散型) 为 $\prod_{i=1}^{n} p(x_i; \theta)$。若 $x_1, x_2, \cdots, x_n$ 为 $X_1, X_2, \cdots, X_n$ 的一组观测值，可定义似然函数为：

$$L(\theta) = L(x_1, x_2, \cdots, x_n; \theta) = \prod_{i=1}^{n} p(x_i; \theta) \tag{4.1}$$

极大似然估计就是用使 $L(\theta)$ 达到最大值的 $\hat{\theta}$ 估计总体参数 θ，即

$$L(x_1, x_2, \cdots, x_n; \hat{\theta}) = \max L(x_1, x_2, \cdots, x_n; \theta)$$

求得的 $\hat{\theta}(x_1, x_2, \cdots, x_n)$ 称为 θ 的极大似然估计值，相应的估计量 $\hat{\theta}(X_1, X_2, \cdots, X_n)$ 称为 θ 的极大似然估计量。

极大似然估计法的一般步骤如下：

(1) 由总体分布导出样本联合概率函数 (或联合密度函数)；

(2) 把样本联合概率函数 (或联合密度函数) 中的自变量看作已知常数，而把参数 θ 看作自变量，得到似然函数 $L(\theta)$；

(3) 求似然函数 $L(\theta)$ 的最大值点 (常常转化为求 $\ln L(\theta)$ 的最大值点)；

(4) 将样本观测值代入最大值点的表达式，求解得到参数 θ 的最大似然估计值 $\hat{\theta}$。

> **例 4.2** 设 $X_1, X_2, \cdots, X_n$ 是取自正态总体 $N(\mu, \sigma^2)$ 的一个样本，其中 μ 和 σ^2 均未知。试求 μ 和 σ^2 的极大似然估计。

解 设 $x_1, x_2, \cdots, x_n$ 为样本 $X_1, X_2, \cdots, X_n$ 的一组观测值，正态分布的密度函数为：

$$f(x; \mu, \sigma^2) = \frac{1}{\sqrt{2\pi}\sigma} \exp\left[-\frac{(x-\mu)^2}{2\sigma^2}\right]$$

可得似然函数为：

$$L(\mu, \sigma^2) = \prod_{i=1}^{n} \frac{1}{\sqrt{2\pi}\sigma} \exp\left[-\frac{(x_i-\mu)^2}{2\sigma^2}\right] = \left(\frac{1}{2\pi\sigma^2}\right)^{n/2} \exp\left[-\frac{1}{2\sigma^2}\sum_{i=1}^{n}(x_i-\mu)^2\right]$$

对数似然函数为：

$$\ln L(\mu, \sigma^2) = -\frac{n}{2}\ln(2\pi\sigma^2) - \frac{1}{2\sigma^2}\sum_{i=1}^{n}(x_i-\mu)^2$$

令

$$\begin{cases} \dfrac{\partial \ln L(\mu, \sigma^2)}{\partial \mu} = \dfrac{1}{\sigma^2} \sum_{i=1}^{n}(x_i - \mu) = 0 \\[3mm] \dfrac{\partial \ln L(\mu, \sigma^2)}{\partial \sigma^2} = -\dfrac{n}{2\sigma^2} + \dfrac{1}{2\sigma^4} \sum_{i=1}^{n}(x_i - \mu)^2 = 0 \end{cases}$$

求解上述方程组可以得到 μ 和 σ^2 的极大似然估计分别为：

$$\hat{\mu} = \frac{1}{n} \sum_{i=1}^{n} x_i = \bar{x}, \quad \hat{\sigma}^2 = \frac{1}{n} \sum_{i=1}^{n}(x_i^2 - \bar{x})^2$$

4.2.2　区间估计

抽样是随机的，根据一组具体的样本观测值，通过点估计获得的估计值 $\hat{\theta}$ 可能恰好等于总体参数 θ 的真值，但也很可能不同于总体参数。因此，在用点估计值代表总体参数值时，还应考虑点估计值的可靠性及其与总体参数之间的偏差。然而，由于可靠性由抽样标准误差决定，一个具体的点估计值无法给出可靠性的度量。此外，总体参数的真值未知，我们也无法得到点估计值与总体参数之间的偏差。这个问题可以通过区间估计来解决。

区间估计 (interval estimation) 指在点估计的基础上，给出总体参数估计的一个区间范围，这个区间包含总体参数的概率是已知的。设 $X_1, X_2, \cdots, X_n$ 是来自总体 X 的一个样本，$\hat{\theta}$ 是一个基于该样本构造的总体参数 θ 的估计量。如果存在 $P(|\hat{\theta} - \theta| \leqslant e) = 1 - \alpha$，$e > 0, 0 < \alpha < 1$，可得：

$$P(\hat{\theta} - e \leqslant \theta \leqslant \hat{\theta} + e) = 1 - \alpha \tag{4.2}$$

则称区间 $(\hat{\theta} - e, \hat{\theta} + e)$ 是总体参数 θ 的置信水平 (confidence level) 为 $1 - \alpha$ 的置信区间 (confidence interval)，其中，$\hat{\theta} - e$ 和 $\hat{\theta} + e$ 分别为置信下限和置信上限，e 为估计误差。可见，置信区间是由样本统计量加减估计误差得到的。置信水平也称为置信度，通常用 $1 - \alpha$ 表示，可以理解为当重复多次抽样时，计算得到的所有置信区间中包含总体参数真值的区间的占比。例如，当 $1 - \alpha = 0.95$ 时，随机抽取 100 个样本，由这 100 个样本构造的总体参数的 100 个置信区间中有 95% 的区间包含总体参数的真值。α 是事先确定的一个概率值，表示总体参数不落在所有置信区间中的概率。

在区间估计中，我们总希望：(1) 置信区间包含总体参数真值的可能性越大越好，即置信水平越高越好；(2) 置信区间的平均宽度越短越好。然而，在样本量一定时，这两个目标往往是相互矛盾的，置信水平提高时置信区间的宽度也会增大。要同时满足这两个目标，就要增加样本量。

下面通过一个例子来进一步说明对置信区间的理解。例如，某大学要估计刚进校的大一新生的平均身高，随机抽取了 20 个样本 (假设已包含所有可能的抽样)，有两个学生研究团队负责进行大一新生平均身高的区间估计。其中，A 队学生想要使其估计的置信区间包含总体参数真值的可能性更大，因此选取了 95% 的置信水平进行估计，得到样本平均身高的 20 个估计区间如图4.1(a) 所示。B 队学生则希望估计的区间长度更短，以提高估计的精确度，因此选取了 90% 的置信水平进行估计，得到的估计区间如图4.1(b) 所示。图中每个区间的中间点表示样本均值，即总体平均身高的点估计值，区间上下两个点分别表示置信上限和置信下限。

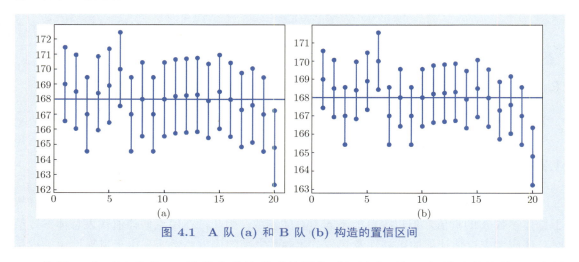

图 4.1　A 队 (a) 和 B 队 (b) 构造的置信区间

从图4.1中可以看到，B 队学生估计得到的置信区间长度更短，但该队估计的 20 个置信区间中有 2 个区间未包含总体参数的真值。而 A 队学生估计得到的置信区间长度比 B 队长，该队估计的 20 个置信区间中有 1 个区间未包含总体参数的真值。这可以帮助我们理解置信水平的含义，95% 的置信水平表示所有区间中有 95% 的区间包含总体参数的真值，因此 A 队的估计结果中有 5% 的区间 (即 1 个区间) 未包含总体平均身高的真值。同理，90% 的置信水平表示所有区间中有 90% 的区间包含总体参数的真值，因此 B 队的估计结果中有 10% 的区间 (即 2 个区间) 未包含总体平均身高的真值。由该例也可以看出，尽管总体参数的真值是固定的，但基于样本构造的置信区间会随着样本的不同而不同，因此置信区间是随机区间，并不是所有置信区间都一定包含总体参数的真值。置信水平是针对随机区间而言的，而不是指某个特定的区间包含总体真值的概率。

4.3　单个总体参数的置信区间

常见的总体参数主要有总体均值、总体比例和总体方差，本节主要介绍对于单个总体，如何通过样本统计量来构造这三类总体参数的置信区间。

4.3.1　总体均值的置信区间

进行总体均值的区间估计时，样本统计量的选取与总体分布、样本量和总体方差是否已知等条件相关，以下主要分大样本和小样本两种情况来讨论该问题。

4.3.1.1　大样本下总体均值的区间估计

根据均值的抽样分布和中心极限定理可知，当样本量较大时，不论总体分布是正态总体还是非正态总体，样本均值的分布均 (近似) 服从正态分布，其数学期望为总体均值 μ，

方差为 $\dfrac{\sigma^2}{n}$（σ^2 为总体方差）。即大样本下，$\overline{X} \sim N\left(\mu, \dfrac{\sigma^2}{n}\right)$，经过标准化后的随机变量 Z 服从标准正态分布：

$$z = \frac{\overline{X} - \mu}{\sigma/\sqrt{n}} \sim N(0,1) \tag{4.3}$$

1. 总体方差 σ^2 已知

若总体方差 σ^2 已知，对于给定的置信水平 $1-\alpha$，由标准正态分布的性质可知，可以找到相应的临界值 $z_{\alpha/2}$，使得 $P\left(-z_{\alpha/2} \leqslant \dfrac{\overline{X} - \mu}{\sigma/\sqrt{n}} \leqslant z_{\alpha/2}\right) = 1-\alpha$。

通过不等式变形可得，在置信水平 $1-\alpha$ 下，总体均值 μ 的置信区间为：

$$\bar{x} - z_{\alpha/2}\frac{\sigma}{\sqrt{n}} \leqslant \mu \leqslant \bar{x} + z_{\alpha/2}\frac{\sigma}{\sqrt{n}} \tag{4.4}$$

其中，$\bar{x}$ 是根据具体样本计算得到的样本均值；$z_{\alpha/2}$ 是标准正态分布右侧面积为 $\alpha/2$ 的 z 值，它是置信水平 $1-\alpha$ 对应的临界值，可以通过查标准正态分布表得到；$z_{\alpha/2}\dfrac{\sigma}{\sqrt{n}}$ 称为区间估计的估计误差，反映了估计量的精度。

> **例 4.3**　当工厂生产一批产品时，通常会从每批产品中随机选取一些样本进行检测以评估整批产品的质量。一家工厂制造了 1 000 个某种特定型号的零件。假设该型号零件的长度的总体标准差为 0.5 毫米。随机抽取了一个大小为 40 的样本，得到平均长度为 25.2 毫米。已知该型号零件的长度服从正态分布，试估计该型号零件平均长度的置信区间，给定置信水平为 95%。

解　已知总体标准差 $\sigma = 0.5$，置信水平 $1-\alpha = 95\%$，可得 $z_{\alpha/2} = 1.96$。

根据式 (4.4) 可得：

$$\bar{x} \pm z_{\alpha/2}\frac{\sigma}{\sqrt{n}} = 25.2 \pm 1.96 \times \frac{0.5}{\sqrt{40}} = 25.2 \pm 0.15$$

即该型号零件长度 95% 的置信区间为 $(25.05, 25.35)$ 毫米。这个置信区间可以用来评估某生产批次的零件的质量。

也可以借助下面的 R 语言代码帮助我们得到结果：

```
# 样本均值
samp_mean <- 25.2
# 总体标准差
popu_sd <- 0.5
# 样本大小
samp_size <- 40
# 置信水平
confi_level <- 0.95
# 计算置信区间
```

```
lower_CI<-samp_mean-qnorm(1-(1-confi_level)/2)*(popu_sd/sqrt(samp_size))
upper_CI<-samp_mean+qnorm(1-(1-confi_level)/2)*(popu_sd/sqrt(samp_size))
# 输出置信区间
cat("置信区间为: (",round(lower_CI,2),",",round(upper_CI,2),")")
```

置信区间为: (25.05 , 25.35)

2. 总体方差 σ^2 未知

若总体方差 σ^2 未知, 由于是在大样本条件下, 可以直接用样本方差 s^2 代替总体方差 σ^2, 此时总体均值 μ 在 $1-\alpha$ 置信水平下的置信区间为:

$$\bar{x} - z_{\alpha/2}\frac{s}{\sqrt{n}} \leqslant \mu \leqslant \bar{x} + z_{\alpha/2}\frac{s}{\sqrt{n}} \tag{4.5}$$

> 例 4.4 假设某服装店想要估计其春季商品的平均售价, 因此从客户的购买记录中随机抽取了一个样本量为 35 的观测样本并记录下了每个商品的售价, 得到如表4.1所示的数据。
>
> 表 4.1 商品售价表   单位: 元
>
> | | | | | |
> |---|---|---|---|---|
> | 98 | 110 | 90 | 120 | 105 |
> | 100 | 95 | 115 | 92 | 110 |
> | 108 | 95 | 105 | 92 | 100 |
> | 85 | 95 | 105 | 112 | 100 |
> | 120 | 98 | 105 | 110 | 115 |
> | 100 | 90 | 105 | 100 | 92 |
> | 105 | 112 | 100 | 98 | 92 |
>
> 试建立该服装店春季商品平均售价的 95% 的置信区间。

解 已知置信水平 $1-\alpha = 95\%$, 可得 $z_{\alpha/2} = 1.96$。由于总体方差未知, 但在大样本条件下, 可以用样本方差代替总体方差。

根据给出的样本数据计算可得:

$$\bar{x} = \frac{\sum\limits_{i=1}^{n} x_i}{n} = 102.11$$

$$s = \sqrt{\frac{\sum\limits_{i=1}^{n}(x_i - \bar{x})^2}{n-1}} = 8.85$$

根据式 (4.5) 可得:

$$\bar{x} \pm z_{\alpha/2}\frac{s}{\sqrt{n}} = 102.11 \pm 1.96 \times \frac{8.85}{\sqrt{35}} = 102.11 \pm 2.93$$

即 $(99.18, 105.04)$, 该服装店春季商品平均售价的 95% 的置信区间为 $99.18 \sim 105.04$ 元。

相应的 R 语言代码及输出如下：

```
sample_data <- c(98, 110, 90, 120, 105,
                 100, 95, 115, 92, 110,
                 108, 95, 105, 92, 100,
                 85, 95, 105, 112, 100,
                 120, 98, 105, 110, 115,
                 100, 90, 105, 100, 92,
                 105, 112, 100, 98, 92)
# 样本均值
samp_mean <- mean(sample_data)
# 样本标准差
samp_sd <- sd(sample_data)
# 样本大小
samp_size <- 35
# 置信水平
confi_level <- 0.95
# 计算置信区间
lower_CI<-samp_mean-qnorm(1-(1-confi_level)/2)*(samp_sd/sqrt(samp_size))
upper_CI<-samp_mean+qnorm(1-(1-confi_level)/2)*(samp_sd/sqrt(samp_size))
# 输出置信区间
cat("置信区间为: (",round(lower_CI,2),",",round(upper_CI,2),")")
```

置信区间为: (99.18, 105)

4.3.1.2　小样本下总体均值的区间估计

由第 3 章关于均值的抽样分布可知，若总体分布是正态分布，则即使在小样本条件下，样本均值的抽样分布也服从正态分布。因此，以下关于小样本下总体均值置信区间的讨论仅围绕正态总体展开。

1. 总体方差 σ^2 已知

设总体 $X \sim N(\mu,\sigma^2)$，σ^2 已知，此时可以直接根据式(4.4)对总体均值的置信区间进行估计。

> **例 4.5**　某家小型企业的财务经理想要对该企业的年度销售额进行估计。为此，随机抽取了 10 个客户，记录了它们的年度销售额（单位：万元），并计算得到样本均值为 180 万元。已知该企业的年度销售额服从正态分布，总体标准差为 15 万元，试估计该企业全年销售额的置信区间，置信水平为 95%。

解　由题意知总体标准差 $\sigma = 15$，$n = 10$，置信水平 $1-\alpha = 95\%$，可得 $z_{\alpha/2} = 1.96$。根据式 (4.4) 可得：

$$\bar{x} \pm z_{\alpha/2}\frac{\sigma}{\sqrt{n}} = 180 \pm 1.96 \times \frac{15}{\sqrt{10}} = 180 \pm 9.30$$

即 $(170.70, 189.30)$，该企业全年销售额的 95% 的置信区间为 170.70 万～189.30 万元。

2. 总体方差 σ^2 未知

设总体 $X \sim N(\mu, \sigma^2)$，σ^2 未知，可以用样本方差 s^2 代替总体方差 σ^2。但需注意的是，在小样本条件下，样本均值经过标准化后的随机变量服从自由度为 $n-1$ 的 t 分布：

$$t = \frac{\overline{X} - \mu}{s/\sqrt{n}} \sim t(n-1) \tag{4.6}$$

t 分布的性质已在第 3 章进行了介绍。进一步根据 t 分布进行总体均值的区间估计，可得到给定样本下总体均值 μ 在 $1-\alpha$ 置信水平下的置信区间为：

$$\bar{x} - t_{\alpha/2}\frac{s}{\sqrt{n}} \leqslant \mu \leqslant \bar{x} + t_{\alpha/2}\frac{s}{\sqrt{n}} \tag{4.7}$$

给定置信水平 $1-\alpha$，可以通过 R 软件计算得到自由度为 $n-1$ 的 t 分布临界值 $t_{\alpha/2}$（即 t 分布右侧面积为 $\alpha/2$ 的 t 值）。

例 4.6 已知某小区的居民月均用水量服从正态分布，现从小区居民中随机抽取 20 户，获取其月均用水量，数据如表4.2所示。

表 4.2　居民月均用水量　　　　　　　　　　单位：吨

16.2	20.6	19.2	24.3	16.2
11.7	20.8	18.3	20.6	8.8
10.5	20.6	23.8	5.1	14.6
20.0	7.6	11.2	19.3	14.2

试计算该小区居民月均用水量的置信区间，置信水平为 95%。

解　根据题意，这是一个小样本且总体方差未知，需要用样本方差来代替总体方差，采用 t 分布来构建总体均值的置信区间。

根据样本数据可计算得到：

$$\bar{x} = \frac{\sum\limits_{i=1}^{n} x_i}{n} = 16.18$$

$$s = \sqrt{\frac{\sum\limits_{i=1}^{n}(x_i - \bar{x})^2}{n-1}} = 5.507$$

已知 $n = 20$，置信水平 $= 1 - \alpha = 95\%$，可得 $t_{\alpha/2}(19) = 2.09$，由式 (4.7) 可计算得到居民月均用水量的置信区间为：

$$16.18 \pm 2.09 \times \frac{5.507}{\sqrt{20}} = 16.18 \pm 2.57$$

即 $(13.61, 18.75)$，该小区居民月均用水量的 95% 的置信区间为 $13.61 \sim 18.75$ 吨。

4.3.2 总体比例的置信区间

置信区间的概念也适用于分类数据，通常用于总体比例的区间估计问题。由样本比例抽样分布的性质可知，当样本量足够大 (通常 $np \geqslant 5$ 且 $n(1-p) \geqslant 5$) 时，样本比例 p 的分布近似服从均值为 π、方差为 $\dfrac{\pi(1-\pi)}{n}$ 的正态分布，即 $p \sim N\left(\pi, \dfrac{\pi(1-\pi)}{n}\right)$。标准化后的随机变量 Z 服从标准正态分布：

$$Z = \frac{p-\pi}{\sqrt{\pi(1-\pi)/n}} \sim N(0,1) \tag{4.8}$$

对于给定的置信水平 $1-\alpha$，由标准正态分布的性质可知，可以找到相应的临界值 $z_{\alpha/2}$，使得 $P\left(-z_{\alpha/2} \leqslant \dfrac{p-\pi}{\sqrt{\pi(1-\pi)/n}} \leqslant z_{\alpha/2}\right) = 1-\alpha$。

在置信水平 $1-\alpha$ 下，通过不等式变形可得总体比例 π 的置信区间为：

$$p - z_{\alpha/2}\sqrt{\frac{\pi(1-\pi)}{n}} \leqslant \pi \leqslant p + z_{\alpha/2}\sqrt{\frac{\pi(1-\pi)}{n}} \tag{4.9}$$

然而，由于 $\sqrt{\dfrac{\pi(1-\pi)}{n}}$ 中的总体比例 π 是未知的，无法直接通过式(4.9)计算得到总体比例 π 的置信区间。此时，可以用总体比例 π 的点估计值 (即样本比例 p) 来代替，从而总体比例 π 在置信水平 $1-\alpha$ 下的置信区间可表示为：

$$p - z_{\alpha/2}\sqrt{\frac{p(1-p)}{n}} \leqslant \pi \leqslant p + z_{\alpha/2}\sqrt{\frac{p(1-p)}{n}} \tag{4.10}$$

例 4.7 假设某公司想了解其员工中抽烟的人员比例情况，随机抽取了 200 名员工进行调查，发现有 40 人抽烟。试以 95% 的置信水平估计该公司全体员工抽烟比例的置信区间。

解 已知 $n=200$，置信水平 $1-\alpha=95\%$，可得 $z_{\alpha/2}=1.96$。

根据抽样结果计算的样本比例为：

$$p = \frac{40}{200} = 20\%$$

计算可知 $np \geqslant 5, n(1-p) \geqslant 5$，由此确定这是一个大样本情况下总体比例的估计问题。

根据式 (4.10) 得：

$$20\% \pm 1.96 \times \sqrt{\frac{20\%(1-20\%)}{200}} = 20\% \pm 5.54\%$$

即 $(14.46\%, 25.54\%)$，该公司全体员工抽烟比例的 95% 的置信区间为 $14.46\% \sim 25.54\%$。

相应的 R 语言代码及输出如下：

```
# 样本大小
samp_size <- 200
# 样本频数
```

```
samp_frequency <- 40
# 计算样本比例
samp_p <- samp_frequency/samp_size
# 置信水平
confi_level <- 0.95
# 计算置信区间
lower_CI<-samp_p-qnorm(1-(1-confi_level)/2)*sqrt(samp_p*(1-samp_p)/samp_size)
upper_CI<-samp_p+qnorm(1-(1-confi_level)/2)*sqrt(samp_p*(1-samp_p)/samp_size)
# 输出置信区间
cat("置信区间为: (",round(lower_CI,4),",",round(upper_CI,4),")")
```

置信区间为: (0.1446 , 0.2554)

4.3.3 总体方差的置信区间

总体方差 σ^2 的置信区间的估计同样可以通过样本方差 s^2 的抽样分布推导得到。由样本方差的抽样分布可知，在正态总体下，随机变量 $\dfrac{(n-1)s^2}{\sigma^2}$ 服从自由度为 $n-1$ 的 χ^2 分布。

对于给定的置信水平 $1-\alpha$，由 χ^2 分布的性质可知，可以通过 R 软件计算得到相应的临界值 $\chi^2_{1-\alpha/2}$ 和 $\chi^2_{\alpha/2}$（即 χ^2 分布右侧面积分别为 $1-\alpha/2$ 和 $\alpha/2$ 的临界值），使得

$$P\left(\chi^2_{1-\alpha/2} \leqslant \frac{(n-1)s^2}{\sigma^2} \leqslant \chi^2_{\alpha/2}\right) = 1-\alpha \tag{4.11}$$

经过不等式变换可以推导得到总体方差 σ^2 在置信水平 $1-\alpha$ 下的置信区间为：

$$\frac{(n-1)s^2}{\chi^2_{\alpha/2}} \leqslant \sigma^2 \leqslant \frac{(n-1)s^2}{\chi^2_{1-\alpha/2}} \tag{4.12}$$

例 4.8 假设一地区某年的成年人口中男性的身高服从正态分布，均值为 175 厘米，方差未知。从该地区随机抽取了 25 个男性进行调查，得到样本均值为 177 厘米，样本方差为 100。试以 95% 的置信水平估计该地区成年男性身高标准差的置信区间。

解 已知 $n=25$，$s^2=100$，置信水平 $1-\alpha=95\%$，可知自由度 $n-1=24$，通过 R 软件计算可得：

$$\chi^2_{\alpha/2}(n-1) = \chi^2_{0.025}(24) = 39.364\,1$$

$$\chi^2_{1-\alpha/2}(n-1) = \chi^2_{0.975}(24) = 12.401\,1$$

总体方差 σ^2 的置信区间为：

$$\frac{(25-1) \times 100}{39.364\,1} \leqslant \sigma^2 \leqslant \frac{(25-1) \times 100}{12.401\,1}$$

即 $60.97 \leqslant \sigma^2 \leqslant 193.53$，相应地，该地区成年男性身高标准差的 95% 的置信区间为 $7.81 \leqslant \sigma \leqslant 13.91$。

4.4 两个总体参数的置信区间

当有两个总体时，我们通常关注的参数主要有两个总体均值之差、两个总体比例之差和两个总体方差之比。本节主要介绍对于两个总体，如何通过样本统计量来构造这三类总体参数的置信区间。

4.4.1 两个总体均值之差的置信区间

两个总体均值之差的区间估计除了与总体分布、样本量和总体方差是否已知有关，还和两个样本是否独立相关。两个独立样本是指从两个总体中独立抽取的两个样本，即观测值相互独立的两个随机样本。下面首先主要讨论独立样本情况下两个总体均值之差的区间估计问题，然后进一步对非独立 (匹配) 样本的情况展开一定的讨论。

设两个总体的均值分别为 μ_1 和 μ_2，方差分别为 σ_1^2 和为 σ_2^2，现分别随机抽取样本量为 n_1 和 n_2 的两个样本，样本均值分别为 $\bar{x}_1$ 和 $\bar{x}_2$。要估计两个总体均值之差的置信区间，即估计 $\mu_1 - \mu_2$ 的置信区间，易知其点估计为样本均值之差 $\bar{x}_1 - \bar{x}_2$。

4.4.1.1 独立样本下两个总体均值之差的区间估计：大样本条件

由样本均值的抽样分布可知，在大样本条件下，不论两个总体的分布是否为正态分布，两个样本均值 $\bar{x}_1$ 和 $\bar{x}_2$ 的抽样分布均为正态分布，即 $\bar{x}_1 \sim N\left(\mu_1, \dfrac{\sigma_1^2}{n_1}\right)$，$\bar{x}_2 \sim N\left(\mu_2, \dfrac{\sigma_2^2}{n_2}\right)$。根据正态分布的性质，两个样本均值之差 $\bar{x}_1 - \bar{x}_2$ 的抽样分布同样是正态分布，其数学期望为总体均值之差 $\mu_1 - \mu_2$，方差为 $\dfrac{\sigma_1^2}{n_1} + \dfrac{\sigma_2^2}{n_2}$，即标准化后服从如下标准正态分布：

$$z = \frac{(\bar{x}_1 - \bar{x}_2) - (\mu_1 - \mu_2)}{\sqrt{\dfrac{\sigma_1^2}{n_1} + \dfrac{\sigma_2^2}{n_2}}} \sim N(0,1) \tag{4.13}$$

1. 总体方差 σ_1^2 和 σ_2^2 已知

当两个总体的方差均已知时，可以由式(4.13)直接推导得到两个总体均值之差 $\mu_1 - \mu_2$ 在置信水平 $1 - \alpha$ 下的置信区间为：

$$(\bar{x}_1 - \bar{x}_2) - z_{\alpha/2}\sqrt{\frac{\sigma_1^2}{n_1} + \frac{\sigma_2^2}{n_2}} \leqslant \mu_1 - \mu_2 \leqslant (\bar{x}_1 - \bar{x}_2) + z_{\alpha/2}\sqrt{\frac{\sigma_1^2}{n_1} + \frac{\sigma_2^2}{n_2}} \tag{4.14}$$

例 4.9 某研究人员为了比较农场 A 和农场 B 生产的蓝莓平均重量之差，现在分别对两个蓝莓田独立采摘 100 个蓝莓样本。农场 A 生产的蓝莓重量的样本均值和样本标准差分别为 3.6 克和 0.8 克，而农场 B 生产的蓝莓重量的样本均值和样本标准差分别为 4.2 克和 1.0 克。假设农场 A 和农场 B 的蓝莓重量分别服从方差为 0.64 和 1.00 的正态分布。试建立农场 A 和农场 B 生产的蓝莓平均重量之差的 95% 的置信区间。

解 由题意知 $n_1 = n_2 = 100$，$\bar{x}_1 = 3.6$，$\bar{x}_2 = 4.2$，$\sigma_1^2 = 0.64$，$\sigma_2^2 = 1.00$。置信水平 $1 - \alpha = 95\%$，可得 $z_{\alpha/2} = 1.96$。

根据式 (4.14) 可计算出总体均值之差的置信区间为：

$$(\bar{x}_1 - \bar{x}_2) \pm z_{\alpha/2}\sqrt{\frac{\sigma_1^2}{n_1} + \frac{\sigma_2^2}{n_2}} = (3.6 - 4.2) \pm 1.96 \times \sqrt{\frac{0.64}{100} + \frac{1.00}{100}} = -0.6 \pm 0.25$$

即 $(-0.85, -0.35)$，农场 A 和农场 B 生产的蓝莓平均重量之差的 95% 的置信区间为 $0.35 \sim 0.85$ 克。

2. 总体方差 σ_1^2 和 σ_2^2 未知

当两个总体的方差未知时，与单个总体类似，可以直接用样本方差 s_1^2 和 s_2^2 代替总体方差 σ_1^2 和 σ_2^2，此时总体均值之差 $\mu_1 - \mu_2$ 在置信水平 $1 - \alpha$ 下的置信区间为：

$$(\bar{x}_1 - \bar{x}_2) - z_{\alpha/2}\sqrt{\frac{s_1^2}{n_1} + \frac{s_2^2}{n_2}} \leqslant \mu_1 - \mu_2 \leqslant (\bar{x}_1 - \bar{x}_2) + z_{\alpha/2}\sqrt{\frac{s_1^2}{n_1} + \frac{s_2^2}{n_2}} \tag{4.15}$$

例 4.10 某地区研究机构想估计两个社区青少年平均身高 (单位：厘米) 之差，总体方差未知，为此在两个社区中独立地抽取两个随机样本，有关数据如表4.3所示。

表 4.3 两个社区样本相关数据

社区一	社区二
$n_1 = 45$	$n_2 = 50$
$\bar{x}_1 = 168$	$\bar{x}_2 = 172$
$s_1 = 7.5$	$s_2 = 8.2$

试以 95% 的置信水平建立两个社区青少年平均身高之差的置信区间。

解 根据题意已知 $n_1 = 45$，$n_2 = 50$，$\bar{x}_1 = 168$，$\bar{x}_2 = 172$，$s_1 = 7.5$，$s_2 = 8.2$。置信水平 $1 - \alpha = 95\%$，可得 $z_{\alpha/2} = 1.96$。

根据式 (4.15) 可计算得到总体均值之差的置信区间如下：

$$(\bar{x}_1 - \bar{x}_2) \pm z_{\alpha/2}\sqrt{\frac{s_1^2}{n_1} + \frac{s_2^2}{n_2}} = (168 - 172) \pm 1.96 \times \sqrt{\frac{7.5^2}{45} + \frac{8.2^2}{50}} = -4 \pm 3.16$$

即 $(-7.16, -0.84)$。因此，两个社区青少年平均身高之差的 95% 的置信区间为 $0.84 \sim 7.16$ 厘米。

4.4.1.2 独立样本下两个总体均值之差的区间估计：小样本条件

在独立样本和小样本条件下，两个总体均值之差的区间估计还需要对总体作出正态分布的假设。当两个总体都是正态分布时，两个样本均值 $\bar{x}_1$ 和 $\bar{x}_2$ 的抽样分布均为正态分布，从而两个样本均值之差 $\bar{x}_1 - \bar{x}_2$ 的抽样分布也为正态分布。根据总体方差是否已知，两个总体均值之差的区间估计可分为以下三种情况进行讨论。

1. 总体方差 σ_1^2 和 σ_2^2 已知

设总体 $X_1 \sim N(\mu_1, \sigma_1^2)$，总体 $X_2 \sim N(\mu_2, \sigma_2^2)$，$\sigma_1^2$ 和 σ_2^2 已知，此时可以直接根据式(4.14)对两个总体均值之差的置信区间进行估计。

2. 总体方差 σ_1^2 和 σ_2^2 未知，$\sigma_1^2 = \sigma_2^2$

设总体 $X_1 \sim N(\mu_1, \sigma_1^2)$，总体 $X_2 \sim N(\mu_2, \sigma_2^2)$，$\sigma_1^2$ 和 σ_2^2 未知但相等，即 $\sigma_1^2 = \sigma_2^2 = \sigma^2$。由于是在小样本条件下，因此两个样本均值之差 $\bar{x}_1 - \bar{x}_2$ 经标准化后服从自由度为 $n_1 + n_2 - 2$ 的 t 分布：

$$t = \frac{(\bar{x}_1 - \bar{x}_2) - (\mu_1 - \mu_2)}{\sqrt{\dfrac{\sigma_1^2}{n_1} + \dfrac{\sigma_2^2}{n_2}}} = \frac{(\bar{x}_1 - \bar{x}_2) - (\mu_1 - \mu_2)}{\sigma\sqrt{\dfrac{1}{n_1} + \dfrac{1}{n_2}}} \sim t(n_1 + n_2 - 2) \tag{4.16}$$

由于 σ^2 未知，此时需要用两个样本的方差 s_1^2 和 s_2^2 进行估计，可采用 σ^2 的如下合并估计量：

$$s_p^2 = \frac{(n_1 - 1)s_1^2 + (n_2 - 1)s_2^2}{n_1 + n_2 - 2}$$

把 s_p 代入式(4.16)可得：

$$t = \frac{(\bar{x}_1 - \bar{x}_2) - (\mu_1 - \mu_2)}{s_p\sqrt{\dfrac{1}{n_1} + \dfrac{1}{n_2}}} \sim t(n_1 + n_2 - 2) \tag{4.17}$$

因此，在置信水平 $1 - \alpha$ 下，两个总体均值之差 $\mu_1 - \mu_2$ 的置信区间为：

$$(\bar{x}_1 - \bar{x}_2) \pm t_{\alpha/2}(n_1 + n_2 - 2)s_p\sqrt{\frac{1}{n_1} + \frac{1}{n_2}} \tag{4.18}$$

例 4.11 某农科院研究所为了评估最新研制的 A 和 B 两种肥料对葡萄藤生长的影响，在同一块土地上随机选取了两个样本，每个样本包含 14 棵葡萄藤，一个样本使用肥料 A，另一个样本使用肥料 B，其他条件保持一致，试验记录了每棵葡萄藤的生长高度变化 (见表 4.4)。

表 4.4　两种肥料下葡萄藤生长高度的变化 (一)　　　　　　单位：厘米

肥料 A	肥料 B	肥料 A	肥料 B
53.7	50.5	54.8	53.4
53.2	49.8	53.9	51.4
51.4	52.9	55.5	53.2
57.5	54.7	57.3	58.1
59.1	56.6	61.7	53.3
62.4	57.3	56.3	55.1
56.2	55.3	58.2	57.4

假设两种肥料下葡萄藤生长高度的变化服从正态分布，且方差相等，试以 95% 的置信水平估计肥料 A 与肥料 B 促进葡萄藤生长的平均高度之差的置信区间。

解 根据样本数据计算可得：

肥料 A 下葡萄藤生长高度的变化：$\bar{x}_1 = 56.51$，$s_1^2 = 9.90$

肥料 B 下葡萄藤生长高度的变化：$\bar{x}_2 = 54.21$，$s_2^2 = 6.78$

总体方差的合并估计量为：

$$s_p^2 = \frac{(n_1-1)s_1^2 + (n_2-1)s_2^2}{n_1 + n_2 - 1} = 8.34$$

已知置信水平 $1 - \alpha = 95\%$，自由度为 $n_1 + n_2 - 2 = 26$，可得 $t_{\alpha/2}(26) = 2.06$。在 95% 的置信水平下，两个总体均值之差的置信区间为：

$$(\bar{x}_1 - \bar{x}_2) \pm t_{\alpha/2}(n_1 + n_2 - 1)s_p\sqrt{\frac{1}{n_1} + \frac{1}{n_2}} = 2.3 \pm 2.25$$

即 $(0.05, 4.55)$，肥料 A 与肥料 B 促进葡萄藤生长的平均高度之差的 95% 的置信区间为 $0.05 \sim 4.55$ 厘米。

3. 总体方差 σ_1^2 和 σ_2^2 未知，$\sigma_1^2 \neq \sigma_2^2$

当两个总体的方差 σ_1^2 和 σ_2^2 未知且不相等时，可以分别用两个样本的方差 s_1^2 和 s_1^2 代替总体方差 σ_1^2 和 σ_2^2，此时两个样本均值之差的抽样分布经标准化后近似服从自由度为 v 的 t 分布：

$$t = \frac{(\bar{x}_1 - \bar{x}_2) - (\mu_1 - \mu_2)}{\sqrt{\dfrac{s_1^2}{n_1} + \dfrac{s_2^2}{n_2}}} \sim t(v) \tag{4.19}$$

其中，自由度 v 的公式如下：

$$v = \frac{\left(\dfrac{s_1^2}{n_1} + \dfrac{s_2^2}{n_2}\right)^2}{\dfrac{(s_1^2/n_1)^2}{n_1 - 1} + \dfrac{(s_2^2/n_2)^2}{n_2 - 1}} \tag{4.20}$$

因此，在置信水平 $1 - \alpha$ 下，两个总体均值之差 $\mu_1 - \mu_2$ 的置信区间为：

$$(\bar{x}_1 - \bar{x}_2) - t_{\alpha/2}(v)\sqrt{\frac{s_1^2}{n_1} + \frac{s_2^2}{n_2}} \leqslant \mu_1 - \mu_2 \leqslant (\bar{x}_1 - \bar{x}_2) + t_{\alpha/2}(v)\sqrt{\frac{s_1^2}{n_1} + \frac{s_2^2}{n_2}} \tag{4.21}$$

例 4.12 沿用例4.11，假定从施用肥料 A 的葡萄藤中选取了 14 个样本，从施用肥料 B 的葡萄藤中选取了 10 个样本，即 $n_1 = 14$, $n_2 = 10$，观测所得的相关数据如表4.5所示。假定两个总体的方差不相等，试以 95% 的置信水平估计肥料 A 与肥料 B 促进葡萄藤生长的平均高度之差的置信区间。

表 4.5 两种肥料下葡萄藤生长高度的变化 (二) 单位：厘米

肥料 A	肥料 B	肥料 A	肥料 B
53.7	50.5	54.8	53.4
53.2	49.8	53.9	51.4
51.4	52.9	55.5	53.2
57.5	54.7	57.3	
59.1	56.6	61.7	
62.4	57.3	56.3	
56.2	55.3	58.2	

解 根据样本数据计算可得：

$$肥料\ A：\bar{x}_1 = 56.51, \quad s_1^2 = 9.90$$

$$肥料\ B：\bar{x}_2 = 53.51, \quad s_2^2 = 6.25$$

$$自由度\, v = \frac{\left(\dfrac{s_1^2}{n_1} + \dfrac{s_2^2}{n_2}\right)^2}{\dfrac{(s_1^2/n_1)^2}{n_1 - 1} + \dfrac{(s_2^2/n_2)^2}{n_2 - 1}} = 21.68 \approx 22$$

根据自由度 $v = 22$ 和置信水平 $1 - \alpha = 95\%$，可得 $t_{\alpha/2}(22) = 2.07$。两个总体均值之差的 95% 置信水平下的置信区间为：

$$(\bar{x}_1 - \bar{x}_2) \pm t_{\alpha/2}(v) \sqrt{\frac{s_1^2}{n_1} + \frac{s_2^2}{n_2}} = 3 \pm 2.39$$

即 $(0.61, 5.39)$，肥料 A 与肥料 B 促进葡萄藤生长的平均高度之差的 95% 的置信区间为 $0.61 \sim 5.39$ 厘米。

4.4.1.3 匹配样本下两个总体均值之差的区间估计

实际中，使用两个独立的样本来估计两个总体均值之差的置信区间有时会有一定的缺陷。例如，学校要比较英语和数学两门课的教学效果，拟采用英语和数学的平均成绩进行比较，在一次测验中分别随机抽取英语试卷 10 份和数学试卷 10 份，这两个样本是独立的。但是，有可能随机抽取的英语试卷的 10 个学生正好是外籍留学生，这时对两个样本英语和数学平均成绩差异的分析可能无法真正体现两门课的教学效果差异。因此，分析这类问题时通常会采用匹配样本，即两个样本中的数据存在相互对应关系。如上例中，随机抽取 10 位学生，同时收集他们的英语和数学测验成绩，这样得到的样本数据就是匹配的，比较的结果可以消除学生本身的差异所造成的英语和数学平均成绩的差异。

基于匹配样本进行两个总体均值之差的区间估计时，可以先计算两个匹配样本对应数据的差值 d_i，然后把两个总体均值之差 $\mu_d = \mu_1 - \mu_2$ 看作一个整体进行估计。该问题即转变为已知一组样本 $(d_1, d_2, \cdots, d_n)$，样本均值为 $\bar{d}$，方差为 s_d^2，求总体均值 μ_d 的置信区间。

在大样本条件下，差值的样本均值 $\bar{d}$ 服从正态分布。若各差值的总体方差 σ_d^2 已知，则两个总体均值之差 $\mu_d = \mu_1 - \mu_2$ 在置信水平 $1 - \alpha$ 下的置信区间为：

$$\bar{d} \pm z_{\alpha/2} \frac{\sigma_d}{\sqrt{n}} \tag{4.22}$$

若各差值的总体方差 σ_d^2 未知，可以用样本方差 s_d^2 代替，此时两个总体均值之差 $\mu_d = \mu_1 - \mu_2$ 在置信水平 $1 - \alpha$ 下的置信区间为：

$$\bar{d} \pm z_{\alpha/2} \frac{s_d}{\sqrt{n}} \tag{4.23}$$

在小样本条件下，假设两个总体的差值服从正态分布，若各差值的总体方差 σ_d^2 已知，可直接根据式(4.22)对两个总体均值之差的置信区间进行估计。若 σ_d^2 未知，需要用样本方差 s_d^2 代替，此时差值的样本均值 $\bar{d}$ 标准化后近似服从自由度为 $n-1$ 的 t 分布，两个总体均值之差 $\mu_d = \mu_1 - \mu_2$ 在置信水平 $1 - \alpha$ 下的置信区间为：

$$\bar{d} \pm t_{\alpha/2}(n-1) \frac{s_d}{\sqrt{n}} \tag{4.24}$$

> **例 4.13** 工厂决定引进 A、B 两种用于生产零件的新型机器，每个接受过培训的车间工人都能熟练掌握两种机器的使用方法。随机抽取 10 名培训过的车间工人进行测试，并记录他们使用不同机器时平均每小时生产的零件个数。表4.6是这 10 名工人的生产数据。
>
> 表 4.6 10 名工人使用不同机器时每小时生产的零件个数
>
> | 工人编号 | 机器 A | 机器 B | 工人编号 | 机器 A | 机器 B |
> |---|---|---|---|---|---|
> | 1 | 54 | 58 | 6 | 54 | 47 |
> | 2 | 60 | 52 | 7 | 51 | 44 |
> | 3 | 45 | 48 | 8 | 55 | 50 |
> | 4 | 55 | 47 | 9 | 55 | 52 |
> | 5 | 50 | 50 | 10 | 58 | 51 |
>
> 假定相同时间内车间工人使用两种机器每小时生产的零件个数之差服从正态分布，试建立两种机器每小时生产零件个数之差 $u_d = u_A - u_B$ 在 95% 置信水平下的置信区间。

解 根据表4.6中的数据整理可得表4.7。

表 4.7 10 名工人两种机器每小时生产零件差值样本构造表

工人编号	1	2	3	4	5	6	7	8	9	10
差值 d_i	-4	8	-3	8	0	7	7	5	3	7

则

$$\bar{d} = \frac{\sum\limits_{i=1}^{n} d_i}{n} = 3.8$$

$$s_d = \sqrt{\frac{\sum\limits_{i=1}^{n}(d_i - \bar{d})^2}{n-1}} = 4.59$$

由于是小样本，根据自由度 $10 - 1 = 9$，置信水平 $1 - \alpha = 95\%$，可得 $t_{\alpha/2}(9) = 2.26$。根据式 (4.24) 可得：

$$\bar{d} \pm t_{\alpha/2}(n-1)\frac{s_d}{\sqrt{n}} = 3.8 \pm 2.26 \times \frac{4.59}{\sqrt{10}} = 3.8 \pm 3.28$$

即 $(0.72, 7.08)$，由此可以估计得到车间工人使用两种机器每小时生产的零件个数之差的 95% 的置信区间为 $1 \sim 7$ 个。

4.4.2　两个总体比例之差的置信区间

两个总体比例之差的区间估计的原理与单个总体比例的区间估计的原理类似。设两个总体比例分别为 π_1 和 π_2，从两个总体中分别独立随机抽取一个样本，样本量分别为 n_1 和 n_2。由样本比例的抽样分布的性质可知，当样本量足够大时，样本比例的分布近似服从正态分布，易知两个样本比例之差的抽样分布也近似服从正态分布，即 $p_1 - p_2 \sim N\left(\pi_1 - \pi_2, \frac{\pi_1(1-\pi_1)}{n_1} + \frac{\pi_2(1-\pi_2)}{n_2}\right)$，标准化后服从如下标准正态分布：

$$z = \frac{p_1 - p_2 - (\pi_1 - \pi_2)}{\sqrt{\frac{\pi_1(1-\pi_1)}{n_1} + \frac{\pi_2(1-\pi_2)}{n_2}}} \sim N(0,1) \tag{4.25}$$

因此，在置信水平 $1 - \alpha$ 下，总体比例之差 $\pi_1 - \pi_2$ 的置信区间为：

$$(p_1 - p_2) - z_{\alpha/2}\sqrt{\frac{\pi_1(1-\pi_1)}{n_1} + \frac{\pi_2(1-\pi_2)}{n_2}} \leqslant \pi_1 - \pi_2 \leqslant (p_1 - p_2) + z_{\alpha/2}\sqrt{\frac{\pi_1(1-\pi_1)}{n_1} + \frac{\pi_2(1-\pi_2)}{n_2}} \tag{4.26}$$

由于两个总体的比例 π_1 和 π_2 是未知的，式(4.26)中可以分别用样本比例 p_1 和 p_2 来代替 π_1 和 π_2，从而总体比例之差 $\pi_1 - \pi_2$ 在置信水平 $1 - \alpha$ 下的置信区间可表示为：

$$(p_1 - p_2) - z_{\alpha/2}\sqrt{\frac{p_1(1-p_1)}{n_1} + \frac{p_2(1-p_2)}{n_2}} \leqslant \pi_1 - \pi_2 \leqslant (p_1 - p_2) + z_{\alpha/2}\sqrt{\frac{p_1(1-p_1)}{n_1} + \frac{p_2(1-p_2)}{n_2}} \tag{4.27}$$

例 4.14　某研究机构为了调查个人所得税税负对居民二孩生育意愿的影响，针对低收入群体和高收入群体展开了调查。调查结果表明，在低收入群体的 2 000 人中，有 76% 的人具有二孩生育意愿；在高收入群体的 1 800 人中，有 64% 的人具有二孩生育意愿。试以 95% 的置信水平估计低收入群体与高收入群体中具有二孩生育意愿的人群比例之差的置信区间。

解 已知低收入群体样本量 $n_1 = 2\,000$，高收入群体样本量 $n_2 = 1\,800$，样本比例分别为 $p_1 = 76\%$，$p_2 = 64\%$，计算可知两个样本均满足 $np \geqslant 5$，$n(1-p) \geqslant 5$ 的条件。根据置信水平 $1 - \alpha = 95\%$，可知 $z_{\alpha/2} = 1.96$。

根据式 (4.27) 得：

$$(p_1 - p_2) \pm z_{\alpha/2} \sqrt{\frac{p_1(1-p_1)}{n_1} + \frac{p_2(1-p_2)}{n_2}}$$

$$= (76\% - 64\%) \pm 1.96 \times \sqrt{\frac{76\% \times (1 - 76\%)}{2\,000} + \frac{64\% \times (1 - 64\%)}{1\,800}}$$

$$= 12\% \pm 2.90\%$$

即 $(9.10\%, 14.90\%)$，低收入群体与高收入群体中具有二孩生育意愿的人群比例之差的 95% 的置信区间为 $9.10\% \sim 14.90\%$。

4.4.3　两个总体方差之比的置信区间

当涉及比较两个总体的方差时，通常会对两个总体方差之比进行区间估计。假设有两个正态总体，方差分别为 σ_1^2 和 σ_2^2，从两个总体中分别独立抽取样本量为 m 和 n 的样本，样本方差分别为 s_1^2 和 s_2^2。基于样本方差的抽样分布可以推导得到，统计量 $\frac{s_1^2}{s_2^2} \cdot \frac{\sigma_2^2}{\sigma_1^2}$ 服从第一自由度为 $m-1$、第二自由度为 $n-1$ 的 F 分布：

$$\frac{s_1^2}{s_2^2} \cdot \frac{\sigma_2^2}{\sigma_1^2} \sim F(m-1, n-1) \tag{4.28}$$

对于给定的置信水平 $1 - \alpha$，可以得到相应的临界值 $F_{1-\alpha/2}(m-1, n-1)$ 和 $F_{\alpha/2}(m-1, n-1)$，使得

$$P(F_{1-\alpha/2}(m-1, n-1) \leqslant \frac{s_1^2}{s_2^2} \cdot \frac{\sigma_2^2}{\sigma_1^2} \leqslant F_{\alpha/2}(m-1, n-1)) = 1 - \alpha \tag{4.29}$$

经过不等式变换可以推导得到两个总体方差之比 $\frac{\sigma_1^2}{\sigma_2^2}$ 在置信水平 $1-\alpha$ 下的置信区间为：

$$\frac{s_1^2/s_2^2}{F_{\alpha/2}(m-1, n-1)} \leqslant \frac{\sigma_1^2}{\sigma_2^2} \leqslant \frac{s_1^2/s_2^2}{F_{1-\alpha/2}(m-1, n-1)} \tag{4.30}$$

例 4.15　某公司为了了解男女员工在餐饮支出上的差异，随机抽取了 20 名男性员工和 20 名女性员工，得到下面的调查结果：

$$男性员工：\bar{x}_1 = 2\,100, \quad s_1^2 = 450$$
$$女性员工：\bar{x}_2 = 1\,800, \quad s_2^2 = 480$$

试以 95% 的置信水平估计该公司男女员工餐饮支出方差比的置信区间。

解　已知置信水平 $1 - \alpha = 95\%$，自由度 $m = 20 - 1 = 19$，$n = 20 - 1 = 19$，可得 $F_{0.025}(19, 19) = 2.53$。

根据 $F_{1-\alpha/2}(m, n) = \dfrac{1}{F_{\alpha/2}(n, m)}$，得

$$F_{1-\alpha/2}(m, n) = F_{0.975}(19, 19) = \frac{1}{F_{0.025}(19, 19)} = \frac{1}{2.53} = 0.395\,2$$

根据 $\dfrac{s_1^2/s_2^2}{F_{\alpha/2}} \leqslant \dfrac{\sigma_1^2}{\sigma_2^2} \leqslant \dfrac{s_1^2/s_2^2}{F_{1-\alpha/2}}$ 得

$$\frac{450/480}{2.53} \leqslant \frac{\sigma_1^2}{\sigma_2^2} \leqslant \frac{450/480}{0.395\,2}$$

即 $0.37 \leqslant \dfrac{\sigma_1^2}{\sigma_2^2} \leqslant 2.37$，在 95% 的置信水平下，该公司男女员工餐饮支出方差比的置信区间为 $0.37 \sim 2.37$。

4.5　样本量的确定

在本章前面关于置信区间的讨论中，样本量都是直接给定的。然而，实际操作中在进行样本选取时，需要先确定合适的样本量。区间估计中我们总希望置信区间的宽度越短越好以提高估计的精确度，在一定的置信水平下，只能通过增加样本量来实现。但样本量的增加受预算、时间、人力等诸多因素的限制，因此样本量往往不能过大。为了确定合适的样本量，通常还需要提前确定用于估计总体参数的置信水平以及估计时允许的抽样误差。

以下以总体均值和总体比例的区间估计为例，讨论在给定置信水平的前提下，在一定的估计误差范围内如何确定样本量的大小。

1. 估计总体均值时样本量的确定

在区间估计的讨论中，我们曾介绍过置信区间由总体参数的点估计值和估计误差两部分构成。总体均值 μ 的置信区间即由样本均值 $\bar{x}$ 和估计误差 e 组成，在无限总体或有限总体重复抽样条件下，估计误差 $e = z_{\alpha/2} \dfrac{\sigma}{\sqrt{n}}$。可见，在给定的置信水平和总体方差下，当确定了允许的估计误差时，就可以计算得到相应的样本量：

$$n = \frac{z_{\alpha/2}^2 \sigma^2}{e^2} \tag{4.31}$$

根据式 (4.31) 计算得到的样本量不一定恰好为整数，通常的做法是将样本量的数值向上取整。

可以看到，计算样本量需要首先确定置信水平 $1-\alpha$、总体方差 σ^2 和可接受的估计误差 e 这三个量的大小。对于特定的行业，如食品、医药行业等，置信水平和允许的估计误差通常会有相关的行业准则规定；但很多情况下，置信水平和估计误差并没有明确的规定，通常需要相关领域的专家协助确定。此外，在实际应用中，总体方差很可能未知。在一些情况下，可以基于相关历史数据进行估计；若无法获得过去的数据，也可以利用类似的样本方差来代替。

通过式(4.31)可以看到，样本量和置信水平、总体方差成正比，和估计误差的平方成反比。也就是说，在其他条件不变时，置信水平越高或总体方差越大，所需的样本量越大；可接受的估计误差越大，所需的样本量越小。

> **例 4.16** 某公司员工的月工资标准差大约为 3 000 元，假定该公司管理层想要估计员工月薪的 95% 的置信区间，希望估计的误差不超过 1 000 元，请问应该抽取多少样本？

解 已知 $\sigma = 3\,000$，$e = 1\,000$，当 $\alpha = 1 - 95\% = 5\%$ 时，$z_{\alpha/2} = 1.96$。
根据式 (4.31) 得：

$$n = \frac{1.96^2 \times 3\,000^2}{1\,000^2} = 34.574\,4 \approx 35$$

即应该抽取 35 个员工作为样本。

2. 估计总体比例时样本量的确定

估计总体比例时样本量的确定与估计总体均值时样本量的确定类似，总体比例 π 的置信区间同样由其点估计值样本比例 p 和估计误差 e 组成。在无限总体或有限总体重复抽样条件下，估计误差 $e = z_{\alpha/2}\sqrt{\dfrac{\pi(1-\pi)}{n}}$。在给定的置信水平下，当确定了允许的估计误差时，就可以计算得到相应的样本量：

$$n = \frac{z_{\alpha/2}^2 \pi(1-\pi)}{e^2} \tag{4.32}$$

同样地，根据式(4.32)计算样本量需要事先确定置信水平 $1-\alpha$、总体比例 π 和可接受的估计误差 e 这三个量的大小。实际应用中，若总体比例 π 未知，可以参考历史数据或相关经验进行估计，或利用类似的样本比例来代替。如果没有相关信息可借鉴，通常可以采用一个不会低估所需样本量的 π 值，即取 $\pi = 0.5$，此时 $\pi(1-\pi)$ 达到最大值。

> **例 4.17** 某一动物学会想估计一种宠物疾病的治愈率。以往的数据显示，这种宠物疾病的治愈率大约为 70%，现在要求估计误差为 2%，在 95% 的置信水平下，应该抽取多少个患该疾病的宠物作为观测样本？

解　已知总体比例 $\pi = 70\%$，估计误差 $e = 2\%$，当 $\alpha = 1 - 95\% = 5\%$ 时，$z_{\alpha/2} = 1.96$。根据式 (4.32) 得：

$$n = \frac{1.96^2 \times 0.7 \times (1 - 0.7)}{0.02^2} = 2\,016.84 \approx 2\,017$$

即应该抽取 2 017 个患该疾病的宠物作为观测样本。

课后习题

1. 随机变量 X_1, X_2, X_3 相互独立，均服从正态分布 $N(\mu, \sigma^2)$。下列统计量是否为 μ 的无偏估计？哪一个估计的有效性最好？

(1) $\hat{\mu} = \frac{1}{3}X_1 + \frac{1}{3}X_2 + \frac{1}{3}X_3$;

(2) $\hat{\mu} = \frac{1}{6}X_1 + \frac{1}{6}X_2 + \frac{2}{3}X_3$;

(3) $\hat{\mu} = \frac{1}{3}(X_1 + X_2) + \frac{1}{3}(2X_2 - X_3)$.

2. 为了解上市公司的市盈率情况，某研究机构随机选取了 64 家上市公司进行调查。调查结果显示，市盈率样本均值为 15.0，样本标准差为 6.6。假设上市公司市盈率总体服从正态分布，试计算总体均值置信水平为 95% 的置信区间。

3. 某家电客户服务中心每次在线服务结束时均会记录当次服务时间，现随机抽取 20 个记录，基于该样本计算得到一次服务的平均时间为 2 分钟。根据历史数据，已知在线客服服务时间服从标准差为 0.5 分钟的正态分布。试求该客户服务中心单次在线服务平均时间的置信水平为 α 的置信区间。

4. 设有两个正态总体 X 和 Y，从两个总体中分别抽取 n_1 和 n_2 个独立样本，已知样本均值分别为 $\bar{x}_1$ 和 $\bar{x}_2$，样本方差分别为 s_1^2 和 s_2^2。

(1) 若已知方差 σ_1^2 与 σ_2^2，求 $\mu_1 - \mu_2$ 的置信水平为 α 的置信区间;

(2) 若方差数值未知，但是 $\sigma_1^2 = \sigma_2^2$，求 $\mu_1 - \mu_2$ 的置信水平为 α 的置信区间;

(3) 求 σ_1^2 / σ_2^2 的置信水平为 α 的置信区间。

5. 设总体 $X \sim N(\mu, 9)$，其中参数 μ 未知，若 $x_1, x_2, \cdots, x_n$ 是来自该总体的一个容量为 n 的样本值。

(1) 若样本量 $n = 100$，样本均值 $\bar{x} = 200$，试求参数 μ 的置信水平为 95% 的置信区间。

(2) 若欲使置信水平为 95% 的置信区间的长度小于 1，则样本量 n 最少取何值？

(3) 若样本量 $n = 100$，则区间 $(\bar{x} - 1, \bar{x} + 1)$ 作为 μ 的置信区间，其置信水平是多少？

6. 为了解城市 A 的老龄化程度 (家庭中老年人数占比)，随机抽取了一个由 100 户家庭组成的样本，其中有 70 户家庭至少有一位老年人。

(1) 试以 95% 的置信水平估计城市 A 老龄化程度的置信区间。

(2) 现有城市 B 的一个由 120 户家庭组成的随机样本, 其中 90 户家庭至少有一位老年人。试求城市 A 和城市 B 老龄化程度之差的置信水平为 95% 的置信区间。

7. 为了比较两种化肥对农作物生长的作用, 某调查小组在一地区随机选取了 10 块土地, 每块土地的一半农作物施用化肥 A, 另一半农作物施用化肥 B。种植结束后每块地的单位面积产量如表 4.8 所示。

表 4.8　单位面积产量　　　　　　　　　　　　　　　　　　　　单位：千克/亩

化肥 A	300	320	296	325	290	315	317	288	294	305
化肥 B	298	310	287	300	294	320	316	280	284	303

假设两种化肥作用下农作物的产量均服从正态分布, 试求这两种化肥作用下农作物单位面积产量之差的置信水平为 α 的置信区间。

8. 学校后勤部想估计每位学生在校内餐饮中心的月平均消费水平。假设所有学生在校内餐饮中心的月平均消费支出的标准差为 300 元, 要求的估计误差在 100 元以内, 置信水平为 99%, 后勤部应该抽取多少学生进行调查?

9. 随着健身房在大学校园内越来越常见, 为了解办理健身卡的学生中的男女比例, 某机构拟进行抽样调查。根据前期进行的小规模预调查, 办理健身卡的学生中男生比例大约为 60%。此次抽样调查要求估计误差不超过 10%, 应抽取多少样本进行调查 ($\alpha = 0.05$)?

10. 某研究机构为了解近几年互联网行业的平均薪资水平, 随机抽取了不同互联网公司的 100 名员工进行访谈, 得到如表 4.9 所示的结果。

表 4.9　互联网行业员工月工资收入

月工资收入	员工人数 (人)
7 000 元以下	5
7 000 ~ 10 000 元	12
10 000 ~ 13 000 元	23
13 000 ~ 16 000 元	32
16 000 ~ 19 000 元	22
19 000 元以上	6
合计	100

根据经验假设该行业员工的月工资收入服从正态分布, 试求:

(1) 互联网行业平均月工资收入的置信水平为 95% 的置信区间;

(2) 若月工资收入高于 16 000 元属于中等以上收入水平, 计算该行业中等以上收入水平占比的 95% 的置信区间。

第 4 章补充习题

第5章　假设检验

　引例：大气污染防治措施改善了空气质量吗

　　　　经济高速发展带来的环境污染已成为全社会关注的问题之一。为了遏制空气污染物的排放，我国在过去十年间实施了多项大气污染防治措施。其中，2018—2020 期间制定并实施了《打赢蓝天保卫战三年行动计划》，该行动计划旨在减少主要大气污染物排放，尤其是降低空气中细颗粒物 (PM2.5) 的浓度。

　　　　现在我们想了解这项行动计划的实施是否真的对空气质量有影响。这个问题可以通过假设检验来解决。

　　除了参数估计，假设检验是统计推断的另一种重要方法，但两种方法进行推断的角度不同。参数估计是基于样本统计量对总体参数进行点估计或区间估计，而假设检验是对总体参数提出相关假设 (如总体均值等于某个值)，然后利用样本信息验证该假设是否成立。本章将重点介绍假设检验的基本原理和方法。

5.1　假设检验的基本原理

　　对于引例中的空气质量问题，本节进一步通过以下具体示例对假设检验问题的基本原理展开论述。

　　例 5.1　生态环境部全国空气质量状况资料显示，2018 年全国城市 PM2.5 平均浓度为 53 微克/立方米。假设某研究小组在 2022 年随机抽取了 100 个城市，测得 PM2.5 平均浓度为 46 微克/立方米。根据相关历史数据，全国城市 PM2.5 浓度的标准差为 14 微克/立方米。该研究组拟分析 2022 年全国城市 PM2.5 平均浓度与 2018 年相比是否有显著差异。

　　例5.1中，从样本结果来看，2022 年随机抽取的 100 个城市样本的 PM2.5 平均浓度为 46 微克/立方米。抽样得到的样本 PM2.5 平均浓度低于 2018 年水平，既可能是由抽样的随机性造成的，也可能是因为 2022 年 PM2.5 平均浓度确实低于 2018 年水平。解决这一问题就可以使用假设检验的方法，我们可以先假设"2022 年全国城市 PM2.5 平均浓度与 2018 年相比没有显著差异"，该假设可用 $\mu = \mu_0$ 或 $\mu - \mu_0 = 0$ 表示。其中，μ_0 为 2018 年 PM2.5 平均浓度，即 $\mu_0 = 53$ 微克/立方米，μ 为 2022 年 PM2.5 平均浓度。在假设检验中，主要利用样本信息对该假设进行验证，判断该假设是否成立。

1. 原假设与备择假设

假设检验的第一步是建立关于总体参数的相关假设，包括原假设 (null hypothesis) 和备择假设 (alternative hypothesis)。原假设通常用 H_0 表示，也称为"零假设"；备择假设指的是当原假设不成立，即拒绝原假设时备以选择的假设，通常用 H_1 表示。备择假设和原假设互斥，如在例 5.1 中，原假设是"2022 年全国城市 PM2.5 平均浓度与 2018 年相比没有显著差异"，那么备择假设就是"2022 年全国城市 PM2.5 平均浓度与 2018 年相比存在显著差异"。相应的统计语言表述为：

$$H_0 : \mu = \mu_0 \qquad 与 \qquad H_1 : \mu \neq \mu_0$$

或

$$H_0 : \mu - \mu_0 = 0 \qquad 与 \qquad H_1 : \mu - \mu_0 \neq 0$$

2. 检验统计量与统计决策

建立了原假设与备择假设后，接下来需要利用样本信息对假设进行检验，从而作出统计决策。假设检验的基本思想可以用小概率原理来解释，即概率很小的随机事件在一次实验中几乎不可能发生。如果建立的关于总体的原假设是真的，那么不支持或不利于这一假设的事件即为小概率事件，在一次实验中几乎不可能发生；若该小概率事件发生了，就有理由怀疑原假设的真实性，从而作出拒绝原假设的决策。对于小概率的定义，概率论中并未给出明确的标准，在统计学中通常采用 0.05 或 0.01 作为小概率的标准。

在例 5.1 中，若原假设为真，由抽样分布的原理可知 2022 年随机抽取的 100 个城市的 PM2.5 平均浓度服从均值为 53 微克/立方米、标准差为 1.4 微克/立方米的正态分布，即 $\bar{x} \sim N(53, 1.4^2)$。若以 0.05 为小概率标准，根据该抽样分布可进一步计算得到 95% 的样本均值应该会落在置信区间 $(\mu_{\bar{x}} - 1.96\sigma_{\bar{x}}, \mu_{\bar{x}} + 1.96\sigma_{\bar{x}})$，即区间 $(50.256, 55.744)$ 内。而该研究小组抽样测得的 PM2.5 平均浓度为 46 微克/立方米，落在区间 $(50.256, 55.744)$ 外。显然这是一个小概率事件发生了，因此我们有理由认为总体均值的真值不是 53 微克/立方米，即原假设不为真，故而可以作出拒绝原假设的决策，得到"2022 年全国城市 PM2.5 平均浓度与 2018 年相比存在显著差异"的结论。

上述过程可以转化为借助样本统计量来推断，相应的统计量称为检验统计量。检验统计量的选择与样本量和总体标准差是否已知有关。本例中样本量为 100(大样本)，总体标准差已知 $(\sigma = 14)$，样本均值 $\bar{x}$ 的抽样分布为正态分布，因此采用 z 检验统计量，可通过样本均值抽样分布标准化得到：

$$z = \frac{\bar{x} - \mu_0}{\sigma / \sqrt{n}} \tag{5.1}$$

若以 0.05 为小概率标准，95% 的 z 检验统计量的值应落在区间 $(-1.96, 1.96)$ 内。这

里 -1.96 和 1.96 称为临界值，区间 $(-1.96, 1.96)$ 两侧的区域则称为拒绝域。基于样本信息，可以计算得到相应的 z 检验统计量的值。已知 $\bar{x} = 46$，$\mu_0 = 53$，$\sigma = 14$，$n = 100$，代入式(5.1)可得：

$$z = \frac{\bar{x} - \mu_0}{\sigma/\sqrt{n}} = \frac{46 - 53}{14/\sqrt{100}} = -5$$

根据计算得到的 z 值与临界值相比可知，$z < -z_{\alpha/2}$，即落入拒绝域，因此拒绝原假设，认为 2022 年全国城市 PM2.5 平均浓度与 2018 年相比存在显著差异。

由上面的例子可以看到，在假设检验中，检验统计量的抽样分布被临界值分为拒绝域和非拒绝域两个区域。若基于样本得到的检验统计量落入拒绝域，则拒绝原假设，也就是接受备择假设；落入非拒绝域，则不能拒绝原假设。临界值的取值决定了拒绝域与非拒绝域的大小，要作出统计决策，首先需要确定相应的临界值。临界值通常根据事先确定的一个作为判断界限的小概率标准得到，如在例5.1的双侧检验中我们选取 0.05 作为小概率标准，从而对应的临界值为 -1.96 和 1.96。需要注意的是，这也意味着我们在作出统计决策时面临作出错误决策的风险，即下面讨论的两类错误。

3. 两类错误

由于样本具有随机性，而假设检验是通过样本信息对总体进行推断，因此可能推断正确，也可能推断错误。在作出统计决策时我们可能犯两类错误：第一类是当原假设 H_0 为真时，我们却作出拒绝原假设的决策，也称为弃真错误或第 I 类错误，犯这类错误的概率记为 α；第二类错误指的是当原假设 H_0 为伪时，我们却作出接受原假设的决策，也称为取伪错误或第 II 类错误，犯这类错误的概率记为 β。检验决策和两类错误的关系如表5.1所示。

表 5.1 假设检验中的统计决策和两类错误

检验决策	事实情况	
	H_0 为真	H_0 为伪
拒绝 H_0	犯第 I 类 (弃真) 错误 $P = \alpha$	正确决策 $P = 1 - \beta$
不拒绝 H_0	正确决策 $P = 1 - \alpha$	犯第 II 类 (取伪) 错误 $P = \beta$

以上面空气质量的检验问题为例，如果原假设 "2022 年全国城市 PM2.5 平均浓度与 2018 年相比没有显著差异"(即为 53 微克/立方米) 为真，但我们却作出了拒绝 H_0 的决策，认为 2022 年全国城市 PM2.5 平均浓度与 2018 年相比存在显著差异，这时就犯了弃真错误。如果原假设 "2022 年全国城市 PM2.5 平均浓度与 2018 年相比没有显著差异"（即为 53 微克/立方米) 是错误的，但我们却作出了不拒绝 H_0 的决策，认为 2022 年全国城市 PM2.5 平均浓度与 2018 年相比没有显著差异，这时就犯了取伪错误。

犯第 I 类 (弃真) 错误的概率 α 也称为**显著性水平 (significance level)**，表示原假设为真却被拒绝的概率或风险，也就是例5.1讨论中的小概率标准。在假设检验中，α 是根据研究的问题和决策需要确定的，也就是说犯第 I 类 (弃真) 错误的概率取决于 α 的取值。而犯第 II 类错误的概率 β 则取决于总体参数的假设值和真实值之间的差异，总体参数假设值和真实值越接近，犯第 II 类错误的可能性越大，即 β 越大。由于较大的差异比较小的差异更容易发现，若总体参数假设值和真实值之间的差异很大，β 就较小。在例5.1中，如果总体均值的真实值为 10 微克/立方米，那么研究小组会得到 "2022 年全国城市 PM2.5 平均浓度与 2018 年相比没有显著差异"（即为 53 微克/立方米）这一结论的概率很小。然而，若总体参数假设值和真实值之间的差异很小，β 就比较大。例如，如果总体均值的真实值为 54 微克/立方米，那么研究小组很可能会得到 2022 年全国城市 PM2.5 平均浓度与 53 微克/立方米相比没有显著差异的结论。

对于统计决策而言，我们总是希望犯第 I 类错误和第 II 类错误的概率都越小越好。但是，在一定的样本量下，减小犯第 I 类错误的概率 α，就会使犯第 II 类错误的概率 β 增大；减小犯第 II 类错误的概率 β，就会使犯第 I 类错误的概率 α 增大。增加样本量可以使犯第 I 类错误的概率 α 和犯第 II 类错误的概率 β 同时减小，然而现实中资源总是有限的，样本量不可能没有限制。因此，在给定的样本量下，必须考虑两类可能的错误之间的权衡问题。为此，统计学家 Neyman 和 Pearson 提出的一个规则是：在控制犯第 I 类错误的概率 α 的原则下，使犯第 II 类错误的概率 β 尽量小。由于可以通过选择 α 的大小控制犯第 I 类错误的风险，当犯第 I 类错误的后果很严重时，可以选择较小的 α 值；如果犯第 II 类错误的后果更为严重，那么可以选择较大的 α 值以减小 β。优先控制 α 这一原则背后的含义是，原假设不会轻易被否定，若检验结果否定了原假设，则说明否定的理由是充分的。

4. p 值法

假设检验的另一种常用方法是利用 p 值 (p-value) 来作出检验决策。p 值指在原假设 H_0 为真时，得到等于样本观测结果或更极端结果的检验统计量的概率，也称为实测显著性水平。p 值法的决策规则为：如果 p 值大于或等于给定的显著性水平 α，则不能拒绝原假设 H_0；如果 p 值小于给定的显著性水平 α，则拒绝原假设 H_0。

可以通过例5.1进一步理解 p 值法的内涵。在上面的讨论中，为了检验 2022 年全国城市 PM2.5 平均浓度与 2018 年相比是否有显著差异，计算得到 z 检验统计量的值为 -5，由于 -5 小于下临界值 -1.96，因此作出了拒绝原假设的决策。现在用 p 值法进行检验，即需要计算当原假设 H_0 为真时，出现 z 检验统计量等于 -5 或更极端结果的概率。由于该问题是双侧检验，p 值应该对应 z 检验统计量等于或小于 -5，以及等于或大于 5 的概率，即

$$p = P(z \leqslant -5) + P(z \geqslant 5) = 2(1 - \varPhi(5)) = 5.733 \times 10^{-7}$$

可以看到，当原假设 H_0 为真时，随机抽取 100 个城市，得到 2022 年全国城市 PM2.5 平均浓度为 46 微克/立方米或更极端结果的概率为 5.733×10^{-7}，是一个非常小的概率，显然小于给定的显著性水平 ($\alpha = 0.05$)，因此应该拒绝原假设，得到的结论与上面用 z 检验统计量的结论相同。

由于 p 值的手工计算通常比较繁杂，实践中更多时候可以利用计算机软件计算 p 值。一旦得到 p 值，就可以直接使用 p 值法进行决策，将 p 值和给定的显著性水平进行比较从而作出判断。

5.2 总体均值的检验

关于总体均值的检验是常用的假设检验之一，主要包括单个总体均值的检验和两个总体均值的检验两类。例如，检验工厂加工的零件尺寸是否符合某一标准，检验某地区居民平均收入是否达到了某个水平等，这些问题都可以通过单个总体均值的假设检验来解决。很多情况下还会涉及两个总体均值的比较，看两者是否有显著差异。例如，不同地区居民平均收入水平是否具有显著差异，不同时段的空气质量是否有显著差异等，这类问题则需要通过两个总体均值的检验来判断。

5.2.1 单个总体均值的检验

进行单个总体均值的假设检验时，检验统计量的选取与总体分布、样本量和总体方差是否已知等条件相关，以下主要分大样本和小样本两种情况进行讨论。

1. 大样本下总体均值的假设检验

根据均值的抽样分布和中心极限定理，当样本量较大 (通常 $n \geqslant 30$) 时，不论总体服从正态分布还是非正态分布，样本均值均 (近似) 服从正态分布。经过标准化后的随机变量 z 服从标准正态分布，因此可以使用 z 检验统计量。若总体方差 σ^2 已知，z 检验统计量的计算可以直接利用式(5.1)，即

$$z = \frac{\bar{x} - \mu_0}{\sigma/\sqrt{n}}$$

其中，μ_0 表示对总体均值的假设值。若总体方差 σ^2 未知，此时可以直接用样本方差 s^2 代替总体方差 σ^2，z 检验统计量的计算公式为：

$$z = \frac{\bar{x} - \mu_0}{s/\sqrt{n}} \tag{5.2}$$

> **例 5.2** 某家电公司制造的某型号电视机的平均使用寿命为 5 年。为了提高电视机的使用寿命，该公司进行了改进，生产了新型号电视机。该公司从新型号电视机中随机选取了 50 台进行寿命测试。结果发现，新型号电视机的平均使用寿命为 6 年，样本标准差为 0.8 年。那么新型号电视机的平均使用寿命与以前有无显著差别 ($\alpha = 0.05$)？

解 由题意可知，我们关心的问题是新型号电视机的平均使用寿命 μ 和老型号电视机的平均使用寿命 5 年是否不同，因此提出以下假设：

$$H_0: \mu = 5 \qquad \text{与} \qquad H_1: \mu \neq 5$$

已知 $\mu_0 = 5$，$\bar{x} = 6$，$s = 0.8$，$n = 50$。在大样本条件下，选用 z 检验统计量，但是总体方差未知，选择用样本方差代替：

$$z = \frac{\bar{x} - \mu_0}{s/\sqrt{n}} = \frac{6-5}{0.8/\sqrt{50}} = 8.83$$

这是一个双侧检验问题，如果 $z > z_{\alpha/2}$ 或 $z < -z_{\alpha/2}$，就拒绝原假设。根据题意，当 $\alpha = 0.05$ 时，临界值为 $\pm z_{\alpha/2} = \pm 1.96$。

由于 $|z| > |z_{\alpha/2}|$，根据决策准则，拒绝 H_0，可以认为新型号电视机的平均使用寿命与以前有显著差别。

相应的 R 语言代码及输出如下：

```
# 定义z.test函数
z.test <- function(mean,mu,s,n,alternative="two.sided",conf.level){
# 计算z检验统计量
z <- (mean-mu)/(s/sqrt(n))
# 查找z分布临界值(Critical Value)
z_cv <- qnorm((1-conf.level)/2)
# 也可以计算相应的P值
P_value <- 2*(1-pnorm(z))
# 输出结果
print(paste("z =",z))
print(paste("z critical value is",z_cv,",",-z_cv))
print(paste("P value is",P_value))
}
z.test(mean=6,mu=5,s=0.8,n=50,alternative="two.sided",conf.level=0.95)
```

```
## [1] "z = 8.83883476483184"
## [1] "z critical value is -1.95996398454005 , 1.95996398454005"
## [1] "P value is 0"
```

2. 小样本下总体均值的假设检验

当样本量较小 (通常 $n < 30$) 时，由均值的抽样分布可知，若总体服从正态分布，样本均值的抽样分布同样是正态分布。若总体方差 σ^2 已知，可以选择 z 检验统计量，计算公式同为式(5.1)。

> **例 5.3** 根据以往的数据，某工厂生产的汽车轮胎的耐磨性服从正态分布，平均使用寿命为 25 000 千米，标准差为 500 千米。现工厂为了抢占市场份额，引进了新的生产工艺，声称新工艺生产的轮胎的耐磨性显著优于生产工艺改造之前。为了检验新的生产工艺是否比原来的生产工艺更优，从用新生产工艺生产的轮胎中随机抽取 25 个样本，得到平均使用寿命为 25 500 千米。该公司关于新生产工艺的声称是否可信 ($\alpha = 0.05$)？

解 根据题意，如果要检验该工厂用新生产工艺生产的轮胎的耐磨性是否显著优于生产工艺改造之前，可以建立假设：

$$H_0 : \mu \leqslant 25\,000 \qquad 与 \qquad H_1 : \mu > 25\,000$$

这里使用了右单侧检验，因为我们关心的问题是用新生产工艺生产的轮胎平均使用寿命是否更长。由于抽样的随机性，存在样本均值略大于 25 000 千米的可能性。在这种情况下，只有当样本均值远大于 25 000 千米时，才能认为该工厂的声称是可信的，选择右单侧检验更符合题意。

已知 $\mu_0 = 25\,000$，$\bar{x} = 25\,500$，$\sigma = 500$，$n = 25$。由于总体方差 σ^2 已知，所以可以选用 z 检验统计量：

$$z = \frac{\bar{x} - \mu_0}{\sigma/\sqrt{n}} = \frac{25\,500 - 25\,000}{500/\sqrt{25}} = 5$$

该问题为右单侧检验，拒绝域在右侧，当 $\alpha = 0.05$ 时，可知临界值 $z_\alpha = 1.645$。

由于 $z > z_\alpha$，故拒绝 H_0，可以认为该工厂的声称是可信的。

当样本量较小且总体方差 σ^2 未知时，进行假设检验所依赖的信息减少，只能用样本方差 s^2 替代，此时样本均值服从自由度为 $n-1$ 的 t 分布，对应的检验统计量为 t 统计量。t 检验统计量的计算公式为：

$$t = \frac{\bar{x} - \mu_0}{s/\sqrt{n}} \tag{5.3}$$

例 5.4　某机器制造的电子元件的平均长度为 10.0 毫米。现在想了解该机器的性能状况是否良好，于是随机抽取了 15 件该机器制造的电子元件作为样本，测得电子元件的长度如下：

> 10.4　10.7　10.1　10.4　10.3　10.2　10.5　10.2
>
> 10.7　10.6　10.2　10.6　10.3　10.6　10.3

试以 0.05 的显著性水平检验机器的性能状况良好的假设。

解　如果机器性能状况良好，那么机器制造的电子元件的长度将在 10.0 毫米上下波动，如果过长或者过短，说明机器性能状况可能存在异常。由于总体 σ 未知，样本量也很小，所以采用 t 检验。

根据样本数据计算可得，$\bar{x} = 10.407$，$s = 0.198$。

建立假设：

$$H_0 : \mu = 10 \qquad 与 \qquad H_1 : \mu \neq 10$$

计算检验统计量：

$$t = \frac{\bar{x} - \mu_0}{s/\sqrt{n}} = \frac{10.407 - 10}{0.198/\sqrt{15}} = 7.96$$

当 $\alpha = 0.05$，自由度 $n-1 = 14$ 时，可以得到双侧临界值 $\pm t_{\alpha/2}(14) = \pm 2.145$。因为 $t > 2.145$，所以拒绝 H_0，说明机器的性能状况并不良好。

可以使用 R 中的 t.test 函数进行 t 检验，上例的 R 语言代码及输出如下：

```
x <- c(10.4,10.7,10.1,10.4,10.3,10.2,10.5,10.2,
        10.7,10.6,10.2,10.6,10.3,10.6,10.3)
# t检验
t.test(x,mu=10,alternative="two.sided",conf.level=0.95)
```

```
##
##   One Sample t-test
##
## data:  x
## t = 8, df = 14, p-value = 1e-06
## alternative hypothesis: true mean is not equal to 10
## 95 percent confidence interval:
##  10.30 10.52
## sample estimates:
## mean of x
##     10.41
```

计算 t 分布临界值的代码及输出如下：

```
# 查找t分布临界值(Critical Value)
t_cv <- qt(0.025,df=14)
print(paste("t critical value is",t_cv,",",-t_cv))
```

```
## [1] "t critical value is -2.1447866879178 , 2.1447866879178"
```

5.2.2 两个总体均值之差的检验

在两个总体均值之差的检验中，检验统计量的选取同样与两个总体的分布、样本量和总体方差是否已知等条件有关。

5.2.2.1 大样本下两个总体均值之差的假设检验

当抽自两个总体的样本量 n_1，n_2 都较大时，若总体方差 σ_1^2 和 σ_2^2 已知，μ_1 和 μ_2 分别为两个总体的均值，则由样本均值 $\bar{x}_1 \sim N\left(\mu_1, \frac{\sigma_1^2}{n_1}\right)$ 和 $\bar{x}_2 \sim N\left(\mu_2, \frac{\sigma_2^2}{n_2}\right)$ 可进一步得到两个样本均值之差的抽样分布为 $\bar{x}_1 - \bar{x}_2 \sim N\left(\mu_1 - \mu_2, \frac{\sigma_1^2}{n_1} + \frac{\sigma_2^2}{n_2}\right)$，经过标准化后的随机变量 z 服从标准正态分布，因此可以使用 z 检验统计量。其计算公式为：

$$z = \frac{(\bar{x}_1 - \bar{x}_2) - (\mu_1 - \mu_2)}{\sqrt{\frac{\sigma_1^2}{n_1} + \frac{\sigma_2^2}{n_2}}} \tag{5.4}$$

若两个总体方差 σ_1^2 和 σ_2^2 未知，可以直接用样本方差 s_1^2 和 s_2^2 代替式(5.4)中的 σ_1^2 和 σ_2^2，相应的 z 检验统计量的计算公式为：

$$z = \frac{(\bar{x}_1 - \bar{x}_2) - (\mu_1 - \mu_2)}{\sqrt{\frac{s_1^2}{n_1} + \frac{s_2^2}{n_2}}} \tag{5.5}$$

> **例 5.5**　假设有两种方法可以用于生产某种特定类型的电子元器件，某工厂想要比较两种方法生产的产品重量是否有显著差异。据以往经验可知，第一种方法生产的产品重量的标准差为 1.2 克，第二种方法生产的产品重量的标准差为 1.8 克。从两种方法的生产线上各抽取一个随机样本，样本量分别为 35 和 40，测得两个样本的平均重量分别为 10.5 克和 11.2 克。试以 0.05 的显著性水平检验两种方法生产的产品重量是否有显著差异。

解　检验两种方法生产的产品重量是否有显著差异，可以通过二者总体均值之差的双侧检验来完成。首先提出如下假设：

$$H_0 : \mu_1 - \mu_2 = 0 \qquad 与 \qquad H_1 : \mu_1 - \mu_2 \neq 0$$

由于两个总体的标准差均已知，因此选择检验统计量 $z = \dfrac{(\bar{x}_1 - \bar{x}_2) - (\mu_1 - \mu_2)}{\sqrt{\dfrac{\sigma_1^2}{n_1} + \dfrac{\sigma_2^2}{n_2}}}$。

已知 $\bar{x}_1 = 10.5$，$\bar{x}_2 = 11.2$，$\sigma_1 = 1.2$，$\sigma_2 = 1.8$，$n_1 = 35$，$n_2 = 40$。代入上式可得：

$$z = \frac{(10.5 - 11.2) - 0}{\sqrt{\dfrac{1.2^2}{35} + \dfrac{1.8^2}{40}}} = -2.00$$

在双侧检验中，当 $\alpha = 0.05$ 时，临界值为 $\pm z_{\alpha/2} = \pm 1.96$。

因为 $|z| > |z_{\alpha/2}|$，故拒绝 H_0，即两种方法生产的产品重量具有显著差别。

5.2.2.2　小样本下两个总体均值之差的假设检验

当抽自两个总体的样本量 n_1，n_2 都较小时，假设两个总体都是正态分布，根据总体方差是否已知，两个总体均值之差的假设检验可分为以下三种情况进行讨论。

1. 总体方差 σ_1^2 和 σ_2^2 已知

设总体 $X_1 \sim N(\mu_1, \sigma_1^2)$，总体 $X_2 \sim N(\mu_2, \sigma_2^2)$，$\sigma_1^2$ 和 σ_2^2 已知，此时两个样本均值 $\bar{x}_1$ 和 $\bar{x}_2$ 的抽样分布均为正态分布，从而两个样本均值之差 $\bar{x}_1 - \bar{x}_2$ 的抽样分布也为正态分布。可以直接根据式(5.4)选择 z 检验统计量对两个总体均值之差进行检验。

2. 总体方差 σ_1^2 和 σ_2^2 未知，$\sigma_1^2 = \sigma_2^2$

在小样本情况下，当两个总体方差 σ_1^2 和 σ_2^2 未知时，根据两个样本均值之差的抽样分布可知需要使用 t 检验统计量。若 $\sigma_1^2 = \sigma_2^2$，可以用两个样本方差 s_1^2 和 s_2^2 联合估计总体方差：

$$s_p^2 = \frac{(n_1 - 1)s_1^2 + (n_2 - 1)s_2^2}{n_1 + n_2 - 2} \tag{5.6}$$

从而可以得到抽样分布 $\bar{x}_1 - \bar{x}_2$ 的标准差为：

$$\sigma_{\bar{x}_1 - \bar{x}_2} = s_p \sqrt{\frac{1}{n_1} + \frac{1}{n_2}} \tag{5.7}$$

此时，t 检验统计量的计算公式为：

$$t = \frac{(\bar{x}_1 - \bar{x}_2) - (\mu_1 - \mu_2)}{s_p\sqrt{\dfrac{1}{n_1} + \dfrac{1}{n_2}}} \sim t(n_1 + n_2 - 2) \tag{5.8}$$

3. 总体方差 σ_1^2 和 σ_2^2 未知，$\sigma_1^2 \neq \sigma_2^2$

在小样本情况下，当两个总体方差 σ_1^2 和为 σ_2^2 未知，且 $\sigma_1^2 \neq \sigma_2^2$ 时，用两个样本方差 s_1^2 和 s_1^2 分别作为总体方差 σ_1^2 和 σ_2^2 的估计，从而可以得到抽样分布 $\bar{x}_1 - \bar{x}_2$ 的标准差为：

$$\sigma_{\bar{x}_1 - \bar{x}_2} = \sqrt{\frac{s_1^2}{n_1} + \frac{s_2^2}{n_2}} \tag{5.9}$$

此时两个样本均值之差的抽样分布经标准化后近似为自由度是 v 的 t 分布：

$$t = \frac{(\bar{x}_1) - \bar{x}_2 - (\mu_1 - \mu_2)}{\sqrt{\dfrac{s_1^2}{n_1} + \dfrac{s_2^2}{n_2}}} \sim t(v) \tag{5.10}$$

其中，自由度 v 的公式如下：

$$v = \frac{\left(\dfrac{s_1^2}{n_1} + \dfrac{s_2^2}{n_2}\right)^2}{\dfrac{(s_1^2/n_1)^2}{n_1 - 1} + \dfrac{(s_2^2/n_2)^2}{n_2 - 1}} \tag{5.11}$$

> **例 5.6** 假设某公司有两个部门（部门 1 和部门 2），现在想要比较两个部门员工的平均工资是否有显著差异。为了回答上述问题，调查员随机抽取了 35 人，询问他们的工资收入情况，调查结果如表5.2所示。
>
> **表 5.2　35 名员工工资收入情况**　　　　　　　　　　　　　　单位：元
>
> | 部门 | 员工工资 | | | | | | |
> |------|------|------|------|------|------|------|------|
> | 部门 1 | 3 123 | 3 187 | 3 120 | 3 265 | 3 198 | 3 132 | 3 056 |
> | | 3 245 | 3 317 | 3 189 | 3 278 | 3 391 | 3 476 | 3 198 |
> | 部门 2 | 3 365 | 3 423 | 3 442 | 3 299 | 3 512 | 3 312 | 3 268 |
> | | 3 501 | 3 389 | 3 412 | 3 433 | 3 368 | 3 121 | 3 378 |
> | | 3 654 | 3 764 | 3 102 | 2 980 | 3 187 | 3 131 | 3 341 |
>
> 试以 $\alpha = 0.05$ 的显著性水平检验两个部门员工的平均工资是否有显著差异。

解　分析题意，要比较两个部门员工的平均工资是否存在显著差异，可以检验二者均值之差是否为 0。因此采用双侧检验，建立的假设为：

$$H_0: \mu_1 - \mu_2 = 0 \qquad \text{与} \qquad H_1: \mu_1 - \mu_2 \neq 0$$

总体方差未知，样本量都比较小，并且没有理由判断部门 1 和部门 2 的员工工资方差相等，因此采用 t 检验。

根据给出的数据，可得：

$\bar{x}_1 = 3\ 226.79$，$\bar{x}_2 = 3\ 351.524$，$s_1^2 = 12\ 817.1$，$s_2^2 = 33\ 820.66$，$n_1 = 14$，$n_2 = 21$

t 分布的自由度为：

$$v = \frac{(\dfrac{s_1^2}{n_1} + \dfrac{s_2^2}{n_2})^2}{\dfrac{(s_1^2/n_1)^2}{n_1 - 1} + \dfrac{(s_2^2/n_2)^2}{n_2 - 1}} = 32.86$$

取 $v = 33$，可知 $t_{\alpha/2}(v) = t_{0.025}(33) = 2.034\ 5$。

根据 $t = \dfrac{(\bar{x}_1 - \bar{x}_2) - (\mu_1 - \mu_2)}{\sqrt{\dfrac{s_1^2}{n_1} + \dfrac{s_2^2}{n_2}}}$，可计算得到 t 检验统计量为：

$$t = \frac{(3\ 226.79 - 3\ 351.524) - 0}{\sqrt{\dfrac{12\ 817.1}{14} + \dfrac{33\ 820.66}{21}}} = -2.48$$

由于 $|t| > |t_{\alpha/2}(v)|$，检验统计量落入拒绝域，所以拒绝 H_0，可以认为两个部门员工的平均工资存在显著差异。

在 R 中使用 t.test 函数进行 t 检验时，可以通过 var.equal 来选择总体方差相等 (TRUE) 或不相等 (FALSE) 等不同情况。上例的 R 语言代码及输出如下：

```
Salary <- read.csv("data/chapter5/EmployeeSalary.csv",header=T)
# t检验
t.test(Salary$Sector1,Salary$Sector2,alternative="two.sided",
       var.equal=FALSE,conf.level=0.95)
```

```
##
##   Welch Two Sample t-test
##
## data:  Salary$Sector1 and Salary$Sector2
## t = -2.5, df = 33, p-value = 0.02
## alternative hypothesis: true difference in means is not equal to 0
## 95 percent confidence interval:
##  -227.01  -22.47
## sample estimates:
## mean of x mean of y
##      3227      3352
```

5.3 总体比例的检验

现实中还有很多问题与总体比例的检验有关，例如，产品的合格率是否达到了某个特定值，某个社区老年人的比例是多少，两个班级应用同一份试卷考试的优秀率是否相同，等等。这些问题通常可以结合统计调查和总体比例的假设检验来解决，总体比例的假设检验主要包括单个总体比例的检验和两个总体比例之差的检验。

由二项分布的性质可知，当样本量足够大 (通常 $np \geqslant 5$ 且 $n(1-p) \geqslant 5$) 时，二项分布近似于正态分布，此时二项分布问题可转化为正态分布问题求解。因此，关于总体比例的统计调查选择大样本量进行，从而在总体比例的假设检验中可以利用正态分布的相关统计量。

5.3.1 单个总体比例的检验

由样本比例抽样分布的性质可知，大样本量下样本比例 p 的分布近似于正态分布，即 $p \sim N\left(\pi, \dfrac{\pi(1-\pi)}{n}\right)$，其中 π 为总体比例。经过标准化后的随机变量 z 服从标准正态分布，因此总体比例的检验中可以选择 z 检验统计量，其计算公式为：

$$z = \frac{p - \pi_0}{\sqrt{\pi_0(1-\pi_0)/n}} \tag{5.12}$$

式中，π_0 为总体比例 π 的假设值。

> **例 5.7** 某大学公布的数据显示，在校学生中女生所占的比例高达 76.4%。该校的一个兴趣小组为了检验该项统计是否可靠，随机观察了 500 名同学，发现其中有 343 名女同学。调查结果是否支持该校在校学生中女生所占的比例为 76.4% 的看法（$\alpha = 0.05$）？

解 根据题意，要检验调查结果是否支持在校学生中女生所占的比例为 76.4% 的看法，可以建立关于总体比例的假设：

$$H_0 : \pi = 76.4\% \qquad \text{与} \qquad H_1 : \pi \neq 76.4\%$$

已知 $\pi_0 = 76.4\%$，样本比例 $p = \dfrac{343}{500} = 68.6\%$。该调查的样本量较大，可计算 z 检验统计量：

$$z = \frac{p - \pi_0}{\sqrt{\dfrac{\pi_0(1-\pi_0)}{n}}} = \frac{0.686 - 0.764}{\sqrt{\dfrac{0.764 \times (1 - 0.764)}{500}}} = -4.11$$

当 $\alpha = 0.05$ 时，临界值为 $\pm z_{\alpha/2} = \pm 1.96$。

由于 $|z| > |z_{\alpha/2}|$，故拒绝 H_0，可以认为调查结果不支持在校学生中女生所占的比例高达 76.4% 的看法。

相应的 R 语言代码及输出如下：

```
# 定义prop.test.1sample函数表示单个总体比例的假设检验
prop.test.1sample <- function(x,n,p,alternative="two.sided",conf.level=0.95){
# 计算样本比例
```

```
samp_p <- x/n
# 计算z检验统计量
z <- (samp_p-p)/sqrt(p*(1-p)/n)
# 根据检验类型定义临界值和P值
if(alternative=="two.sided"){  # 双侧检验
  z_cv <- qnorm((1-conf.level)/2)
  P_value <- 2*(1-pnorm(abs(z)))
} else if(alternative=="less"){  # 左侧检验
  z_cv <- qnorm(1-conf.level)
  P_value <- pnorm(z)
} else if(alternative=="greater"){  # 右侧检验
  z_cv <- -qnorm(1-conf.level)
  P_value <- 1-pnorm(z)
} else {
  stop
}
# 输出结果
print(paste("z =",z))
if(alternative=="two.sided"){  # 双侧检验
  print(paste("z critical value is",z_cv,",",-z_cv))
} else {
  print(paste("z critical value is",z_cv))
}
print(paste("P value is",P_value))
}
prop.test.1sample(343,500,p=0.764,alternative="two.sided",conf.level=0.95)
```

```
## [1] "z = -4.10749387110251"
## [1] "z critical value is -1.95996398454005 , 1.95996398454005"
## [1] "P value is 3.99975388110096e-05"
```

5.3.2　两个总体比例之差的检验

两个总体比例之差的检验可以分为假设两个总体比例之差为零和假设两个总体比例之差不为零两种情况进行讨论。例如，当分析经济发展水平相当的两个地区的服务业占比是否相同时，就是关于两个总体比例之差为零的假设检验问题；当考虑经济发展水平较高地区的服务业占比是否显著高于经济发展水平较低地区时，就是关于两个总体比例之差大于等于或小于等于某个特定值的假设检验问题。

1. 两个总体比例之差为零的假设检验

设两个总体比例分别为 π_1 和 π_2，从两个总体中分别独立随机抽取一个样本，样本量分别为 n_1 和 n_2。由样本比例抽样分布的性质可知，当样本量足够大时，样本比例的分布近似服从正态分布，易知两个样本比例之差的抽样分布经标准化后近似服从标准正态分布。当讨论两个总体比例是否相同时，可以建立两个总体比例之差为零的原假设 ($H_0 : \pi_1 - \pi_2 = 0$)，并使用 z 检验统计量进行检验。

当原假设为真时，设 $\pi_1 = \pi_2 = \pi$，可以通过两个样本比例 p_1 和 p_2 的联合估计得到总体比例 π 的估计值：

$$\pi = \frac{x_1 + x_2}{n_1 + n_2} = \frac{p_1 n_1 + p_2 n_2}{n_1 + n_2}$$

其中，x_1 和 x_2 分别表示两个样本中具有某种特征的单位数。

根据两个样本比例之差的抽样分布可进一步得到 z 检验统计量的计算公式如下：

$$z = \frac{p_1 - p_2}{\sqrt{\pi(1-\pi)\left(\dfrac{1}{n_1} + \dfrac{1}{n_2}\right)}} \tag{5.13}$$

> **例 5.8** 某家公司在两个城市都开设了分店，为了比较这两个城市的客户忠诚度，公司进行了一项调查。在第一个城市，300 位客户中有 190 人表示他们愿意继续在该分店消费；在第二个城市，400 位客户中有 280 人表示他们愿意继续在该分店消费。该公司想知道这两个城市的客户忠诚度是否存在显著差异 ($\alpha = 0.05$)。

解 根据题意，可建立假设：

$$H_0: \pi_1 - \pi_2 = 0 \qquad 与 \qquad H_1: \pi_1 - \pi_2 \neq 0$$

已知 $x_1 = 190$，$x_2 = 280$，$n_1 = 300$，$n_2 = 400$。由此可以计算得到：

$$p_1 = 63.33\%, \quad p_2 = 70\%, \quad 联合估计量 \pi = \frac{x_1 + x_2}{n_1 + n_2} = \frac{190 + 280}{300 + 400} = 67.14\%$$

根据式(5.13)可以计算得到检验统计量：

$$z = \frac{p_1 - p_2}{\sqrt{\pi(1-\pi)\left(\dfrac{1}{n_1} + \dfrac{1}{n_2}\right)}} = \frac{0.633\,3 - 0.7}{\sqrt{0.671\,4 \times (1 - 0.671\,4) \times \left(\dfrac{1}{300} + \dfrac{1}{400}\right)}} = -1.86$$

当显著性水平 $\alpha = 0.05$ 时，临界值为 $\pm z_{\alpha/2} = \pm 1.96$。

因为 $|z| < |z_{\alpha/2}|$，故不能拒绝 H_0，即这两个城市的客户忠诚度不存在显著差别。

相应的 R 语言代码及输出如下：

```
# 定义prop.test.2sample函数表示两个总体比例的假设检验
prop.test.2sample <- function(x,n,d=0,alternative="two.sided",conf.level=0.95)
{
# 计算总体比例的联合估计
pi <- sum(x)/sum(n)
# 计算样本比例
samp_p <- x / n
# 计算z检验统计量
if(d==0){
  z <- (samp_p[1]-samp_p[2])/sqrt(pi*(1-pi)*(1/n[1]+1/n[2]))
} else {
  z <- (samp_p[1]-samp_p[2]-d)/
       sqrt(samp_p[1]*(1-samp_p[1])/n[1]+samp_p[2]*(1-samp_p[2])/n[2])
}
```

```
# 根据检验类型定义临界值和P值
if(alternative=="two.sided"){  # 双侧检验
  z_cv <- qnorm((1-conf.level)/2)
  P_value <- 2*(1-pnorm(abs(z)))
} else if(alternative=="less"){  # 左侧检验
  z_cv <- qnorm(1-conf.level)
  P_value <- pnorm(z)
} else if(alternative=="greater"){  # 右侧检验
  z_cv <- -qnorm(1-conf.level)
  P_value <- 1-pnorm(z)
} else {
  stop
}
# 输出结果
print(paste("z =",z))
if(alternative=="two.sided"){  # 双侧检验
  print(paste("z critical value is",z_cv,",",-z_cv))
} else {
  print(paste("z critical value is",z_cv))
}
print(paste("P value is",P_value))
}
prop.test.2sample(c(190,280),c(300,400),d=0,
alternative="two.sided",conf.level=0.95)
```

```
## [1] "z = -1.85838433935496"
## [1] "z critical value is -1.95996398454005 , 1.95996398454005"
## [1] "P value is 0.0631144546091802"
```

2. 两个总体比例之差不为零的假设检验

当原假设为两个总体比例之差不为零，即检验 $\pi_1 - \pi_2 = d_0 \, (d_0 \neq 0)$ 时，需用两个样本比例 p_1 和 p_2 分别作为总体比例 π_1 和 π_2 的估计值。根据两个样本比例之差的抽样分布得到 z 检验统计量的计算公式如下：

$$z = \frac{p_1 - p_2 - d_0}{\sqrt{\dfrac{p_1(1-p_1)}{n_1} + \dfrac{p_2(1-p_2)}{n_2}}} \tag{5.14}$$

例 5.9　一项研究报告显示，某品牌手机更受女性的青睐，女性用户的比例至少超过男性用户 8 个百分点。现随机抽取 200 名男性和 200 名女性进行手机品牌调研，其中使用该品牌手机的男性用户有 101 人，使用该品牌手机的女性用户有 123 人。调查结果是否支持研究报告的结论 $(\alpha = 0.05)$？

解　由题意可知，设 π_1 为使用该品牌手机的女性用户比例，π_2 为使用该品牌手机的男性用户比例，那么需要检验的问题是 $\pi_1 - \pi_2 \geqslant 8\%$ 是否成立。因此建立如下假设：

$$H_0 : \pi_1 - \pi_2 \geqslant 8\% \qquad 与 \qquad H_1 : \pi_1 - \pi_2 < 8\%$$

已知 $n_1 = n_2 = 200$，$p_1 = \dfrac{123}{200} = 61.5\%$，$p_2 = \dfrac{101}{200} = 50.5\%$，$d_0 = 8\%$。

根据式(5.14)可得：

$$z = \frac{(0.615 - 0.505) - 0.08}{\sqrt{\dfrac{0.615 \times (1 - 0.615)}{200} + \dfrac{0.505 \times (1 - 0.505)}{200}}} = 0.608$$

该检验为左单侧检验，当显著性水平 $\alpha = 0.05$ 时，临界值为 $z_{1-\alpha} = -1.645$。

因为 $z > z_{1-\alpha}$，故不能拒绝 H_0，即调查结果支持研究报告的结论。

可以通过例5.8中定义的 prop.test.2sample 函数在 R 中进行本例的检验，R 语言代码及输出如下：

```
# 两个总体比例之差d不为零
prop.test.2sample(c(123,101),c(200,200),d=0.08,
                  alternative="less",conf.level=0.95)
```

```
## [1] "z = 0.608111578440659"
## [1] "z critical value is -1.64485362695147"
## [1] "P value is 0.728443263255096"
```

5.4 总体方差的检验

除了总体均值和比例的检验，总体方差的检验也是常见的假设检验问题之一。例如，在家电类产品的生产中，我们关心产品使用寿命的标准差；在居民生活质量评价中，收入的稳定性是衡量生活水平的重要指标之一；在金融投资中，收益率的方差直接反映了投资风险的大小。

5.4.1 单个总体方差的检验

由样本方差 s^2 的抽样分布可知，对于方差为 σ^2 的正态总体，随机变量 $\dfrac{(n-1)s^2}{\sigma^2}$ 服从自由度为 $n-1$ 的 χ^2 分布，其中 n 为样本量。因此，在单个总体方差的假设检验中，需要用到 χ^2 检验统计量，其计算公式为：

$$\chi^2 = \frac{(n-1)s^2}{\sigma_0^2} \tag{5.15}$$

式中，σ_0^2 为总体方差 σ^2 的假设值。

例 5.10 某工厂考虑引进一条生产线用于生产一批长度为 15 毫米的电子元件，按照生产标准规定，该电子元件的长度误差上下不应超过 0.5 毫米。如果生产线生产的电子元件达到生产标准，该工厂就决定引进这条生产线。现从这条生产线制造的电子元件中随机抽取 30 件，分别进行测定，得到如表5.3所示的结果 (表中数据为样本观测值各减去 15 毫米)。

表 5.3　30 件电子元件的测定结果　　　　　　　　　　　单位：毫米

0.3	0.7	−0.1	−0.4	0.1	0.3
−0.2	0.4	0.3	−0.1	0.3	−0.2
−1.3	1.1	0.7	0.6	−0.2	0.9
1.2	0.2	0.3	0.9	0.8	1.1
0.7	−0.6	−0.4	−0.2	0.8	0.3

　　假设该生产线生产的电子元件的长度服从正态分布，试以 $\alpha = 0.05$ 的显著性水平检验该生产线生产的电子元件是否达到了生产标准。

　　解　根据题意，我们需要对总体方差进行检验。此处采用单侧检验，如果样本统计量 $\chi^2 \geqslant \chi_\alpha^2(n-1)$，则拒绝原假设；若 $\chi^2 < \chi_\alpha^2(n-1)$，则不能拒绝原假设。

$$H_0 : \sigma^2 \leqslant 0.5^2 \qquad 与 \qquad H_1 : \sigma^2 > 0.5^2$$

由样本数据可以计算得到样本方差：

$$s^2 = \frac{\sum\limits_{i=1}^{n}(x_i - \bar{x})^2}{n-1} = 0.41$$

进一步可得检验统计量为：

$$\chi^2 = \frac{(n-1)s^2}{\sigma^2} = \frac{(30-1) \times 0.41}{0.5^2} = 47.56$$

　　通过 R 软件计算可得 $\chi_{0.05}^2(29) = 42.557$，$\chi^2 > \chi_{0.05}^2(29)$，故拒绝原假设，可以认为该生产线生产的电子元件没有达到生产标准。

　　相应的 R 语言代码及输出如下：

```
var.test.1sample <- function(x,n=length(x),sigma,
                             alternative="two.sided",conf.level=0.95){
if(length(x)==1){
# 输入的是样本方差
  samp_var <- x
} else {
# 计算样本方差
  samp_var <- var(x)
}
# 计算卡方检验统计量
chisq <- (n-1)*samp_var/(sigma^2)
# 根据检验类型定义临界值和P值
if(alternative=="two.sided"){ #双侧检验
  chisq_cv_1 <- qchisq((1-conf.level)/2,df=n-1)
```

```
  chisq_cv_2 <- qchisq(1-(1-conf.level)/2,df=n-1)
  P_value <- 2*(1-pchisq(chisq,df=n-1))
} else if(alternative=="less"){ #左侧检验
  chisq_cv <- qchisq((1-conf.level),df=n-1)
  P_value <- pchisq(chisq,df=n-1)
} else if(alternative=="greater"){ #右侧检验
  chisq_cv <- qchisq(conf.level,df=n-1)
  P_value <- 1-pchisq(chisq,df=n-1)
} else {
  stop
}
# 输出结果
print(paste("chisq =",chisq))
if(alternative=="two.sided"){ #双侧检验
  print(paste("chisq critical value is",chisq_cv_1,",",chisq_cv_2))
} else {
  print(paste("chisq critical value is",chisq_cv))
}
print(paste("P value is",P_value))
}
dif <- read.csv("data/chapter5/ElementVA.csv", header=F)
samp_var <- sum(dif^2)/(length(dif)-1)
var.test.1sample(samp_var,n=length(dif),sigma=0.5,
                 alternative="greater",conf.level=0.95)
```

```
## [1] "chisq = 47.56"
## [1] "chisq critical value is 42.5569678042927"
## [1] "P value is 0.0163186285225237"
```

5.4.2　两个总体方差之比的检验

　　比较两个总体是否具有相同的方差也是一类常见的假设检验问题，例如，讨论两种生产方法是否具有相同的稳定性，比较两个投资方案的投资风险是否相近，等等。对于前面关于两个总体的均值之差的检验，如果是小样本，两个总体的方差是否相等会影响 t 检验的检验统计量或自由度的大小。因此，对两个总体方差的比较具有重要意义。

　　根据样本方差抽样分布的性质，比较两个总体的方差通常基于两者之比是否等于 1 来进行。假设有两个正态总体，方差分别为 σ_1^2 和 σ_2^2，从两个总体中独立抽取样本量分别为 m 和 n 的两个样本，样本方差分别为 s_1^2 和 s_2^2。由于两个样本方差的抽样分布分别为 $\dfrac{(m-1)s_1^2}{\sigma_1^2} \sim \chi^2(m-1)$ 和 $\dfrac{(n-1)s_2^2}{\sigma_2^2} \sim \chi^2(n-1)$，因此可以构造如下 F 检验统计量：

$$F = \frac{s_1^2/\sigma_1^2}{s_2^2/\sigma_2^2} \tag{5.16}$$

其中，F 分布的第一自由度为 $m-1$，第二自由度为 $n-1$。

在 $\sigma_1^2 = \sigma_2^2$ 的原假设下，$F = \dfrac{s_1^2}{s_2^2}$，F 检验统计量的值越接近 1，说明两个总体方差越接近。在双侧检验中，给定显著性水平 α 下的临界值分别为 $F_{1-\alpha/2}(m-1, n-1)$ 和 $F_{\alpha/2}(m-1, n-1)$。在单侧检验中，由于 F 分布为右偏分布，通常会把较大的样本方差 s^2 放在 F 检验统计量的分子位置，因此单侧检验主要为右单侧检验，临界值为 $F_{\alpha}(m-1, n-1)$。

> **例 5.11** 在例5.6中，可以得到两个样本的方差分别为 $s_1^2 = 12\,817.1$，$s_2^2 = 33\,820.66$，试以 $\alpha = 0.05$ 的显著性水平检验两个总体的方差是否相等。

解 为了检验 σ_1^2 和 σ_2^2 是否相等，应当采用双侧检验，建立如下假设：

$$H_0 : \sigma_1^2 = \sigma_2^2 \qquad 与 \qquad H_1 : \sigma_1^2 \neq \sigma_2^2$$

或

$$H_0 : \frac{\sigma_1^2}{\sigma_2^2} = 1 \qquad 与 \qquad H_1 : \frac{\sigma_1^2}{\sigma_2^2} \neq 1$$

检验统计量 $F = \dfrac{s_1^2}{s_2^2} = 0.378\,9$。

自由度 $n_1 - 1 = 13$，$n_2 - 1 = 20$，显著性水平 $\alpha = 0.05$，则临界值 $F_{\alpha/2}(n_1-1, n_2-1) = F_{0.025}(13, 20) = 2.637$，$F_{0.975}(n_1-1, n_2-1) = \dfrac{1}{F_{0.025}(20, 13)} = 0.339$。

检验统计量的值落在临界值之间，故不能拒绝原假设，可以认为这两个总体方差没有显著差异。

在 R 中两个正态分布的总体方差之比的检验可以通过 var.test 函数进行，相应的代码及输出如下：

```
Salary <- read.csv("data/chapter5/EmployeeSalary.csv",header=T)
# F检验
var.test(Salary$Sector1,Salary$Sector2,
        alternative="two.sided",conf.level=0.95)
```

```
## 
##  F test to compare two variances
## 
## data:  Salary$Sector1 and Salary$Sector2
## F = 0.38, num df = 13, denom df = 20, p-value =
## 0.08
## alternative hypothesis: true ratio of variances is not equal to 1
## 95 percent confidence interval:
##  0.1437 1.1171
## sample estimates:
## ratio of variances
##               0.379
```

课后习题

1. 勘探队使用某测温仪间接测量地热勘探井井底温度，重复测量 6 次，测得温度 (单位：℃) 为：

114.0   112.4   113.2   112.0   112.5   113.9

根据历史资料，井底温度服从正态分布。假定井底温度的真实值为 111.6℃，试问使用该测温仪间接测温是否准确 ($\alpha = 0.05$)？

2. 某型号滚珠的标准直径应不超过 14.25 毫米，现随机从一批直径服从正态分布的滚珠中抽取 10 个，测得其直径 (单位：毫米) 为：

13.70   14.00   13.80   12.91   14.52   14.30   14.65   14.80   13.90   14.00

试检验这批滚珠的直径是否符合标准 ($\alpha = 0.05$)。

3. 表 5.4 是某两种型号的电器使用寿命的观测值。

表 5.4　两种型号电器的使用寿命　　　　　　　　　　　单位：年

电器	使用寿命										
型号 A	7.5	7.0	6.5	7.0	7.5	6.0	8.0	8.5	7.5	6.5	8.5
型号 B	8.0	4.5	6.0	8.0	7.0	6.5	7.5	6.0	4.5	7.0	6.5	4.5

设这两种型号电器的使用寿命均服从正态分布且方差相等，两个样本相互独立，试问型号 A 的电器使用寿命与型号 B 的电器使用寿命是否存在显著差异 ($\alpha = 0.05$)？

4. 某产品的次品率为 17%，现对此产品进行了新工艺试验，从中抽取 400 件检查，发现次品 52 件，能否认为这项新工艺显著性地改进了产品质量 ($\alpha = 0.05$)？

5. 某工厂有两条生产线同时运作，总经理认为 A 组生产线的优品率与 B 组生产线的优品率没有显著差异。为证实自己的看法，他随机抽取了 60 个 A 组产品和 40 个 B 组产品，发现优品数分别为 35 个和 17 个，请根据这些数据判断总经理的看法是否正确 ($\alpha = 0.01$)。

6. 某厂生产的一种电池的寿命长期以来服从方差 $\sigma^2 = 5\,000$ 的正态分布。现有一批这种电池，从生产情况来看，电池使用寿命的波动性有所改变，现随机抽取 26 个电池，测得使用寿命的方差 $s^2 = 8\,200$。根据这一数据能否推断这批电池使用寿命的波动性较以往有显著变化 ($\alpha = 0.05$)？

7. 有甲、乙两台机床加工同样的产品，现从这两台机床加工的产品中随机抽取若干，测得产品直径如表5.5所示。

表 5.5　两台机床加工的产品的直径　　　　　　　　　　　单位：毫米

机床	产品直径							
甲机床	18.5	18.8	18.7	19.4	19.6	19.0	18.6	18.9
乙机床	18.7	19.8	19.5	18.8	18.4	19.6	18.2	

请问甲、乙两台机床加工的精度是否有显著差异 ($\alpha = 0.05$)？

8. 高温杀菌可能会使某食物的含脂率发生变化，现抽取食物样本，测得高温杀菌前后的含脂率如表5.6所示。

表 5.6　高温杀菌前后食物的含脂率

高温杀菌前	0.18	0.17	0.20	0.29	0.40	0.11	0.28	0.23
高温杀菌后	0.14	0.12	0.26	0.23	0.28	0.05	0.18	0.10

假设高温杀菌前后食物的含脂率都服从正态分布。

(1) 若高温杀菌前后按照两个独立样本进行检验，总体方差未知但相等，问该食物在高温杀菌前后含脂率的均值是否有显著差异 $(\alpha = 0.01)$？

(2) 若高温杀菌前后按照匹配样本进行检验，该食物在高温杀菌前后含脂率的均值是否有显著差异 $(\alpha = 0.01)$？

9. 为了确定某农产品中的含水量，随机抽取 9 个样本进行测量，测得 $\bar{x} = 0.42\%$，$s = 0.032\%$。假设总体服从正态分布 $N(\mu, \sigma^2)$，试在显著性水平 $\alpha = 0.05$ 下对以下假设进行检验：

(1) $H_0 : \mu \geqslant 0.5\%$ 与 $H_1 : \mu < 0.5\%$；

(2) $H_0 : \sigma \leqslant 0.04\%$ 与 $H_1 : \sigma > 0.04\%$。

10. 某工厂有甲、乙两台机床均可以加工某一型号的轴，且两台机床加工的轴的直径均服从正态分布。现从甲机床加工的轴中随机抽取 6 根，从乙机床加工的轴中随机抽取 9 根，测得它们的直径如表5.7所示。

表 5.7　两台机床加工的轴的直径　　　　　　　　　　　　单位：毫米

机床	轴的直径								
甲机床	35	38	32	41	37	36			
乙机床	45	39	40	38	42	41	39	40	37

在显著性水平 $\alpha = 0.05$ 下，两台机床加工的轴的直径的方差是否有显著差异？

第 5 章补充习题

第6章 方差分析

为了减少失业保险支出、促进就业，政府试图为失业者提供再就业奖励：如果失业者可以在限定的时间内重新就业，他就可以获得一定数额的奖金。为了评估此奖励政策是否有效，以及确定合适的奖励金额，政府随机选取了一部分失业者并将其分为四组。第一组没有任何奖励政策，另外三组分别被告知有一定数额的奖励，但三组被告知的奖励金额不等，分别为低金额、中等金额、高金额。设计实验来观测并记录受试失业人员再就业所需时间 (即从失业到再就业之间的时间)。

如何通过这些数据评估此奖励政策是否有效呢? 如果奖励政策有效，如何确定是哪种额度的奖励呢?

第 5 章针对两个总体产生的两样本讨论了均值差异性检验。在本章中，我们将两总体的均值差异性检验问题扩展到多个总体。在再就业奖励政策评估的案例中，就是研究无奖励政策、低金额奖励、中等金额奖励、高金额奖励四种情形下，再就业所需时间的均值是否相等。

对于多个总体均值的差异性检验问题，我们将采用方差分析这一统计分析方法。方差分析可以看作两总体均值 t 检验的扩展，当只比较两个均值时与 t 检验等价。

6.1 方差分析引论

方差分析 (analysis of variance，ANOVA)是由英国著名统计学家 R.A.费希尔于 1923 年提出的。方差分析主要用来研究一个定量变量与一个或多个定性变量的关系，它通过对方差的比较来同时检验多个总体均值之间差异的显著性。

6.1.1 方差分析的思想及基本概念

为了更好地阐述方差分析的思想和基本概念，我们将再就业奖励政策的案例具体化。

例 6.1　为了减少失业保险支出、促进就业，政府试图为失业者提供再就业奖励。为了评估此奖励政策是否有效，以及确定合适的奖励金额，将奖励金额设计为四个水平：无奖金、低奖金、中等奖金、高奖金。采用随机试验，每组各 9 人，观测并记录受试失业人员再就业所需时间，其结果见表6.1(见数据文件 bonus)。

表 6.1　不同奖金水平下失业者再就业所需时间　　　　　单位：天

无奖金	低奖金	中等奖金	高奖金
92	86	96	78
100	108	92	75
85	93	90	76
88	88	77	87
89	89	79	73
90	79	81	72
94	78	82	82
80	72	75	68
78	79	81	72

在例6.1中，奖励金额是一个属性变量，其结果共有 4 个水平——无奖金、低奖金、中等奖金、高奖金；再就业所需时间为定量变量。评估此奖励政策是否有效以及哪种额度的奖励有效，就是要研究奖励金额对再就业所需时间是否有影响。若假设四种奖励金额下再就业所需时间的平均值分别为 μ_1、μ_2、μ_3 和 μ_4，就是要检验 μ_1、μ_2、μ_3 和 μ_4 是否相等。

如果采用第 5 章中的两总体均值检验法对 4 个总体均值两两进行差异显著性检验，检验过程烦琐，做法不经济。更为重要的是，这个做法会使检验犯第 I 类错误的概率增大，检验的可靠性降低。例如，对 4 个总体均值进行检验，需做 6 次两样本检验，即 $H_{0,ij}: \mu_i = \mu_j$，$i,j = 1,2,3,4$ 且 $i \neq j$。假如每次检验的显著性水平均控制在 $\alpha = 0.05$，那么完成全部 6 次检验，其犯第 I 类错误的概率增大为 $1 - (1 - \alpha)^6 = 0.264\,9$。这一概率远大于 0.05。

因此，多个总体的均值比较不宜采用两总体均值检验法作两两比较，而应该采用方差分析法进行检验：$H_0: \mu_1 = \mu_2 = \mu_3 = \mu_4$。方差分析的基本思想是通过分析和研究不同来源的变差对总变差的贡献大小，来确定可控因子对研究结果影响力的大小。因此，方差分析过程避免了多次两样本检验产生的错误累积问题。

在方差分析中，我们实际测量的、作为结果的定量变量称为因变量，例如再就业所需时间。因变量也称实验指标，其不同的取值常称为观测值或实验数据。对定量因变量可能产生影响的属性变量称为因子 (factor)，例如奖励金额。因子的不同表现状态，即每个自变量的不同取值称为因子的水平 (level)，例如奖励金额这一因子有 4 个水平：无奖金、低奖金、中等奖金、高奖金。实验中我们考察的因子可以是一个，也可以是多个，当仅考察一个因子对因变量的影响时，采用的方差分析方法称为单因子方差分析 (one-way ANOVA)；当同时考察两个因子对因变量的影响时，采用的方差分析方法称为双因子方差分析 (two-way ANOVA)；当方差分析中考察的因子超过 2 个时，我们采用的方差分析方法称为多因子方差分析 (multi-way ANOVA)。本章重点介绍单因子方差分析和双因子方差分析。

6.1.2　方差分析的基本假定及检验

方差分析通过不同来源的变差构造 F 检验，因此数据要满足以下三个基本假定：

(1) 样本是随机的且样本之间是相互独立的；

(2) 各总体均服从正态分布；

(3) 在各总体中因变量的方差都相等 (方差齐性)。

实验设计以及采样过程必须保证样本的随机性以及独立性。如果这一假定没有得到保证，那么方差分析的结果将受到很大程度的影响 (Hicks and Turner, 1999)。

除此之外，方差分析还要求各组数据均服从正态分布，且方差相同。下面我们将介绍常用的正态性检验及方差齐性检验方法，进一步通过假设检验验证数据是否满足正态性和方差齐性假定，从而判断上述方差分析的结论是否可靠。

6.1.2.1　正态性检验

方差分析对于正态性分布假定的偏离比较稳健，一般只要分布与正态分布偏离不是很大，方差分析检验的功效就不会受到太大影响。我们可以通过正态 Q-Q 图或者箱线图等直观的图示方法来评估每组样本是否正态；除此之外，还可以构造综合统计量进行假设检验。下面我们着重介绍广泛使用的 Shapiro-Wilk 检验 (Shapiro and Wilk, 1965)。

记 $Y_1, Y_2, \cdots, Y_n$ 是来自总体 $F(x)$ 的容量为 n 的随机样本，欲检验 $F(x)$ 是否服从正态分布。正态性检验的假设如下：

$H_0: F(x)$服从均值和方差未知的正态分布　与　$H_1: F(x)$不服从正态分布

Shapiro-Wilk 检验统计量为：

$$W = \frac{\left(\sum\limits_{i=1}^{n} a_i Y_{(i)} \right)^2}{\sum\limits_{i=1}^{n} (Y_i - \overline{Y})^2}$$

其中，$Y_{(1)} \leqslant Y_{(2)} \leqslant \cdots \leqslant Y_{(n)}$ 为 $Y_1, Y_2, \cdots, Y_n$ 的次序统计量，$(a_1, a_2, \cdots, a_n) = (m^{\mathrm{T}} V^{-1} V^{-1} m)^{-1/2} m^{\mathrm{T}} V^{-1}$ 是基于标准正态次序统计量的期望向量 m 与协方差 V 定义的系数。

记 $F(x)$ 的方差为 σ^2。显然，W 的分母是样本离差平方和，是通常的 $(n-1)\sigma^2$ 的一个无偏估计。当 H_0 成立时，W 的分子中 $\sum\limits_{i=1}^{n} a_i Y_{(i)}$(经标准化修正) 是 σ 的最佳线性无偏估计。Shapiro and Wilk (1965) 证明了 $0 < W \leqslant 1$。如果 H_0 成立，统计量 W 趋向于 1。W 的取值越小，越倾向于拒绝原假设。Shapiro and Wilk (1965) 通过经验抽样方法近似该分布，并给出了 $3 \leqslant n \leqslant 50$ 时 W 的 $0.99, 0.98, 0.95, 0.9$ 以及 0.5 近似分位数。

随着样本量 n 的增大，随机模拟计算量将非常大。针对此问题，D'Agostino (1971) 提出了一个可以用于 $n > 50$ 的检验 (D 检验)。此外，Shapiro and Francia (1972) 也提出

了适用于 $n > 50$ 时的 Shapiro-Francia 检验。常用的统计软件中均有 Shapiro-Wilk 检验、D'Agostino D 检验以及 Shapiro-Francia 检验的实现函数，我们可以使用软件完成相应的检验。

下面通过例6.1演示正态性检验代码实现过程和具体分析过程。图6.1和图6.2分别展示了四组样本的箱线图和正态 Q-Q 图。从图中可以看出，四组数据基本符合正态分布。此外，我们对数据进行 Shapiro-Wilk 检验和 Shapiro-Francia 检验。检验的代码演示以无奖励组为例，Shapiro-Wilk 检验的 p 值为 0.945 8，而 Shapiro-Francia 检验的 p 值为 0.959 1。两种检验均没有理由拒绝原假设，也就是无奖励组数据符合正态分布。表6.2汇总了四组数据的 Shapiro-Wilk 检验和 Shapiro-Francia 检验结果，两种检验的结果均显示四组数据全部符合正态分布。

绘制箱线图的代码如下：

```
bonus <- read.table("data/chapter6/bonus.txt",header=T)
# boxplot
boxplot(bonus,names=c("无奖金","低奖金","中等奖金","高奖金"),
        ylab="再就业所需时间(天)")
```

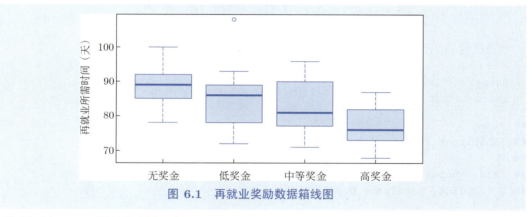

图 6.1　再就业奖励数据箱线图

绘制正态 Q-Q 图的代码如下：

```
par(mfrow=c(2,2),mai=c(0.75,0.75,0.25,0.1))
qqnorm(bonus$No.bonus,main='无奖励组',
       xlab="正态分位数",ylab="样本分位数")
qqline(bonus$No.bonus)
qqnorm(bonus$Low.bonus,main='低奖励组',
       xlab="正态分位数",ylab="样本分位数")
qqline(bonus$Low.bonus)
qqnorm(bonus$Medium.bonus,main='中等奖励组',
       xlab="正态分位数",ylab="样本分位数")
qqline(bonus$Medium.bonus)
qqnorm(bonus$High.bonus,main='高奖励组',
       xlab="正态分位数",ylab="样本分位数")
qqline(bonus$High.bonus)
```

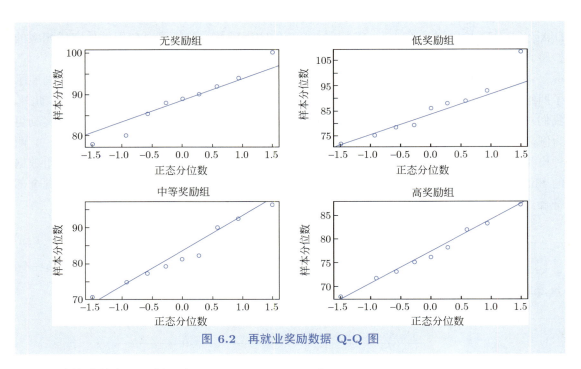

图 6.2　再就业奖励数据 Q-Q 图

三种检验的代码及输出如下:

```
# Shapiro-Wilk检验
shapiro.test(bonus$No.bonus)
```

```
##
##   Shapiro-Wilk normality test
##
## data:  bonus$No.bonus
## W = 0.9768, p-value = 0.9458
```

```
# Shapiro-Francia检验
library(DescTools)
ShapiroFranciaTest(bonus$No.bonus)
```

```
##
##   Shapiro-Francia normality test
##
## data:  bonus$No.bonus
## W = 0.97671, p-value = 0.9591
```

```
# D'Agostino D检验
library(fBasics)
dagoTest(bonus$No.bonus)   # 样本量要求>20
```

表 6.2　例 6.1 的正态性检验结果

因子水平	Shapiro-Wilk 检验		Shapiro-Francia 检验	
	统计量值	p 值	统计量值	p 值
无奖金	0.976 8	0.945 8	0.976 7	0.959 1
低奖金	0.929 9	0.480 7	0.923 9	0.377 6
中等奖金	0.948 4	0.672 0	0.958 7	0.772 4
高奖金	0.979 4	0.961 0	0.983 1	0.989 3

值得注意的是，对于本例我们没有进行 D'Agostino D 检验，原因是每组数据只有 9 个观测值，样本量不够大。当每组样本量足够大且组数不多时，可以对原始数据的分组数据分别进行正态性检验；但当每组样本量不够大或组数较多时，则建议对模型的残差进行正态性检验。在后面的分析中，我们将从模型残差的角度进行正态性检验。

6.1.2.2　方差齐性检验

方差分析的第三个假定要求等方差。判断数据是否满足方差齐性假定，除了通过箱线图这类直观的图示方法之外，我们还可以从假设检验的角度对数据的方差齐性进行检验。Bartlett 检验 (Bartlett, 1937) 是常用的两个或多个正态分布总体的方差齐性检验，对于各总体的样本量相等或不等的场合均适用。本小节将着重介绍 Bartlett 检验，而对于其他的方差齐性检验，例如 Levene's 检验 (Levene, 1960) 和 Fligner-Killeen 检验 (Conover et al., 1981) 等，请读者参阅相关文献。

记有 k 个正态总体 $N(\mu_i, \sigma_i^2)$ $(i = 1, 2, \cdots, k)$，k 个总体的方差齐性检验为：

$$H_0 : \sigma_1^2 = \sigma_2^2 = \cdots = \sigma_k^2 = \sigma^2 \quad \text{与} \quad H_1 : \sigma_i^2 \ (i = 1, 2, \cdots, k) \text{不全相等}$$

记 $Y_{1j}, Y_{2j}, \cdots, Y_{n_j,j}$ 为来自第 j 个总体的容量为 n_j 的样本，记 $s_j^2 = (n_j - 1)^{-1} \sum_{i=1}^{n_j} (Y_{ij} - \overline{Y}_{\cdot j})^2$ $(j = 1, 2, \cdots, k)$ 为每组样本的样本方差。记 k 组样本的样本量总和为 $n = \sum_{j=1}^{k} n_j$，$s^2 = \sum_{j=1}^{k} \dfrac{n_j - 1}{n - k} s_j^2$ 是合并的样本方差，即各组样本方差的加权平均。在下一节中我们将知道，s^2 称作组内均方 (MSE)。当 H_0 成立时，MSE 是总体方差 σ^2 的无偏估计。

Bartlett 检验统计量的定义为：

$$K^2 = \frac{1}{C} \left[(n - k) \log s^2 - \sum_{j=1}^{k} (n_j - 1) \log s_j^2 \right]$$

其中

$$C = 1 + \frac{1}{3(k-1)} \left(\sum_{j=1}^{k} \frac{1}{n_j - 1} - \frac{1}{n - k} \right)$$

称为比例因子 (scale factor)。Bartlett (1937) 证明了当样本量足够大时，检验统计量 K^2 在 H_0 成立时近似地服从分布 $\chi^2(k - 1)$，由此我们可以计算给定显著性水平下的临界值

或 p 值，从而对 Bartlett 检验作出决策。需要注意的是，为了保证近似效果，一般要求 $n_j \geqslant 5$，$j = 1, 2, \cdots, k$。

大多数统计软件均包括常用的方差齐性检验。下面我们依然以例6.1的数据为例，使用 R 软件完成方差齐性检验。为此，我们首先需要使用 Stack 函数整理数据，然后进行检验。R 语言代码及输出如下：

```
# stack函数将数据转换成第一列为数据、第二列为因子水平的数据形式
bonus.s<-stack(bonus)
names(bonus.s)=c("Time","Level")
head(bonus.s,2)
```

```
##    Time    Level
## 1    92 No.bonus
## 2   100 No.bonus
```

```
# 检验数据bonus的方差齐性
# Bartlett检验
bartlett.test(Time~Level,data=bonus.s)
```

```
##
##  Bartlett test of homogeneity of variances
##
## data:  Time by Level
## Bartlett's K-squared=3.3031,df=3,p-value =
## 0.3472
```

```
# Levene's检验
library(DescTools)
LeveneTest(Time~Level,data=bonus.s)
```

```
## Levene's Test for Homogeneity of Variance (center=median)
##       Df F value Pr(>F)
## group  3  0.9101  0.447
##       32
```

```
# Fligner-Killeen检验
fligner.test(Time~Level,data=bonus.s)
```

```
##
##  Fligner-Killeen test of homogeneity of variances
##
## data:  Time by Level
## Fligner-Killeen:med chi-squared = 2.3653, df =
## 3, p-value = 0.5001
```

输出结果显示，上述三种方差齐性检验的 p 值均超过 0.3，因此在 5% 的显著性水平下不能拒绝原假设，例6.1的再就业所需时间数据满足不同奖励水平下方差齐性的假定。综上，我们可以认为例6.1的数据满足方差分析的基本假定，可以进行方差分析，且分析结果是可靠的。

6.2　单因子方差分析

在进行多个总体均值检验时，若只有一个影响因子，如例6.1，我们将采用单因子方差分析。本节我们将以单因子为例，详细地讲解方差分析原理以及 F 检验原理。

6.2.1　数据结构及问题表述

对于只考虑一个影响因子的单因子方差分析，设因子有 k 个水平，其数据结构及其各水平下的描述性统计量如表6.3所示。

表 6.3　单因子方差分析的数据结构及描述性统计量

	因子水平				
	A_1	$\cdots$	A_i	$\cdots$	A_k
观测值	y_{11}	$\cdots$	y_{i1}	$\cdots$	y_{k1}
	$\vdots$		$\vdots$		$\vdots$
	y_{1n_1}	$\cdots$	y_{in_i}	$\cdots$	y_{kn_k}
样本数	n_1	$\cdots$	n_i	$\cdots$	n_k
均值	$\bar{y}_1$	$\cdots$	$\bar{y}_i$	$\cdots$	$\bar{y}_k$
方差	s_1^2	$\cdots$	s_i^2	$\cdots$	s_k^2

我们分别用 $A_1, A_2, \cdots, A_k$ 表示因子的 k 个水平。在每个水平下，有 n_i 个观测值 y_{ij} $(i=1,2,\cdots,k; j=1,2,\cdots,n_i)$。每个水平下的样本均值和样本方差分别用 $\bar{y}_i$ 和 s_i^2 表示，即

$$\bar{y}_i = \frac{1}{n_i}\sum_{j=1}^{n_i} y_{ij}, \quad s_i^2 = \frac{1}{n_i-1}\sum_{j=1}^{n_i}(y_{ij}-\bar{y}_i)^2$$

由6.1.2节中的讨论可知，在方差分析中，我们假设在每个因子水平下，观测数据是一组随机样本，即独立同分布。而不同因子均服从等方差的正态分布，即

$$y_{i1}, y_{i2}, \cdots, y_{in_i} \overset{\text{i.i.d.}}{\sim} N(\mu_i, \sigma^2), \qquad i=1,2,\cdots,k \tag{6.1}$$

也就是说，因子效应即因子不同水平带来的因变量的差异在均值上的体现。因此，检验因子效应 (也称处理效应，treatment effect) 就是检验 k 个水平的均值是否相等，即检验如下假设：

$$H_0: \mu_1 = \mu_2 = \cdots = \mu_k, \text{不同因子水平间无差异 (无因子效应)}$$

$$H_1: \mu_1, \mu_2, \cdots, \mu_k \text{不全相等，不同因子水平间存在差异 (存在因子效应)}$$

(6.2)

6.2.2　方差分解原理及 F 检验

对于假设(6.2)如何进行检验呢？简单来说，就是通过这些样本的变差来检验它们的均

值是否相等。回想方差分析的基本假定，即因子不同水平 (总体) 的方差相等，我们可以通过比较方差两种不同估计的大小来判断这两种方差估计的差异是由因子水平的差异引起的还是只是随机误差的影响。为此，在单因子方差分析中，我们将样本间的**总变差 (total variation)**分解为两部分 (见图6.3)：其一是由因子效应 (即组间的差异性) 引起的变差，称为**组间变差 (among-group variation)**；其二是由各组内部随机因子带来的随机误差引起的变差，称为**组内变差 (within-group variation)**.

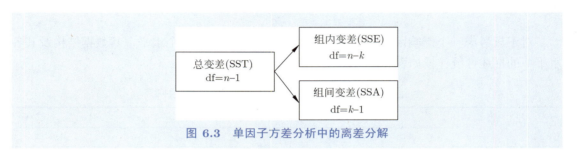

图 6.3 单因子方差分析中的离差分解

我们用**离差平方和 (sum of squares for total, SST)** 来度量总变差。定义样本的总均值 (grand mean)，$\bar{y}$，为所有样本观测值的和除以样本总数，即

$$\bar{y} = \frac{1}{n} \sum_{i=1}^{k} \sum_{j=1}^{n_i} y_{ij} = \frac{1}{n} \sum_{i=1}^{k} n_i \bar{y}_i$$

其中，$n = n_1 + n_2 + \cdots + n_k$ 为样本总数。显然，总均值是各组样本均值的加权平均。离差平方和定义为各样本与总均值的差的平方和，即

$$\text{SST} = \sum_{i=1}^{k} \sum_{j=1}^{n_i} (y_{ij} - \bar{y})^2 \tag{6.3}$$

组间变差度量的是组间的差异性引起的波动，如果没有差异，那么各组均值应该相近且与总均值相近。因此可以用以各组样本量为权重的各组均值与总均值的差的平方和来度量**组间离差平方和 (sum of squares among groups，SSA)**，即

$$\text{SSA} = \sum_{i=1}^{k} n_i (\bar{y}_i - \bar{y})^2$$

组内离差平方和 (sum of squares within group，或 sum of squares for error，SSE) 用来度量随机误差引起的离差，其定义为

$$\text{SSE} = \sum_{i=1}^{k} \sum_{j=1}^{n_i} (y_{ij} - \bar{y}_i)^2 = \sum_{i=1}^{k} (n_i - 1) s_i^2$$

经过简单计算，我们不难发现

$$\text{SST} = \text{SSA} + \text{SSE}$$

由式(6.3)可知 SST 的自由度为 $\text{df}_T = n - 1$。这是因为 n 个随机样本间满足：$\bar{y} =$

$\frac{1}{n}\sum_{i=1}^{k}\sum_{j=1}^{n_i}y_{ij}$。各组间同样存在以下事实：$\bar{y} = \frac{1}{n}\sum_{i=1}^{k}n_i\bar{y}_i$，因此 SSA 的自由度为 $\mathrm{df}_A = k-1$。类似地，各组内的样本间均存在以下事实：$\bar{y}_i = \frac{1}{n_i}\sum_{j=1}^{n_i}y_{ij}$，因此 SSE 的自由度为

$\mathrm{df}_E = \sum_{i=1}^{k}(n_i-1) = n-k$。显然，三个离差的自由度满足：

$$\mathrm{df}_T = \mathrm{df}_A + \mathrm{df}_E$$

对每个离差除以其相应的自由度，就得到**均方 (mean square)**，也称为方差。

$$总均方(\mathrm{MST}) = \frac{\mathrm{SST}}{n-1}$$

$$组间均方(\mathrm{MSA}) = \frac{\mathrm{SSA}}{k-1}$$

$$组内均方(\mathrm{MSE}) = \frac{\mathrm{SSE}}{n-k}$$

由此可以构造假设检验问题式(6.2)的检验统计量

$$F = \frac{\mathrm{MSA}}{\mathrm{MSE}} = \frac{\mathrm{SSA}/(k-1)}{\mathrm{SSE}/(n-k)} \overset{H_0}{\sim} F(k-1, n-k)$$

由方差分析的基本假设式(6.1)可知，SSE/σ^2 服从自由度为 $n-k$ 的 χ^2 分布。此外，可以证明，在原假设成立的条件下，SSA 和 SSE 相互独立且 SSA/σ^2 服从自由度为 $k-1$ 的 χ^2 分布。由此可知，在原假设成立的条件下，F 检验统计量服从自由度为 $(k-1, n-k)$ 的 F 分布。具体的证明可参见冯兴东、李涛、朱倩倩 (2023) 中的定理 7.1。

F 值越大，说明组间的差异性越大，从而越有理由拒绝原假设。因此，对于给定的显著性水平 α，拒绝域为 $\{F \geqslant F_\alpha(k-1, n-k)\}$，同时我们还可以计算检验的 p 值为 $p = P_{H_0}(F(k-1, n-k) \geqslant F)$。我们将三种平方和的分解式和自由度之间的关系，以及基于 F 检验进行的单因子方差分析的过程总结为方差分析表 (见表6.4)。

表 6.4 单因子方差分析表

误差来源	df	平方和	均方	F 值	p 值	F 临界值
组间 (因子)	$k-1$	SSA	MSA	$F = \dfrac{\mathrm{MSA}}{\mathrm{MSE}}$	p	$F_\alpha(k-1, n-k)$
组内 (误差)	$n-k$	SSE	MSE			
总和	$n-1$	SST				

> **例 6.2** 在显著性水平 $\alpha = 0.05$ 下，对例6.1的数据进行单因子方差分析。

解 假设四种奖励金额下再就业所需时间的平均值分别为 μ_1、μ_2、μ_3 和 μ_4，那么就是要检验 μ_1、μ_2、μ_3 和 μ_4 是否相等。

(1) 建立假设：

$$H_0: \mu_1 = \mu_2 = \mu_3 = \mu_4 \quad \text{与} \quad H_1: \mu_1, \mu_2, \mu_3, \mu_4 \text{不全相等}$$

(2) 计算离差平方和。首先计算各组的均值和组内方差，计算结果见表6.5。

表 6.5　四种奖金水平下失业者的再就业所需时间以及基本统计量　　　　单位：天

	无奖金	低奖金	中等奖金	高奖金
	92	86	96	78
	100	108	92	75
	85	93	90	76
	88	88	77	87
	89	89	79	73
	90	79	81	72
	94	78	82	82
	80	72	75	68
	78	79	81	72
n_i	9	9	9	9
$\bar{y}_i$	88.444	85.333	82.556	77.111
s_i^2	46.528	121.500	70.278	36.111

计算可得总平均值

$$\bar{y} = \frac{1}{n}\sum_{i=1}^{4} n_i \bar{y}_i = \frac{88.444 + 85.333 + 82.556 + 77.111}{4} = 83.361$$

以及各离差平方和：

$$\mathrm{SSA} = \sum_{i=1}^{4} n_i(\bar{y}_i - \bar{y})^2$$

$$= 9[(88.444 - 83.361)^2 + (85.333 - 83.361)^2 + (82.556 - 83.361)^2 + (77.111 - 83.361)^2]$$

$$= 624.972$$

$$\mathrm{SSE} = \sum_{i=1}^{4}(n_i - 1)s_i^2 = 8(46.528 + 121.500 + 70.278 + 36.111) = 2\,195.336$$

由此可得检验统计量：

$$F = \frac{\mathrm{MSA}}{\mathrm{MSE}} = \frac{624.972/3}{2\,195.336/(36-4)} = 3.037$$

对于显著性水平 $\alpha = 0.05$，临界值为 $F_{0.05}(3, 32) = 2.901$。而观测值 $F = 3.037 > 2.901$，所以拒绝原假设，认为不同奖金水平对失业者的再就业所需时间的平均值影响不同。也就是说，不同奖金水平对刺激失业者再就业的效果不同，因此政府可以进一步挖掘信息确定合理的奖金水平以促进失业者再就业。对于 F 检验，可以计算 p 值，$P(F(3,32) \geqslant 3.037) = 0.043 < 0.05$。将上述结果汇总成方差分析表 (见表6.6)。

表 6.6　四种奖金水平下再就业所需时间的单因子方差分析表

误差来源	df	平方和	均方	F 值	p 值	F 临界值
组间 (因子)	3	624.972	208.324	3.037	0.043	2.901
组内 (误差)	32	2 195.336	68.604			
总和	35	2 820				

本小节介绍的方差分析表在 R 中可以通过 aov 函数实现。下面通过例6.2演示代码实现过程。R 语言代码及输出如下：

```
#stack() 函数将列表合并为一个两列的数据框，列名称分别为 'Time' 和 'Level'
bonus.s<-stack(bonus)
names(bonus.s)=c("Time","Level")
bonus.anov <- aov(Time~Level,data=bonus.s)
summary(bonus.anov)
```

```
##             Df Sum Sq Mean Sq F value Pr(>F)
## Level        3    625   208.3   3.037 0.0433 *
## Residuals   32   2195    68.6
## ---
## Signif. codes:
## 0 '***' 0.001 '**' 0.01 '*' 0.05 '.' 0.1 ' ' 1
```

6.2.3　多重比较

在例6.2中，F 检验结果显示拒绝原假设，认为不同奖金水平对失业者的再就业所需时间的均值的影响有显著差异。因此下一步就是要检验哪些水平均值之间存在显著差异或者没有显著差异。同时在 k $(k \geqslant 2)$ 个水平均值中比较任意两个水平均值之间是否有显著差异，称为多重比较 (multiple comparison)。多重比较分析的假设如下：

$$H_0 : \mu_i = \mu_j \quad 与 \quad H_1 : \mu_i \neq \mu_j, \quad 1 \leqslant i < j \leqslant k$$

常用的多重比较分析方法有费希尔的 Least Significant Difference (LSD)方法 (Fisher, 1935)、Bonferroni 校正方法 (Bonferroni, 1936)、Tukey's Honest Significant Difference (HSD)方法 (Tukey, 1953) 和Scheffé方法 (Scheffe, 1953) 等，本书主要介绍费希尔的 LSD 方法和 Bonferroni 校正方法。

费希尔的 LSD 方法先构造任意两个水平总体均值之差 $\mu_i - \mu_j$ $(i, j = 1, 2, \cdots, m,\ i \neq j)$，再检验两个水平样本均值之差 $\bar{y}_i - \bar{y}_j$ 是否落在区间外来完成多重比较分析过程。费希尔的 LSD 多重比较分析过程的基本步骤如下：

(1) 计算所有的 $k(k-1)/2$ 对样本均值之差：$\bar{y}_i - \bar{y}_j, 1 \leqslant i < j \leqslant k$。

(2) 计算 LSD 的临界值：

$$\mathrm{LSD}_{ij} = t_{\alpha/2}(n-k)\sqrt{\mathrm{MSE}\left(\frac{1}{n_i} + \frac{1}{n_j}\right)}$$

(3) 将 $k(k-1)/2$ 对样本均值之差 $\bar{y}_i - \bar{y}_j$ 与对应的 LSD_{ij} 进行比较。若 $\bar{y}_i - \bar{y}_j > \mathrm{LSD}_{ij}$，则拒绝原假设，认为第 i 个水平和第 j 个水平有显著差异。

例 6.3 在例6.2的检验结果基础上对数据进行多重比较 $(\alpha = 0.05)$。

解 根据表6.5，对四个奖金水平采用费希尔的 LSD 方法做多重比较。

(1) 计算所有的 6 对样本均值之差：

$$|\bar{y}_1 - \bar{y}_2| = |88.444 - 85.333| = 3.111$$
$$|\bar{y}_1 - \bar{y}_3| = |88.444 - 82.556| = 5.888$$
$$|\bar{y}_1 - \bar{y}_4| = |88.444 - 77.111| = 11.333$$
$$|\bar{y}_2 - \bar{y}_3| = |85.333 - 82.556| = 2.777$$
$$|\bar{y}_2 - \bar{y}_4| = |85.333 - 77.111| = 8.222$$
$$|\bar{y}_3 - \bar{y}_4| = |82.556 - 77.111| = 5.445$$

(2) 计算 LSD 的临界值。首先，$t_{0.025}(32) = 2.037$。然后由方差分析表 (表 6.6) 可知，$\mathrm{MSE} = 68.604$。由于各组样本量相同，所以各 LSD 临界值都相同。

$$\mathrm{LSD}_{12} = \mathrm{LSD}_{13} = \mathrm{LSD}_{14} = \mathrm{LSD}_{23} = \mathrm{LSD}_{24} = \mathrm{LSD}_{34}$$

$$= 2.037 \times \sqrt{68.604 \times \left(\frac{1}{9} + \frac{1}{9}\right)} = 7.954$$

(3) 将 6 对样本均值之差与对应的 LSD_{ij} 进行比较，作出决策。

$|\bar{y}_1 - \bar{y}_2| = 3.111 < 7.954$，不拒绝 H_0，无奖金和低奖金对再就业所需时间的影响没有显著差异。

$|\bar{y}_1 - \bar{y}_3| = 5.888 < 7.954$，不拒绝 H_0，无奖金和中等奖金对再就业所需时间的影响没有显著差异。

$|\bar{y}_1 - \bar{y}_4| = 11.333 > 7.954$，拒绝 H_0，无奖金和高奖金对再就业所需时间的影响有显著差异。

$|\bar{y}_2 - \bar{y}_3| = 2.777 < 7.954$，不拒绝 H_0，低奖金和中等奖金对再就业所需时间的影响没有显著差异。

$|\bar{y}_2 - \bar{y}_4| = 8.222 > 7.954$，拒绝 H_0，低奖金和高奖金对再就业所需时间的影响有显著差异。

$|\bar{y}_3 - \bar{y}_4| = 5.445 < 7.954$，不拒绝 H_0，中等奖金和高奖金对再就业所需时间的影响没有显著差异。

费希尔的 LSD 方法在 R 中的实现代码及输出如下：

```
# 单因子ANOVA
bonus.anov <- aov(Time~Level,data=bonus.s)
# 费希尔的LSD方法，不校正p值
library(agricolae)
LSDoutput <- LSD.test(bonus.anov,"Level",alpha=0.05,
                      p.adj="none")
# p.adj="none"表示不校正p值
print(LSDoutput$groups)
```

```
##                    Time groups
## No.bonus       88.44444       a
## Low.bonus      85.33333       a
## Medium.bonus   82.55556       ab
## High.bonus     77.11111       b
```

```
plot(LSDoutput,names=c("无奖金","低奖金","中等奖金","高奖金"))      #见图6.4
```

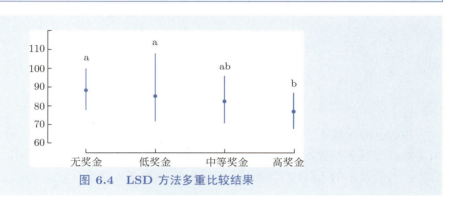

图 6.4　LSD 方法多重比较结果

　　上述费希尔的 LSD 方法的检验结果表明，在 5% 的显著性水平下，无奖金与高奖金以及低奖金与高奖金对再就业所需时间的影响有显著差异。而其他奖金水平对再就业所需时间的影响没有显著差异。因此，如果政府想通过奖金奖励的方法促进失业者尽快再就业，可以考虑高奖金水平。

　　值得注意的是，费希尔的 LSD 方法单次检验的显著性水平均为 α。费希尔的 LSD 方法检验的灵敏度高，但是会因为对比的个数增加而增大犯第 I 类错误的概率。假设每单次检验的显著性水平均为 α，那么多重比较需要同时考虑 $m = C_k^2 = k(k-1)/2$ 个检验，这 m 个检验联合的犯第 I 类错误的概率就增至 $1 - (1-\alpha)^m$。例如，在奖金水平的例题中，我们需要考虑 $(4 \times 3)/2 = 6$ 次检验，在费希尔的 LSD 方法中每单次检验的显著性水平均为 $\alpha = 0.05$，那么 6 次检验联合的犯第 I 类错误的概率就变成 $1 - 0.95^6 = 0.265$。为了保证联合显著性水平不超过 α，可以考虑将每组检验的显著性水平进行调整。Bonferroni 校正方法就是在 LSD 方法的基础上将每单次检验的显著性水平调整为 $\alpha_m = \alpha/m$。Bonferroni 校正方法非常简单，它的缺点在于非常保守，尤其当 k 很大时，经过该方法校正后犯第 I 类错误的总概率会远远小于既定 α。Bonferroni 校正方法在 R 中实现的代码及输出如下：

```
LSDoutput <- LSD.test(bonus.anov,"Level",alpha=0.05,
                      p.adj="bonferroni")
# p.adj="bonferroni"表示作Bonferroni校正
print(LSDoutput$groups)
```

```
##                    Time groups
## No.bonus       88.44444       a
## Low.bonus      85.33333       ab
## Medium.bonus   82.55556       ab
## High.bonus     77.11111       b
```

```
plot(LSDoutput,names=c("无奖金","低奖金","中等奖金","高奖金"))  #见图6.5
```

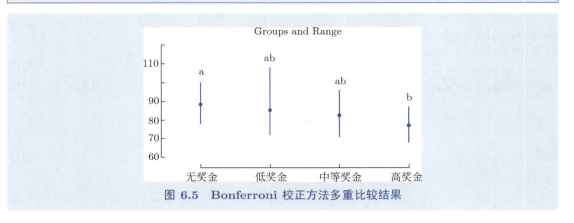

图 6.5　**Bonferroni 校正方法多重比较结果**

Bonferroni 校正方法的检验结果 (见图6.5) 显示，只有无奖金组和高奖金组的再就业所需时间有显著差异。这一结果与费希尔的 LSD 方法的结果略有不同，从这一结果也可以看出，与费希尔的 LSD 方法相比，Bonferroni 校正方法更保守。

6.3　双因子方差分析

在上一节中我们考察了单个因子的不同水平对观测数据可能产生的影响。我们将离差分为两部分：代表因子效应的组间离差和随机误差引起的组内离差。但在实际问题中，还有可能存在其他因子引起的离差来源。例如在上一节再就业所需时间的例子中，我们只考虑了不同奖金水平这一因子对失业者再就业所需时间的影响，而没有考虑其他因素 (例如年龄) 对再就业所需时间的影响。如果同时考虑奖金水平和年龄对失业者再就业所需时间的影响，就是双因子方差分析。

双因子方差分析使我们能够解释更多变差，从而减少随机误差的变差。在再就业所需时间的例子中，年龄对再就业所需时间的影响实际上被纳入了随机误差的变差。这有可能导致在进行 F 检验时得出错误的结论，然而双因子方差分析使得我们既解释了奖金水平效应的变差，也解释了年龄效应的变差，从而随机误差的变差将会变小。因此在进行 F 检验时使得我们拒绝无因子效应的可能性变大。

方便起见，在双因子方差分析中我们将两个因子分别称为行因子和列因子。记行因子 A 有 k 个水平，分别记为 $A_1, A_2, \cdots, A_k$；列因子 B 有 c 个水平，分别为 $B_1, B_2, \cdots, B_c$。我们将行因子的第 i 个水平和列因子的第 j 个水平的共同作用作为一个总体，并设相应的均值为 μ_{ij}。

与单因子方差分析类似，假设这 $k \times c$ 个总体均为正态分布且方差相等。此外，定义因子 A 的第 i 个水平的均值 $\mu_{i.}$、因子 B 的第 j 个水平的均值 $\mu_{.j}$ 以及总均值 μ 分别为

$$\mu_{i.} = \frac{1}{c} \sum_{j=1}^{c} \mu_{ij}, \quad \mu_{.j} = \frac{1}{k} \sum_{i=1}^{k} \mu_{ij}, \quad \mu = \frac{1}{kc} \sum_{i=1}^{k} \sum_{j=1}^{c} \mu_{ij}$$

因此，A_i 水平的均值与总均值的偏差 $\alpha_i = \mu_{i.} - \mu$，表示 A_i 水平的处理效应。类似地，B_j 水平的均值与总均值的偏差 $\beta_j = \mu_{.j} - \mu$，表示 B_j 水平的处理效应。

6.3.1 无交互作用的双因子方差分析

当因子 A 和因子 B 对因变量的影响相互独立时，分别判断每个因子对因变量的影响，称为无交互作用的双因子方差分析。无交互作用的双因子方差分析的主要任务是判断每个因子对因变量的影响。

(1) 检验因子 A 对响应变量是否有显著影响。也就是要检验因子 A 的各水平的处理效应是否为零，或等价地，因子 A 的各水平的均值是否相等，即

$$H_{0A} : \mu_{1.} = \mu_{2.} = \cdots = \mu_{k.} = \mu \quad \text{与} \quad H_{1A} : \mu_{1.}, \mu_{2.}, \cdots, \mu_{k.} \text{不全相等} \qquad (6.4)$$

或等价地

$$H_{0A} : \alpha_1 = \alpha_2 = \cdots = \alpha_k = 0 \quad \text{与} \quad H_{1A} : \alpha_1, \alpha_2, \cdots, \alpha_k \text{不全为零}$$

(2) 检验因子 B 对响应变量是否有显著影响。也就是要检验因子 B 的各水平的处理效应是否为零，或等价地，因子 B 的各水平的均值是否相等，即

$$H_{0B} : \mu_{.1} = \mu_{.2} = \cdots = \mu_{.c} = \mu \quad \text{与} \quad H_{1B} : \mu_{.1}, \mu_{.2}, \cdots, \mu_{.c} \text{不全相等} \qquad (6.5)$$

或等价地

$$H_{0B} : \beta_1 = \beta_2 = \cdots = \beta_c = 0 \quad \text{与} \quad H_{1B} : \beta_1, \beta_2, \cdots, \beta_c \text{不全为零}$$

在无交互作用的双因子方差分析中，每个组合水平 $A_i B_j$ 下抽取 1 个随机观测样本 y_{ij}。显然，每个行因子水平下均有 c 个观测，每个列因子水平下均有 k 个观测，所以总的样本量 $n = kc$。记行因子水平 A_i 下的样本均值为 $\bar{y}_{i.}$，列因子水平 B_j 下的样本均值为 $\bar{y}_{.j}$，总样本均值为 $\bar{y}$，则

$$\bar{y}_{i.} = \frac{1}{c}\sum_{j=1}^{c} y_{ij}, \qquad \bar{y}_{.j} = \frac{1}{k}\sum_{i=1}^{k} y_{ij}, \qquad \bar{y} = \frac{1}{kc}\sum_{i=1}^{k}\sum_{j=1}^{c} y_{ij} = \frac{1}{k}\sum_{i=1}^{k} \bar{y}_{i.} = \frac{1}{c}\sum_{j=1}^{c} \bar{y}_{.j}$$

与单因子方差分析类似，我们依然采用方差分解的原理构造 F 统计量对假设式(6.4)和式(6.5)进行检验。我们将样本间的总变差分解为两部分：其一依然是由随机误差引起的组内变差，其二是反映因子效应的变差。因为是双因子且因子效应相互独立，所以这里的因子效应的变差可以拆分为因子 A 的效应变差和因子 B 的效应变差。相应的变差分解恒等式为：

$$\text{SST} = \text{SSA} + \text{SSB} + \text{SSE}$$

其中，SST 为总离差平方和，SSA 为因子 A 的效应离差平方和，SSB 为因子 B 的效应离差平方和。其表达式和相应的自由度为：

$$\text{SST} = \sum_{i=1}^{k}\sum_{j=1}^{c}(y_{ij} - \bar{y})^2, \qquad \text{df}_T = n - 1$$

$$\text{SSA} = \sum_{i=1}^{k} c(\bar{y}_{i.} - \bar{y})^2, \qquad \text{df}_A = k - 1$$

$$\text{SSB} = \sum_{j=1}^{c} k(\bar{y}_{.j} - \bar{y})^2, \qquad \text{df}_B = c - 1$$

$$\mathrm{SSE} = \sum_{i=1}^{k} \sum_{j=1}^{c} (y_{ij} - \bar{y}_{i.} - \bar{y}_{.j} + \bar{y})^2, \qquad \mathrm{df}_E = (k-1)(c-1)$$

显然，各离差的自由度满足如下等式：

$$\mathrm{df}_T = \mathrm{df}_A + \mathrm{df}_B + \mathrm{df}_E$$

将每个离差除以其相应的自由度，就得到相应的均方 (方差)：

$$总均方(\mathrm{MST}) = \frac{\mathrm{SST}}{n-1}$$

$$因子A均方(\mathrm{MSA}) = \frac{\mathrm{SSA}}{k-1}$$

$$因子B均方(\mathrm{MSB}) = \frac{\mathrm{SSB}}{c-1}$$

$$组内均方(\mathrm{MSE}) = \frac{\mathrm{SSE}}{(k-1)(c-1)}$$

由此可以分别构造假设检验问题式(6.4)和式(6.5)的检验统计量。

(1) 对于检验问题 H_{0A}：

$$F = \frac{\mathrm{MSA}}{\mathrm{MSE}} = \frac{\mathrm{SSA}/(k-1)}{\mathrm{SSE}/[(k-1)(c-1)]} \overset{H_{0A}}{\sim} F(k-1, (k-1)(c-1))$$

(2) 对于检验问题 H_{0B}：

$$F = \frac{\mathrm{MSB}}{\mathrm{MSE}} = \frac{\mathrm{SSB}/(c-1)}{\mathrm{SSE}/[(k-1)(c-1)]} \overset{H_{0B}}{\sim} F(c-1, (k-1)(c-1))$$

F 值越大，越有理由拒绝原假设。我们将以上离差分解式和自由度之间的关系，以及基于 F 检验进行的无交互作用的双因子方差分析的过程总结为如表6.7所示的方差分析表。

表 6.7　无交互作用的双因子方差分析表

误差来源	df	平方和	均方	F 值	p 值	F 临界值
因子 A	$k-1$	SSA	MSA	$F = \dfrac{\mathrm{MSA}}{\mathrm{MSE}}$		
因子 B	$c-1$	SSB	MSB	$F = \dfrac{\mathrm{MSB}}{\mathrm{MSE}}$		
组内 (误差)	$(k-1)(c-1)$	SSE	MSE			
总和	$kc-1$	SST				

例 6.4　市交通管理局正在规划从郊区到市中央商务区的公交车路线，共有 4 条路线。交通管理局为了测试这 4 条路线的平均行驶时间是否存在差异，选取了 5 位不同的司机，每位司机将 4 条路线均行驶一次。行驶时间数据如表6.8所示。在显著性水平 $\alpha = 0.05$ 下，试问 4 条路线的平均行驶时间是否存在显著差异？如果不考虑司机的因素影响，4 条路线的平均行驶时间是否存在显著差异？

司机	路线				平均
	1	2	3	4	
A	18	17	21	22	19.50
B	16	23	23	22	21.00
C	21	21	26	22	22.50
D	23	22	29	25	24.75
E	25	24	28	28	26.25
平均	20.60	21.40	25.40	23.80	22.80

表 6.8　5 位司机 4 条路线的行驶时间　　单位：分钟

解　设第 i 条路线的平均行驶时间为 μ_i ($i = 1, 2, 3, 4$)。检验 4 条路线的平均行驶时间是否存在显著差异，相应的原假设和备择假设分别为：

$$H_0 : \mu_1 = \mu_2 = \mu_3 = \mu_4 \quad 与 \quad H_1 : \mu_1, \mu_2, \mu_3, \mu_4 不全相等$$

我们首先进行单因子方差分析。R 语言代码及输出如下：

```
Time <- read.csv("data/chapter6/Drivingtime.csv",header=T)
Time$Route=as.factor(Time$Route)
aov.time=aov(Time~Route,data=Time)
summary(aov.time)
```

```
##              Df Sum Sq Mean Sq F value Pr(>F)
## Route         3   72.8  24.267   2.483 0.0981 .
## Residuals    16  156.4   9.775
## ---
## Signif. codes:
## 0 '***' 0.001 '**' 0.01 '*' 0.05 '.' 0.1 ' ' 1
```

输出结果显示，检验的 p 值为 0.098 1。所以在 0.05 的显著性水平下，没有理由拒绝原假设，即认为这 4 条路线的平均行驶时间没有显著差异。但是单因子方差分析没有考虑不同司机的影响，所以下面我们进行双因子方差分析。R 语言代码及输出如下：

```
aov2.time=aov(Time~Route+Driver,data=Time)
summary(aov2.time)
```

```
##              Df Sum Sq Mean Sq F value   Pr(>F)
## Route         3   72.8  24.267   7.935 0.003508 **
## Driver        4  119.7  29.925   9.785 0.000934 ***
## Residuals    12   36.7   3.058
## ---
## Signif. codes:
## 0 '***' 0.001 '**' 0.01 '*' 0.05 '.' 0.1 ' ' 1
```

双因子方差分析的检验结果表明，"路线"因子效应检验的检验统计量的值为 7.935，相应的 p 值为 0.003 5。所以在 0.05 的显著性水平下，拒绝原假设，即认为这 4 条路线的平均行驶时间有显著差异。为什么单因子和双因子方差分析的结果会不同？这是因为在单因子方差分析中，我们只考虑了"路线"的离差和随机离差，而忽略了"司机"的离差。而在双因子方差分析中，我们将"司机"的离差从随机离差中分离出来，减小了随机离差，进而增大了 F 值，从而增加了拒绝原假设的可能。

接下来，我们还对不同司机的平均行驶时间是否相同感兴趣。设第 i 个司机的平均行驶时间为 μ_i $(i = 1, 2, 3, 4, 5)$。相应的原假设和备择假设分别为：

$$H_0 : \mu_1 = \mu_2 = \mu_3 = \mu_4 = \mu_5 \quad 与 \quad H_1 : \mu_1, \mu_2, \mu_3, \mu_4, \mu_5 不全相等$$

上面的输出结果显示，检验统计量的值为 9.785，相应的 p 值为 0.000 934。所以在 0.05 的显著性水平下，拒绝原假设，即认为 5 位司机的平均行驶时间有显著差异。

6.3.2 有交互作用的双因子方差分析

在双因子方差分析中，我们除了关心每个因子对因变量的影响 (因子效应)，还关心两个因子是否对因变量产生交互影响，此时称为**有交互作用**的双因子方差分析。在有交互作用的双因子方差分析中，每个组合水平 $A_i B_j$ 的均值与总均值的偏差减去 A_i 的处理效应以及 B_j 的处理效应，即

$$\gamma_{ij} = (\mu_{ij} - \mu) - (\alpha_i + \beta_j) = \mu_{ij} - \mu_{i.} - \mu_{.j} + \mu$$

称为水平组合 $A_i B_j$ 的**交互作用** (interaction effect)。

因子 A 和 B 的交互作用对因变量是否有显著影响的检验，也就是检验各水平的交互作用是否为零，即

$$H_{0AB} : \gamma_{11} = \cdots = \gamma_{1c} = \cdots = \gamma_{k1} = \cdots = \gamma_{kc} = 0$$

$$H_{1AB} : \gamma_{11}, \cdots, \gamma_{1c}, \cdots, \gamma_{k1}, \cdots, \gamma_{kc} 不全为零 \tag{6.6}$$

以因子 A 和 B 均为两个水平为例，图6.6展示了有、无交互作用时因变量的变化。

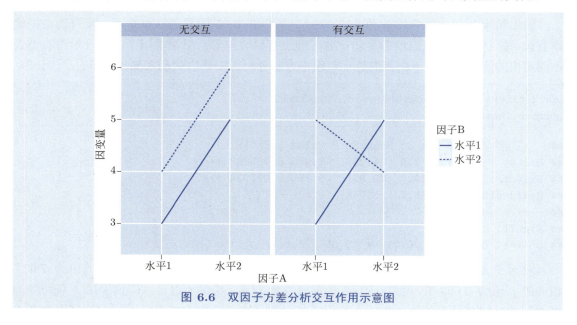

图 6.6 双因子方差分析交互作用示意图

为度量交互作用的影响，每个组合水平 A_iB_j 下至少要有两个观测值，有交互作用的双因子方差分析的数据结构及部分相关统计量见表6.9。

表 6.9 有交互作用的双因子方差分析的数据结构及部分相关统计量

因子 A	因子 B			样本量	样本均值
	B_1	$\cdots$	B_c		
A_1	y_{111} $\vdots$ $y_{11n_{11}}$	$\cdots$	y_{1c1} $\vdots$ $y_{1cn_{1c}}$	$n_{1.}$	$\bar{y}_{1.}$
$\vdots$	$\vdots$		$\vdots$	$\vdots$	$\vdots$
A_k	y_{k11} $\vdots$ $y_{k1n_{k1}}$	$\cdots$	y_{kc1} $\vdots$ $y_{kcn_{kc}}$	$n_{k.}$	$\bar{y}_{k.}$
样本量	$n_{.1}$	$\cdots$	$n_{.c}$	n	
样本均值	$\bar{y}_{.1}$	$\cdots$	$\bar{y}_{.c}$		$\bar{y}$

设每个 A_iB_j 水平下有 n_{ij} 个随机观测样本 y_{ijl} $(l=1,\cdots,n_{ij})$，样本均值为 $\bar{y}_{ij}$，因子水平 A_i 下的样本量和样本均值分别记为 $n_{i.}$ 和 $\bar{y}_{i.}$，因子水平 B_j 下的样本量和样本均值分别记为 $n_{.j}$ 和 $\bar{y}_{.j}$，总的样本量记为 n，总样本均值记为 $\bar{y}$，则

$$\bar{y}_{ij} = \frac{1}{n_{ij}}\sum_{l=1}^{n_{ij}} y_{ijl}, \qquad n_{i.} = \sum_{j=1}^{c} n_{ij}, \qquad n_{.j} = \sum_{i=1}^{k} n_{ij}$$

$$\bar{y}_{i.} = \frac{1}{n_{i.}}\sum_{j=1}^{c}\sum_{l=1}^{n_{ij}} y_{ijl} = \frac{1}{n_{i.}}\sum_{j=1}^{c} n_{ij}\bar{y}_{ij}, \qquad \bar{y}_{.j} = \frac{1}{n_{.j}}\sum_{i=1}^{k}\sum_{l=1}^{n_{ij}} y_{ijl} = \frac{1}{n_{.j}}\sum_{i=1}^{k} n_{ij}\bar{y}_{ij}$$

$$n = \sum_{i=1}^{k}\sum_{j=1}^{c} n_{ij}, \qquad \bar{y} = \frac{1}{n}\sum_{i=1}^{k}\sum_{j=1}^{c}\sum_{l=1}^{n_{ij}} y_{ijl} = \frac{1}{n}\sum_{i=1}^{k} n_{i.}\bar{y}_{i.} = \frac{1}{n}\sum_{j=1}^{c} n_{.j}\bar{y}_{.j}$$

我们依然采用离差分解的原理构造 F 统计量对假设式(6.4)至式(6.6)进行检验。在有交互作用的方差分析中，反映因子 A 和 B 的组合效应部分除了包括因子 A 的效应离差、因子 B 的效应离差外，还包含因子 A 和 B 的交互作用离差。相应的离差分解恒等式为：

$$\text{SST} = \text{SSA} + \text{SSB} + \text{SSAB} + \text{SSE}$$

其中，SST 为总离差平方和，SSA 为因子 A 的效应离差平方和，SSB 为因子 B 的效应离差平方和，SSAB 为因子 A 和 B 的交互作用离差平方和，SSE 为组内离差平方和。其表达式和相应的自由度为：

$$\text{SST} = \sum_{i=1}^{k}\sum_{j=1}^{c}\sum_{l=1}^{n_{ij}}(y_{ijl} - \bar{y})^2, \qquad \text{df}_T = n-1$$

$$\mathrm{SSA} = \sum_{i=1}^{k} n_{i.} (\bar{y}_{i.} - \bar{y})^2, \qquad \mathrm{df}_A = k - 1$$

$$\mathrm{SSB} = \sum_{j=1}^{c} n_{.j} (\bar{y}_{.j} - \bar{y})^2, \qquad \mathrm{df}_B = c - 1$$

$$\mathrm{SSAB} = \sum_{i=1}^{k} \sum_{j=1}^{c} n_{ij} (\bar{y}_{ij} - \bar{y}_{i.} - \bar{y}_{.j} + \bar{y})^2, \qquad \mathrm{df}_{AB} = (k-1)(c-1)$$

$$\mathrm{SSE} = \sum_{i=1}^{k} \sum_{j=1}^{c} \sum_{l=1}^{n_{ij}} (y_{ijl} - \bar{y}_{ij})^2, \qquad \mathrm{df}_E = \sum_{i=1}^{k} \sum_{j=1}^{c} (n_{ij} - 1) = n - kc$$

显然, 各离差的自由度满足如下等式:

$$\mathrm{df}_T = \mathrm{df}_A + \mathrm{df}_B + \mathrm{df}_{AB} + \mathrm{df}_E$$

将每个离差除以其相应的自由度, 就得到相应的均方 (方差):

$$\text{总均方}(\mathrm{MST}) = \frac{\mathrm{SST}}{n-1}$$

$$\text{因子} A \text{均方}(\mathrm{MSA}) = \frac{\mathrm{SSA}}{k-1}$$

$$\text{因子} B \text{均方}(\mathrm{MSB}) = \frac{\mathrm{SSB}}{c-1}$$

$$\text{交互作用均方}(\mathrm{MSAB}) = \frac{\mathrm{SSAB}}{(k-1)(c-1)}$$

$$\text{组内均方}(\mathrm{MSE}) = \frac{\mathrm{SSE}}{n-kc}$$

由此可以分别构造假设检验问题式(6.4)至式(6.6)的检验统计量。

(1) 对于检验问题 H_{0A}:

$$F = \frac{\mathrm{MSA}}{\mathrm{MSE}} = \frac{\mathrm{SSA}/(k-1)}{\mathrm{SSE}/(n-kc)} \overset{H_{0A}}{\sim} F(k-1, n-kc)$$

(2) 对于检验问题 H_{0B}:

$$F = \frac{\mathrm{MSB}}{\mathrm{MSE}} = \frac{\mathrm{SSB}/(c-1)}{\mathrm{SSE}/(n-kc)} \overset{H_{0B}}{\sim} F(c-1, n-kc)$$

(3) 对于检验问题 H_{0AB}:

$$F = \frac{\mathrm{MSAB}}{\mathrm{MSE}} = \frac{\mathrm{SSAB}/[(k-1)(c-1)]}{\mathrm{SSE}/(n-kc)} \overset{H_{0AB}}{\sim} F((k-1)(c-1), n-kc)$$

F 值越大, 越有理由拒绝原假设。我们将以上离差分解式和自由度之间的关系, 以及基于 F 检验进行的有交互作用的双因子方差分析的过程总结为如表6.10所示的方差分析表。

表 6.10　有交互作用的双因子方差分析表

误差来源	df	平方和	均方	F 值	p 值	F 临界值
因子 A	$k-1$	SSA	MSA	$F=\dfrac{\text{MSA}}{\text{MSE}}$		
因子 B	$c-1$	SSB	MSB	$F=\dfrac{\text{MSB}}{\text{MSE}}$		
交互作用	$(k-1)(c-1)$	SSAB	MSAB	$F=\dfrac{\text{MSAB}}{\text{MSE}}$		
组内 (误差)	$n-kc$	SSE	MSE			
总和	$n-1$	SST				

例 6.5　在再就业奖励案例中，再就业所需时间通常会与失业者的年龄相关，因此在本例中我们将考虑奖金水平和年龄两个因子对因变量"再就业所需时间"的影响。奖金依然考虑四个水平：无奖金、低奖金、中等奖金、高奖金；年龄分为三个水平：40～50 岁、30～40 岁、20～30 岁，调查数据如表6.11所示。

表 6.11　再就业所需时间调查数据　　　　　　　　　　单位：天

奖金水平	年龄		
	40～50 岁	30～40 岁	20～30 岁
无奖金	92	88	94
	100	89	80
	85	90	78
低奖金	86	88	78
	108	89	72
	93	75	79
中等奖金	96	77	82
	92	79	75
	90	71	81
高奖金	78	87	82
	75	73	68
	76	83	72

解　同时考虑奖金水平和年龄因素时，每种组合因子水平下的数据过少，不适合进行正态性和等方差性检验。在这里我们假设这些条件成立。我们首先进行描述性分析。图6.1展示了再就业所需时间对奖金水平的箱线图，从图6.1 中可以看出再就业所需时间随奖金水平的提高有下降趋势。类似地，图6.7展示了再就业所需时间对年龄的箱线图，从图6.7中可以看出再就业所需时间随年龄的下降有下降趋势。图6.8展示了两个因子水平下的再就业所需时间的点图，从图6.8中也可以看出，随着年龄的下降以及奖金水平的提高，再就业所需时间有下降趋势。此外，图6.9展示两个因子之间的交互，从图6.9中可以看出，年龄和奖金水平之间的交互作用不是非常明显。

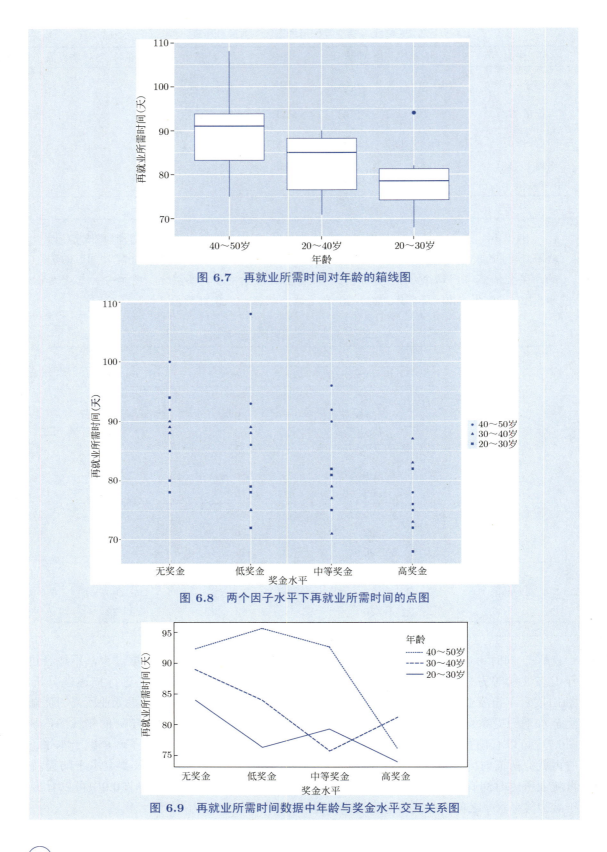

图 6.7　再就业所需时间对年龄的箱线图

图 6.8　两个因子水平下再就业所需时间的点图

图 6.9　再就业所需时间数据中年龄与奖金水平交互关系图

下面我们进行有交互作用的方差分析，调用 R 中的 aov 函数。具体代码及输出如下：

```
bonus2 <- read.csv("data/chapter6/bonus2.csv",header=T)
bonus2$Level=as.factor(bonus2$Level)
bonus2$Age=as.factor(bonus2$Age)
aov.1=aov(Y~Level*Age,data=bonus2)
summary(aov.1)
```

```
##               Df Sum Sq Mean Sq F value  Pr(>F)
## Level          3  625.0   208.3   5.183 0.00666 **
## Age            2  720.2   360.1   8.959 0.00124 **
## Level:Age      6  510.4    85.1   2.117 0.08867 .
## Residuals     24  964.7    40.2
## ---
## Signif. codes:
## 0 '***' 0.001 '**' 0.01 '*' 0.05 '.' 0.1 ' ' 1
```

从输出结果来看，奖金水平的因子效应检验的 p 值为 0.006 7，因此在显著性水平 0.05 下可以认为奖金水平对再就业所需时间有显著影响。年龄的因子效应检验的 p 值为 0.001 2，因此在显著性水平 0.05 下可以认为年龄对再就业所需时间也有显著影响。而奖金水平与年龄的交互作用的检验的 p 值为 0.089，因此在显著性水平 0.05 下可以认为奖金水平与年龄不存在显著的交互作用，也就是说奖金水平对再就业所需时间的影响不受年龄的影响。这也与图6.9的展示相吻合。

课后习题

1. 从 4 个总体中各抽取样本量不同的样本数据，结果如表6.12所示。检验 4 个总体的均值之间是否有显著差异 ($\alpha = 0.05$)。

表 6.12　4 个总体抽样数据

样本 1	样本 2	样本 3	样本 4
134	145	132	147
146	137	150	136
145	156	148	151
	161	129	128
		152	133
		161	

2. 某工厂需要购进一批零件，有甲、乙、丙三家供应商，为比较三家供应商生产零件的质量，从每家供应商随机抽取了 5 个零件，检查其寿命时长，得到的数据如表6.13所示。试分析三家供应商生产的零件平均寿命之间有无显著差异 ($\alpha = 0.05$)。如果有差异，用费希尔的 LSD 方法检验哪些企业之间有差异。

表 6.13　三家供应商生产零件的寿命时长

试验号	甲	乙	丙
1	40	32	47
2	40	50	35
3	33	42	49
4	31	24	26
5	29	16	33

3. 某粮食加工厂试验三种储藏方法对粮食含水率的影响有无显著差异。现取一批粮食分成若干份，分别用三种不同的方法储藏，过一段时间后测得的含水率如表6.14所示。

表 6.14　三种储藏方法下粮食含水率

储藏方法	含水率数据				
A_1	7.3	8.3	7.6	8.4	8.3
A_2	5.4	7.4	7.1	6.8	5.3
A_3	7.9	9.5	10.0	9.8	8.4

(1) 假定各种方法储藏的粮食的含水率服从正态分布，且方差相等，试在 $\alpha = 0.05$ 下检验这三种储藏方法对含水率的影响有无显著差异；

(2) 对每种方法的平均含水率给出置信水平为 0.95 的置信区间。

4. 为探讨 100 米不同跑步练习方法的差别，选取三个班进行教学实验，每次课的基本练习相同，专项练习时，对三个班的学生分别采用距离不等的重复跑练习。甲班 50 米 × 6，乙班 100 米 × 3，丙班 150 米 × 2。经过四周训练后，分别测得每个学生的 100 米跑成绩。在三个班中各随机抽取 10 名男生，将教学后的成绩与原测试成绩相减，得到的数据如表6.15所示。设显著性水平 $\alpha = 0.05$。

表 6.15　不同班级训练后与训练前的成绩差

班级	成绩差								
甲班	1.30	1.24	0.87	1.08	1.42	1.17	1.52	0.70	0.83	1.62
乙班	1.21	0.42	1.03	0.36	−0.23	1.42	1.13	−0.40	0.27	0.27
丙班	0.42	1.16	−0.36	0.42	1.03	0.48	0.27	0.46	1.23	0.29

(1) 分析不同班级的成绩变化是否有显著差异，如果有显著差异，请进行多重比较分析；

(2) 验证该数据是否满足正态性假定和方差齐性假定，若不满足假设条件，请对数据做合理变换后再进行方差分析。

5. 为研究不同实验室和样品瓶对检验结果是否有显著影响，实验选取检测能力较高的 6 家实验室参加协作定值实验，向每家实验室随机发放 6 瓶待测标准样品，每瓶样品重复测定 3 次，同时要求实验室采用水质氟、氯、硫酸根与硝酸根混合标准样品作为质量控制样品，表6.16为氟离子检测结果。请问不同实验室和样品瓶以及两者的交互作用对检验结果是否有显著影响 ($\alpha = 0.05$)？

表 6.16 不同实验室和样品瓶的氟离子检测结果

实验室编号	样品瓶编号					
	瓶 1	瓶 2	瓶 3	瓶 4	瓶 5	瓶 6
1	1.85	1.81	1.81	1.81	1.82	1.84
	1.81	1.85	1.82	1.84	1.82	1.86
	1.85	1.81	1.82	1.82	1.82	1.85
2	1.88	1.91	1.85	1.87	1.83	1.85
	1.85	1.92	1.85	1.90	1.86	1.83
	1.87	1.90	1.83	1.86	1.82	1.84
3	1.81	1.82	1.85	1.82	1.83	1.81
	1.80	1.83	1.81	1.82	1.82	1.83
	1.84	1.81	1.82	1.83	1.83	1.84
4	1.85	1.83	1.83	1.85	1.87	1.88
	1.83	1.87	1.84	1.83	1.85	1.85
	1.84	1.83	1.84	1.85	1.87	1.84
5	1.80	1.84	1.82	1.83	1.81	1.83
	1.79	1.83	1.81	1.82	1.81	1.82
	1.80	1.83	1.81	1.81	1.81	1.84
6	1.84	1.84	1.83	1.87	1.72	1.85
	1.85	1.82	1.85	1.86	1.73	1.84
	1.85	1.85	1.84	1.85	1.72	1.84

6. 为研究冻融循环次数与竖向压力对膨胀土的抗剪强度的影响，进行如下实验：冻融循环次数为 0、1、2、3、5、7、9、11、13；冻结温度为 $-20\,℃$。通过直剪实验得到膨胀土土样的抗剪强度，竖向压力分别为 100kPa、200kPa、300kPa、400kPa。实验结果如表6.17所示。试分析冻融循环次数、竖向压力以及两者的交互作用对膨胀土抗剪强度是否有显著影响 $(\alpha = 0.05)$。

表 6.17 冻融循环下膨胀土的抗剪强度实验数据

冻融循环次数	竖向压力							
	100kPa		200kPa		300kPa		400kPa	
0	98	182	151	212	170	221	207	254
1	82	164	132	202	156	218	201	292
2	103	141	143	198	183	242	223	243
3	121	159	149	262	172	284	249	309
5	148	212	176	278	234	365	288	397
7	172	258	198	317	326	349	325	501
9	186	211	264	302	374	531	379	664
11	190	272	297	403	319	558	589	703
13	192	297	338	525	396	564	642	682

7. 某企业准备用三种方法生产产品，为确定哪种方法生产的产品数量最多，随机抽取

了 30 名工人，并指定每个人使用其中的一种方法。通过对每个工人生产的产品数进行方差分析得到表6.18所示的结果。

表 6.18　方差分析表

误差来源	df	平方和	均方	F 值	p 值	F 临界值
组间			205	0.246	3.354	
组内	3.923					
总和	29					

(1) 完成上面的方差分析表；

(2) 试分析采用三种方法组装的产品数量之间是否有差异 ($\alpha = 0.05$)。

8. 某研究关注不同日期、不同网络制式对二手手机整机的市场报价是否有影响。研究的数据取自 2017 年 1 月初至 3 月中旬共计 11 周的爱回收官网对华为 P9 不同网络制式（电信、联通、移动、全网四种）二手手机的市场报价（整机报价），具体数据见表6.19。试分析不同日期、不同网络制式的二手手机整机市场报价是否存在显著差异 ($\alpha = 0.05$)。

表 6.19　华为 P9 不同网络制式二手手机 11 周市场报价　　　　单位：元

日期	网络制式			
	电信版	联通版	全网版	移动版
第 1 周	1 215	1 385	1 550	1 300
第 2 周	1 215	1 385	1 550	1 300
第 3 周	1 260	1 345	1 590	1 345
第 4 周	1 260	1 345	1 590	1 345
第 5 周	1 260	1 345	1 570	1 345
第 6 周	1 530	1 615	1 860	1 615
第 7 周	1 260	1 345	1 590	1 345
第 8 周	1 385	1 465	1 710	1 465
第 9 周	1 385	1 465	1 710	1 465
第 10 周	1 245	1 325	1 570	1 325
第 11 周	1 080	1 165	1 410	1 165

9. 为探究不同的标准地处理方式（炼山、免炼山）以及坡向对树木生长的影响，进行如下实验。实验地共 2 种处理 (炼山、免炼山)，每种处理各设置 3 个坡向（东北、北、东南），共计 6 个 20m×20m 的标准样地，样地均为尾叶桉新造林。林木采伐时间为 2018 年 10 月，实验处理为当年 12 月，次年 1 月造林，2019 年 12 月进行林地基础信息与生长量调查，其中 6 个标准样地的树高和胸径数据如表6.20所示。

表 6.20　不同坡向及标准地处理方式下的平均树高 (左) 和平均胸径 (右)　　　　单位：厘米

标准地处理	坡　向			标准地处理	坡　向		
	东北	北	东南		东北	北	东南
免炼山	461.7	462.4	460.6	免炼山	5.15	5.19	5.21
炼山	447.8	464.8	456.2	炼山	5.14	5.15	5.16

在显著性水平 $\alpha = 0.05$ 下，试分析：

(1) 坡向与标准地处理方式对树高是否有显著影响；

(2) 坡向与标准地处理方式对树的胸径是否有显著影响。

10. 案例分析：“丰田二手车价格”（见数据 ToyotaCorolla_part）。本案例研究二手车的销售价格影响因素。模型可以用于：理解二手车价格的影响因素；预测一辆二手车的销售价格；商品化定价模型，为消费者选择二手车提供参考。数据集包括 1 436 辆二手丰田卡罗拉的销售价格和车辆特征，共包含 39 个变量。分析时考虑 10 个变量，其中：

因变量：二手车价格 (Price)；

解释变量：车龄 (Age)、行驶里程 (KM)、燃料类型 (Fuel Type)、马力 (HP)、颜色 (MetColor)、变速器 (Automatic)、排量 (CC)、车门数 (Doors)、车重 (Weight)。

请根据研究目的，运用本章的知识，对数据进行变量之间的相关性分析，包括：

(1) 哪些分类解释变量对因变量有影响？

(2) 哪些解释变量之间具有相关性？

第 6 章补充习题

第 7 章 ——— 列联表分析

 引例：酒店顾客满意度调查

　　为了评估酒店的服务质量，酒店鼓励住店顾客在退房时或退房后填写一份满意度调查。其中一个重要指标是"是否会再次入住酒店"。此外，为了进一步分析可能存在的问题，对于选择不会再次入住的顾客调查其原因，包括"价格""地点""服务""其他"四个选项。

　　如何通过此数据评估不同酒店的服务质量以及它们之间的差异性呢？

　　列联表分析方法是研究属性变量相关性的一种非常古老但是至今依然广泛应用且行之有效的统计方法。**列联表 (contingency table)** 是观测数据按两个或多个属性变量交叉分类后得到的频数表。若按两个属性分类，称为二维列联表；若按三个属性分类，则称为三维列联表。本书将详细讨论二维列联表，关于三维列联表以及其他列联表的相关内容可参考 Agresti (2019)。

7.1　列联表的独立性检验

　　设 n 个观测数据按两个属性 A 与 B 进行分类，其中 A 有 r 类 $A_1, \cdots, A_r$，B 有 c 类 $B_1, \cdots, B_c$。设组合类 A_iB_j 中有 n_{ij} 个观测值，n_{ij} 称为频数，将 $r \times c$ 个 n_{ij} 排列为一个 r 行 c 列的二维列联表，简称 $r \times c$ 列联表，见表7.1。

表 7.1　$r \times c$ 列联表

属性 A	属性 B					合计
	1	$\cdots$	j	$\cdots$	c	
1	n_{11}	$\cdots$	n_{1j}	$\cdots$	n_{1c}	$n_{1.}$
$\vdots$	$\vdots$		$\vdots$		$\vdots$	$\vdots$
i	n_{i1}	$\cdots$	n_{ij}	$\cdots$	n_{ic}	$n_{i.}$
$\vdots$	$\vdots$		$\vdots$		$\vdots$	$\vdots$
r	n_{r1}	$\cdots$	n_{rj}	$\cdots$	n_{rc}	$n_{r.}$
合计	$n_{.1}$	$\cdots$	$n_{.j}$	$\cdots$	$n_{.c}$	n

列联表的独立性检验就是检验列联表中的两个属性 A 和 B 是否独立 (或存在相关关系), 其相应的原假设和备择假设分别为:

$$H_0: 属性 A 与 B 相互独立 \quad 与 \quad H_1: 属性 A 与 B 不独立 \tag{7.1}$$

我们通常采用卡方检验作为列联表的独立性检验方法。卡方检验就是通过样本的实际观测值 (观测频数) 与原假设成立时的理论推断值 (期望频数) 之间的偏离程度决定卡方统计量值的大小。设 e_{ij} 为类 $A_i B_j$ 的(估计) 期望频数 (estimated expected frequencies)。如果原假设成立, 即两个属性变量相互独立, 那么

$$e_{ij} = nP(A_i B_j)$$

$$= nP(A_i)P(B_j) = n \times \frac{n_{i.}}{n} \times \frac{n_{.j}}{n} = \frac{n_{i.} n_{.j}}{n}, \qquad i = 1, \cdots, r; j = 1, \cdots, c$$

基于观测频数 n_{ij} 和估计期望频数 e_{ij} 的差异可以构造卡方检验统计量

$$\chi^2 = \sum_{i=1}^{r} \sum_{j=1}^{c} \frac{(n_{ij} - e_{ij})^2}{e_{ij}} \overset{H_0}{\sim} \chi^2((r-1)(c-1)) \tag{7.2}$$

当样本量足够大时, 在 H_0 条件下, 卡方检验统计量近似服从自由度 $\mathrm{df} = rc - 1 - (r + c - 2) = (r-1)(c-1)$ 的卡方分布。卡方值越大, 表明二者偏差程度越大, 越有理由拒绝原假设。所以对于显著性水平 α, 检验式(7.1)的拒绝域为 $C = \{\chi^2 \geqslant \chi^2_\alpha((r-1)(c-1))\}$。

例 7.1 假设某集团公司对旗下的 3 家酒店进行顾客满意度调查, 所有表述不愿再次入住的顾客都被追问了不愿再次入住的原因。调查结果见表7.2。请问不愿再次入住的主要原因是否与酒店无关?

表 7.2 酒店顾客不愿再次入住原因的调查结果

主要原因	酒店			合计
	A	B	C	
价格	23	7	37	67
地点	13	5	13	31
服务	39	13	8	60
其他	13	8	8	29
合计	88	33	66	187

解 我们首先可以通过描述性统计分析直观地了解数据。图7.1展示了不同酒店顾客不再入住的原因。从图7.1中可以很清晰地看出, 顾客不再入住酒店 C 的主要原因明显与其他两家酒店不同。

设检验的原假设和备择假设分别为:

H_0: 不愿再次入住的主要原因与酒店无关 与 H_1: 不愿再次入住的主要原因与酒店有关

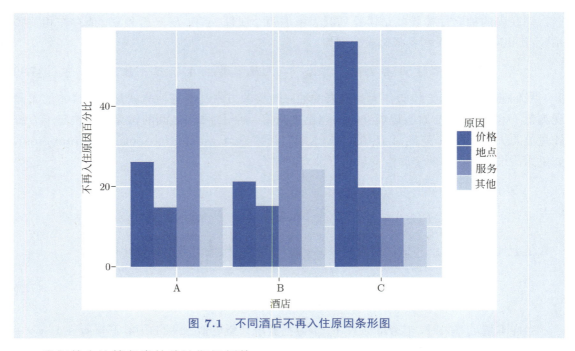

图 7.1　不同酒店不再入住原因条形图

我们首先计算各类的估计期望频数：

$$e_{11} = \frac{67 \times 88}{187} = 31.529\,4, \quad \cdots, \quad e_{43} = \frac{29 \times 66}{187} = 10.235\,3$$

结果见表7.3。由此计算可得检验统计量的值

$$\chi^2 = \frac{(23 - 31.529\,4)^2}{31.529\,4} + \cdots + \frac{(8 - 10.235\,3)^2}{10.235\,3} = 27.410$$

检验统计量的自由度为 $df = (4-1) \times (3-1) = 6$。给定显著性水平 $\alpha = 0.05$，可得 $\chi^2_{0.05}(6) = 12.592$. 所以检验统计量的值落在拒绝域 $\{\chi^2 > \chi^2_\alpha(6)\}$ 内，拒绝 H_0，即可以认为不愿再次入住的主要原因与酒店有关。

表 7.3　酒店顾客不愿再次入住原因的调查结果与估计期望频数

主要原因	酒店 A		酒店 B		酒店 C		合计
	n_{ij}	e_{ij}	n_{ij}	e_{ij}	n_{ij}	e_{ij}	
价格	23	31.529 4	7	11.823 5	37	23.647 1	67
地点	13	14.588 2	5	5.470 6	13	10.941 2	31
服务	39	28.235 3	13	10.588 2	8	21.176 5	60
其他	13	13.647 1	8	5.117 6	8	10.235 3	29
合计	88		33		66		187

列联表的独立性卡方检验可以通过 R 中的 chisq.test 函数实现。R 语言代码及输出如下所示：

```
h.df=expand.grid(Reason=c("价格","地点","服务","其他"),Hotel=c("A","B","C"))
h.df$Freq=c(23,13,39,13,7,5,13,8,37,13,8,8)
```

```
h.tab=xtabs(Freq~Reason+Hotel,data=h.df)
chisq.test(h.tab)
```

```
##
##  Pearson's Chi-squared test
##
## data:  h.tab
## X-squared = 27.41, df = 6, p-value = 0.0001213
```

输出结果显示，检验的 p 值为 0.000 121 3，远远小于显著性水平 0.05，所以拒绝原假设。也就是说，顾客不愿再次入住的主要原因与酒店有关。我们可以进一步研究各酒店的主要因素。从表7.3中可以看出，酒店 A 的价格明显被低估了，而酒店 C 顾客不愿再次入住的主要原因是价格过高。同时，酒店 C 的服务满意度明显被低估，而酒店 A 顾客不愿再次入住的主要原因是服务不满意。这与图7.1的展示也吻合。

7.2　列联表的齐性检验

回顾独立性检验时列联表数据的构成，我们随机抽取 n 个样本，每个样本按照两个属性交叉划分归类。因此，列联表中不仅每类的频数 n_{ij} 是随机的，而且行和 $n_{i.}$ 以及列和 $n_{.j}$ 也是随机的，称为**随机边缘**的列联表。在实际应用尤其是医学统计中，很多抽样设计下的列联表并非随机边缘，我们结合下面的例子进行说明。

例 7.2　为了研究吸烟与肺癌的关系，采用了以下两种方法进行调查。(1) 随机抽样：随机调查了 339 名 45 岁以上人员，调查结果见表7.4(左)；(2) 病例对照研究(case-control study)：对于每个肺癌病人，研究者在同一家医院找出一个与该病人性别相同、年龄相差不超过 5 岁的未患肺癌者作为对照，询问这些病人是否吸烟，调查结果见表7.4(右)。

表 7.4　随机抽样 (左) 和病例对照研究 (右) 吸烟与肺癌调查结果

是否吸烟	肺癌		合计	是否吸烟	肺癌	
	患肺癌	未患肺癌			患肺癌	未患肺癌
吸烟	43	162	205	吸烟	688	650
不吸烟	13	121	134	不吸烟	21	59
合计	56	283	339	合计	709	709

虽然都是列联表，但是不难看出它们之间的差别。方法 (2) 所得到的列联表中列和 709 和 709 并不是随机的，而是实验之前预先设计好的。这样的列联表称为 (列) 边缘固定的列联表。

在本例中，我们感兴趣的是吸烟与肺癌的关系，可以使用前面介绍的独立性卡方检验。另外，我们也可以通过比例的差异性检验来说明两者之间是否有关系。如果吸烟者中肺癌患者的比例和不吸烟者中肺癌患者的比例没有差异，就说明是否患肺癌和吸烟与否没有关系。而在第 5 章中我们学习了两总体比例差异的大样本 z 检验。事实上，关于比例差异的双边检验与独立性卡方检验是等价的。当然，我们也可以通过比较肺癌患者中的吸烟者比例与非肺癌样本中吸烟者比例的差异来判断二者之间的关系。但我们要指出的是，对于方法 (2) 产生的列联表，只能通过肺癌患者中吸烟者的比例与非肺癌样本中吸烟者比例的差异来判断二者之间的关系。这正是由于 (列) 边缘固定的缘故。方法 (2) 中的患肺癌和未患肺癌的人数均为 709 人，这是实验人为设计产生的，并未体现总体中这两组人的真实比例。这种人为设定扩大了样本中 (无论是吸烟者还是不吸烟者) 患肺癌的比例。此时，比较吸烟者患肺癌的比例和不吸烟者患肺癌的比例的差异是没有意义的。

我们以列边缘固定为例，将上面比例差异性检验扩展到多个区组的多类别比例差异的检验，也称为齐性检验。

总体首先按照属性 B 的类别分为 c 组，记为 $B_1, \cdots, B_c$。在每个组 B_j 中分别抽取 $n_{.j}$ 个样本，c 组共得到 n 个样本，即 $\sum_{i=1}^{c} n_{.j} = n$。对每个样本再按照属性 A 的 r 类进行归类。设 B_j 组中归到 A_i 类的频数为 n_{ij}，这样我们依然得到一个 $r \times c$ 列联表 (见表7.1)。唯一不同的是在此抽样模型下各列和 $n_{.j}$ 不是随机的，而是事先确定的。这种列联表称为(列) 边缘固定的列联表。

在列边缘固定的列联表中，每个组作为一个总体，在每个总体中，按属性 A 进行分类，归到各类的频数就构成了一个多项分布。为了方便理解，我们将其概率结果按表7.5表述。

表 7.5 $r \times c$ 列边缘固定列联表的概率结构

属性 A	区组 (属性 B)				
	组 1	$\cdots$	组 j	$\cdots$	组 c
1	$\pi_{1|1}$	$\cdots$	$\pi_{1|j}$	$\cdots$	$\pi_{1|c}$
$\vdots$	$\vdots$		$\vdots$		$\vdots$
i	$\pi_{i|1}$	$\cdots$	$\pi_{i|j}$	$\cdots$	$\pi_{i|c}$
$\vdots$	$\vdots$		$\vdots$		$\vdots$
r	$\pi_{r|1}$	$\cdots$	$\pi_{r|j}$	$\cdots$	$\pi_{r|c}$
合计	1	$\cdots$	1	$\cdots$	1

$\pi_{i|j}$ 表示第 j 组中属性 A 在第 i 类的概率。齐性检验 (homogeneity test) 就是要检验这 c 个多项分布总体是否有差异，即 c 个总体落在同一类的概率是否相同。其原假设和备择假设分别为：

$H_0: \forall i, \quad \pi_{i|1} = \cdots = \pi_{i|c}, \quad i = 1, \cdots, r$ （每组中落入第 i 类的概率均相等）

$H_1: \exists i, \quad \pi_{i|1}, \cdots, \pi_{i|c}$ 不全相等

我们依然采用卡方检验，并且不难证明

$$\chi^2 = \sum_{i=1}^{r} \sum_{j=1}^{c} \frac{(n_{ij} - e_{ij})^2}{e_{ij}} \overset{H_0}{\sim} \chi^2((r-1)(c-1))$$

其中 e_{ij} 为组 B_j 中落入 A_i 类的 (估计) 理论频数。如果原假设成立,每组样本落入第 i 类的概率均相等,也就等于所有 n 个样本归为 A_i 类的比例,即

$$\pi_{i|1} = \cdots = \pi_{i|c} = \frac{n_{i1} + \cdots + n_{ic}}{n} = \frac{n_{i.}}{n}$$

所以各 (估计) 理论频数

$$e_{ij} = n_{.j}\pi_{i|j} = n_{.j} \times \frac{n_{i.}}{n} = \frac{n_{i.}n_{.j}}{n}, \qquad i = 1, \cdots, r; j = 1, \cdots, c$$

和独立性检验相比,不难看出,尽管齐性检验和独立性检验的抽样模型不同、列联表概率结构不同、检验的表述不同,但检验中所用的卡方统计量及其分布是完全一样的。所以在很多情况下并没有严格区分齐性检验和独立性检验。

> **例 7.3**　网络用户个人信息被盗状况是否在不同年龄人群中有差异?一项关于网络用户的调查将 18 岁以上成人按年龄分为四组:18～29 岁、30～49 岁、50～64 岁、65 岁以上。在四个年龄组中分别抽取了 200 名用户,调查个人信息被盗状况,发现 18～29 岁的用户中有 30 人、30～49 岁的用户中有 40 人、50～64 岁的用户中有 40 人、65 岁以上的用户中有 26 人遇到过这种状况。请问不同年龄段用户个人信息被盗状况是否有显著差异 ($\alpha = 0.05$)?

解　设 18～29 岁、30～49 岁、50～64 岁、65 岁以上用户个人信息被盗的比例分别为 π_1、π_2、π_3、π_4。检验如下原假设和备择假设:

$H_0 : \pi_1 = \pi_2 = \pi_3 = \pi_4$　　(四组不同年龄段用户个人信息被盗比例无差异)

$H_1 : \pi_1, \pi_2, \pi_3, \pi_4$ 不全相等　　(四组不同年龄段用户个人信息被盗比例有差异)

我们首先计算各类的估计理论频数

$$e_{11} = e_{12} = e_{13} = e_{14} = \frac{136 \times 200}{800} = 34, \quad e_{21} = e_{22} = e_{23} = e_{24} = \frac{664 \times 200}{800} = 166$$

结果见表7.6. 由此计算可得检验统计量的值

$$\chi^2 = \frac{(30 - 34)^2}{34} + \cdots + \frac{(174 - 166)^2}{166} = 5.386\ 3$$

检验统计量的自由度为 df $= (2 - 1) \times (4 - 1) = 3$。给定显著性水平 $\alpha = 0.05$,可得 $\chi^2_{0.05}(3) = 7.815$。所以检验统计量的值没有落入拒绝域,不能拒绝 H_0,即不同年龄段用户个人信息被盗状况没有显著差异。

表 7.6　个人信息被盗状况调查结果与期望频数

是否被盗	18～29 岁		30～49 岁		50～60 岁		60 岁以上		合计
	n_{ij}	e_{ij}	n_{ij}	e_{ij}	n_{ij}	e_{ij}	n_{ij}	e_{ij}	
被盗	30	34	40	34	40	34	26	34	136
未被盗	170	166	160	166	160	166	174	166	664
合计	200		200		200		200		800

R 语言代码及输出如下：

```
Inform=expand.grid(Hack=c("被盗","未被盗"),
                    Age=c("18-29","30-49","50-60",">=60"))
Inform$Freq=c(30,170,40,160,40,160,26,174)
Inform.tab=xtabs(Freq~Hack+Age,data=Inform)
chisq.test(Inform.tab)
```

```
##
##  Pearson's Chi-squared test
##
## data:  Inform.tab
## X-squared = 5.3863, df = 3, p-value = 0.1456
```

R 中卡方检验输出结果显示，检验的 p 值为 0.145 6，大于显著性水平 0.05，没有理由拒绝原假设。

7.3 相关性度量

前面讨论了通过卡方检验来判断两个分类变量之间是否存在相关性。然而在很多实际问题中，我们并不需要或不仅仅希望检验是否存在相关性，而是希望给出给定的两个分类变量的相关程度，也就是相关性度量。本节我们将介绍以下几种常用的相关性度量，更多关于分类变量相关性度量的讨论可参考 Goodman and Kruskal (1954) 和 Goodman and Kruskal (1959)。

当我们用卡方检验统计量式(7.2)检验两个分类变量之间是否存在相关性时，χ^2 的值越大，越有理由拒绝原假设。所以 χ^2 事实上可以用来描述两个分类变量的相关性。但是 χ^2 作为相关性的度量有其自身的问题，它没有给出相关性强度的有意义的描述。也就是说，它对于确定是否存在相关性是有用的。然而，由于相关性的强度还取决于自由度以及检验统计量的值，因此很难解释相关性的强度。

卡方统计量除以样本量 n，称为**均方列联 (mean square contingency)**，记作 ϕ^2。其计算公式为：

$$\phi^2 = \frac{\chi^2}{n}$$

显然，$\phi^2 \geqslant 0$。当且仅当所有观测频数等于期望频数，即两个变量相互独立时，$\phi^2 = 0$。但是，在不同情形下 ϕ^2 的上限是不同的，由于不能给出固定的上限，因此它并不适合作为相关性的度量。

K. 皮尔逊在 ϕ^2 的基础上进行修正，得到了均方列联系数。**均方列联系数 (coefficient of mean square contingency)**，也称作**列联系数 (coefficient of contingency)**，记作 C。其计算公式为：

$$C = \sqrt{\frac{\chi^2}{n + \chi^2}} = \sqrt{\frac{\phi^2}{1 + \phi^2}}$$

从表达式不难看出，$0 \leqslant C < 1$。当且仅当两个变量相互独立，即 $\chi^2 = 0$ 时，$C = 0$。但是，列联系数的一个缺陷在于它无法达到上限 1，除非变量的类别个数趋于无穷。事实上，可以证明当两个变量完全相关时列联系数达到最大值，而这个最大值依赖于类别个数 r 和 c：

$$0 \leqslant C \leqslant \sqrt{\frac{\min(r, c) - 1}{\min(r, c)}} < 1$$

例如，2×2 列联表的 C 的最大值为 $\sqrt{0.5} = 0.707$。也正是由于 C 的最大值依赖于类别个数，对于不同类别个数的列联表，其列联系数不适合用来比较。比如进行数据分析时，有时需要将变量的某些行或者列合并，然后分析其关联强度是否发生变化，此时就不适合采用列联系数进行比较。

另外两个基于 ϕ^2 构造的相关性的度量分别是 **Tschuprow's T 系数** (Tschuprow, 1939)，其计算公式为：

$$T = \sqrt{\frac{\phi^2}{\sqrt{(r-1)(c-1)}}} = \sqrt{\frac{\chi^2}{n\sqrt{(r-1)(c-1)}}}$$

以及 **Cramér's V 系数** (Cramér, 1946)，其计算公式为：

$$V = \sqrt{\frac{\phi^2}{\min(r-1, c-1)}} = \sqrt{\frac{\chi^2}{n \times \min(r-1, c-1)}}$$

V 系数和 T 系数的取值均是从 0 到 1。当两个变量独立时，$V = T = 0$。此外，当两个变量完全相关时，$V = 1$。而 T 只有当 $r = c$ 时才能等于 1。对于 $r \times r$ 列联表，V 系数和 T 系数相等。对于其他 $r \times c$ 列联表，$T < V$，且差距随着行数和列数差的增大而增大。

最后我们介绍一个 2×2 列联表中常用的相关性度量——**Phi 系数 (Phi coefficient)**，记作 ϕ，它是衡量两个二分类变量相关性的指标，由 Yule 在 1912 年引入，因此也被称为 Yule Phi 系数 (Yule, 1912)。实际上，Phi 系数是皮尔逊相关系数在两个二分类变量上的应用，因此它保留了方向关联类型。对于 2×2 列联表表7.7，Phi 系数的计算公式为：

$$\phi = \frac{n_{11}n_{22} - n_{12}n_{21}}{\sqrt{n_1.n_2.n_{.1}n_{.2}}}$$

表 7.7　2×2 列联表

属性 A	属性 B		合计
	B_1	B_2	
A_1	n_{11}	n_{12}	$n_1.$
A_2	n_{21}	n_{22}	$n_2.$
合计	$n_{.1}$	$n_{.2}$	n

Phi 系数的方向关联性使得它在有序分类变量的相关性度量上有更清晰的解释。假设两个二分类变量均存在序的关系，例如满意度分为 "不满意" "满意" 两类，列联表的行和列均按照升序排列，如果大部分数据落在对角线上的单元格中，则认为两个二分类变量呈正相关，此时 $\phi > 0$。相反，如果大部分数据偏离对角线，则认为两个二分类变量呈负相关，此时 $\phi < 0$。当 $\phi = 0$ 时，两个变量不相关。

此外，通过计算不难发现，对于两个二分类变量，有

$$|\phi| = \sqrt{\phi^2} = \sqrt{\frac{\chi^2}{n}} = T = V$$

> **例 7.4** 例7.1的检验发现，不愿再次入住的主要原因与酒店具有相关性。那么它们的关联程度如何呢? 我们通过相关性度量指标来进行评估。

解 例7.1中已求得卡方检验统计量的值为 $\chi^2 = 27.410$，并且 $r = 4$，$c = 3$，$n = 187$。代入各测量指标的计算公式可得:

列联系数:

$$C = \sqrt{\frac{\chi^2}{n + \chi^2}} = \sqrt{\frac{27.410}{187 + 27.410}} = 0.357\ 5$$

Cramér's V 系数:

$$V = \sqrt{\frac{\chi^2}{n \times \min(r - 1, c - 1)}} = \sqrt{\frac{27.410}{187 \times 2}} = 0.270\ 7$$

Tschuprow's T 系数:

$$T = \sqrt{\frac{\chi^2}{n\sqrt{(r - 1)(c - 1)}}} = \sqrt{\frac{27.410}{187\sqrt{3 \times 2}}} = 0.244\ 6$$

对于列联系数，其最大可能值为 $\sqrt{2/3} = 0.816\ 5$。相对而言，本例中的 $C = 0.357\ 5$ 并不算很大，而 V 系数和 T 系数则更小。综合来看，虽然检验显示不愿再次入住的主要原因与酒店具有相关性，但是它们之间的相关性并不是很强。

各相关性度量指标也可以通过 R 得到，有关代码及输出如下:

```
h.df=expand.grid(Reason=c("价格","地点","服务","其他"),Hotel=c("A","B","C"))
h.df$Freq=c(23,13,39,13,7,5,13,8,37,13,8,8)
h.tab=xtabs(Freq~Reason+Hotel,data=h.df)
library(DescTools)
ContCoef(h.tab)  # 关联系数
```

[1] 0.3575485

```
CramerV(h.tab)  # Cramér's V系数
```

[1] 0.2707211

```
TschuprowT(h.tab)  # Tschuprow's T系数
```

[1] 0.2446241

课后习题

1. 为探究对某种特定商品的购买习惯是否与所在城市的经济水平有关，随机调查了来自不同地区的 254 名居民，数据汇总见表7.8。

表 7.8 购买习惯与所在城市的经济水平数据

购买习惯	城市的经济水平			
	四线及以下城市	三线城市	二线城市	一线城市
经常购买	6	13	14	22
有时购买	8	8	17	21
偶尔购买	40	38	16	13
不购买	12	9	12	6

(1) 画图展示不同经济水平的城市中居民购买习惯是否有差异。

(2) 在显著性水平 0.05 下检验购习惯是否与所在城市的经济水平有关。

2. 某区六年级共有学生 1 289 人，其中男生 732 名，女生 557 名。在某次全区数学测验中，成绩达到优秀的共 894 人，其中男生 485 人，女生 409 人。在显著性水平 0.05 下检验数学成绩与性别是否有关。

(1) 使用卡方检验。

(2) 使用两样本比例差异的 z 检验。

(3) 请问两种检验是否等价？

3. 汽车市场研究人员为研究不同收入群体对车型是否有不同偏好，调查了四个不同收入组的消费者共 428 人，其选择的车型分别为车型一、二、三。数据汇总见表7.9。

表 7.9 车型偏好与收入水平数据

车型	收入水平			
	低收入组	偏低收入组	偏高收入组	高收入组
车型一	24	47	35	18
车型二	31	25	59	38
车型三	19	30	46	56

(1) 提出假设，进行独立性检验；

(2) 计算检验统计量 χ^2 的值；

(3) 在显著性水平 $\alpha = 0.1$ 下进行检验；

(4) 计算列联系数、Cramér's V 系数和 Tschuprow's T 系数并对车型偏好与收入水平的相关性加以说明。

4. 案例分析："丰田二手车价格"（见数据 ToyotaCorolla_part）。本案例研究二手车的销售价格影响因素。模型可以用于：理解二手车价格的影响因素；预测一辆二手车的销售价格；商品化定价模型，对消费者选择二手车提供参考。数据集包括 1 436 辆二手丰田卡罗拉的销售价格和车辆特征，共包含 39 个变量。分析时考虑 10 个变量，分别为：

因变量：二手车价格 (Price)；

解释变量：车龄 (Age)、行驶里程 (KM)、燃料类型 (Fuel Type)、马力 (HP)、颜色 (MetColor)、变速器 (Automatic)、排量 (CC)、车门数 (Doors)、车重 (Weight)。

请根据研究目的，运用本章的知识分析哪些分类解释变量之间具有相关性。

第 7 章补充习题

第8章 线性回归分析

 引例：二手车价格预测

　　一家大型丰田汽车经销商为打算购买丰田汽车的顾客提供了回收二手丰田车的选择，作为以旧换新交易的一部分。经销商会以微薄的利润出售这些回收的二手汽车。为了确保合理的利润，经销商需要预测其要回收的二手车的价格。因此，收集了该经销商以前所有二手丰田卡罗拉的销售数据。这些数据包括销售价格和有关汽车的其他信息，例如车龄 (年)、里程数、燃料类型和发动机尺寸等。

　　如何建立一个统计模型，能够使经销商根据回收的二手车的状况来预测它的销售价格，进而确定回收价格以确保合理的利润？

　　在前面的章节中，我们通过方差分析、列联表分析等方法讨论了两个变量间的相关性。本章我们将学习如何应用回归分析 (regression analysis) 建立模型，定量地解释一些变量对另一个 (或多个) 数值变量的影响，或者通过这些变量对另一个 (或多个) 数值变量进行预测。例如二手车的价格 y 与车龄 x 存在某种关系，一般来说，x 越大，y 相应地越小。当然，这种关系不会是确定性的函数关系，而是存在一定的随机性，因此它们之间的关系可以表示为：

$$y = f(x) + \varepsilon \tag{8.1}$$

其中 ε 是随机误差。y 与 x 的这种关系称为回归关系。方程(8.1)称为回归模型 (regression model)。模型(8.1)等式左边的变量 y，即被解释或预测的数值变量，称为因变量 (dependent variable) 或响应变量 (response variable)。而模型(8.1)等式右边的变量 x，即用来解释或者预测的变量，称为自变量 (independent variable) 或解释变量 (explanatory variable)。按照自变量和因变量之间的关系类型，即 $f(x)$ 的表达式，回归分析可分为线性回归 (linear regression) 分析和非线性回归 (nonlinear regression) 分析。本书只讨论线性回归模型，即自变量与因变量之间是线性关系。另外，按照涉及的自变量的多少，回归分析可分为简单回归分析和多元回归分析。

　　本章将涉及简单线性回归 (simple linear regression)，即一个自变量 x 对一个因变量 y 的线性模型，以及多元线性回归 (multiple linear regression)，即多个自变量 $x_1, x_2, \cdots, x_p$ 对一个因变量 y 的线性模型。

8.1 简单线性回归

8.1.1 模型的建立

简单线性回归模型可以说是回归分析中最简单的模型，它只包含一个因变量和一个自变量，且二者之间存在某种线性关系。**简单线性回归模型 (simple linear regression model)** 可以表示为：

$$y_i = \beta_0 + \beta_1 x_i + \varepsilon_i, \qquad i = 1, 2, \cdots, n \tag{8.2}$$

其中，(x_i, y_i) 表示第 i 个样本观测。β_0 和 β_1 是未知参数，也称为回归系数。ε_i 是**随机误差项 (random error)**，反映了未包含在模型中的其他各种因素对因变量 y 的影响。

模型(8.2)中的线性部分 $\beta_0 + \beta_1 x_i$ 反映了 y 与 x 之间的线性关系。但是我们知道，在实际问题中 y 与 x 之间的关系不可能是确定性的函数关系。例如，在丰田二手车价格预测中，我们会发现二手车价格与车龄呈负线性关系，但是对于相同车龄的丰田二手车，其价格会有所不同，因为价格还有可能受到里程数、颜色或其他未知因素的影响。因此，这一线性关系描述的是对于给定的 x 值，平均来看，y 的值为 $\beta_0 + \beta_1 x$，即

$$\mu = E(y) = \beta_0 + \beta_1 x \tag{8.3}$$

我们称式(8.3)为**回归方程 (regression equation)**。需要指出的是，在回归分析中，这个均值 $E(y)$ 是在给定 x 值的条件下的均值，因此是条件期望，并且 x 只是作为给定的量，而不作为随机变量。由回归方程的含义可知，截距项 β_0 表示当 $x = 0$ 时 y 的均值，而斜率 β_1 表示当自变量 x 变化一个单位时，因变量 y 的平均变化。此外，随机误差项为实际观测值与回归方程之间的差，即

$$\varepsilon_i = y_i - \beta_0 - \beta_1 x_i = y_i - \mu_i, \qquad i = 1, 2, \cdots, n$$

随机误差的波动越小表明 y 与 x 之间的关系越紧密。为满足回归分析的需要，我们通常要对随机误差的分布进行一些假设。在有些情况下，随机误差的分布有可能与 x 有关，但在本书中，我们假设随机误差 ε 的分布与自变量 x 无关。另外，对 ε，我们假设：

$$\begin{cases} \text{期望为零：} E(\varepsilon_i) = 0 \\ \text{等方差：} D(\varepsilon_i) = \sigma^2 \\ \text{不相关：} \mathrm{Cov}(\varepsilon_i, \varepsilon_j) = 0, \quad i \neq j \end{cases} \tag{8.4}$$

简单来说，满足假设式(8.4)的随机误差项独立同分布且期望为 0、方差为 σ^2，记作 $\varepsilon_i \overset{\text{i.i.d.}}{\sim} (0, \sigma^2)$。由 ε 的假设可知，y_i 均值为 $\mu_i = \beta_0 + \beta_1 x_i$，方差为 σ^2，并且对于任意 $i \neq j$，y_i 和 y_j 相互独立，记作 $y_i \overset{\text{indpt}}{\sim} (\beta_0 + \beta_1 x_i, \sigma^2)$。在很多应用场合中我们通常会假定随机误差项服从正态分布。此时，模型关于随机误差项的假设可表述为：

$$\varepsilon_i \overset{\text{i.i.d.}}{\sim} N(0, \sigma^2), \qquad i = 1, 2, \cdots, n \tag{8.5}$$

进而 $y_i \overset{\text{indpt}}{\sim} N(\mu_i, \sigma^2)$，其中 $\mu_i = \beta_0 + \beta_1 x_i$。

8.1.2　最小二乘估计

回归分析的主要目的是分析 y 与 x 之间是否存在某种关系，我们是否可以通过 x 解释或者预测 y。如果可以预测，那么预测的精度有多少？要回答上述问题，我们首先需要通过样本对设定的回归方程进行估计。

将回归方程(8.3)中的回归系数用其相应的估计代替，称为估计的回归方程 (estimated regression equation)，记作

$$\hat{\mu} = \hat{\beta}_0 + \hat{\beta}_1 x \tag{8.6}$$

$\hat{\mu}$ 是均值的估计。在一些教材中也将 $\hat{\mu}$ 表述成 $\hat{y}$。为了强调回归方程其 "均值" 的统计含义并与单一值的预测加以区分，本书统一采用 $\hat{\mu}$。对于每个给定的 x_i，将其代入式(8.6)，即可得到对应的 y 的均值的估计 $\hat{\mu}_i$，即 $\hat{\mu}_i = \hat{\beta}_0 + \hat{\beta}_1 x_i$，称为 x_i 对应的因变量的拟合值 (fitted value)。而 y_i 与其拟合值 $\hat{\mu}_i$ 之间的差，$y_i - \hat{\mu}_i = e_i$，称为残差。图8.1展示了回归方程、估计的回归方程、残差和随机误差。

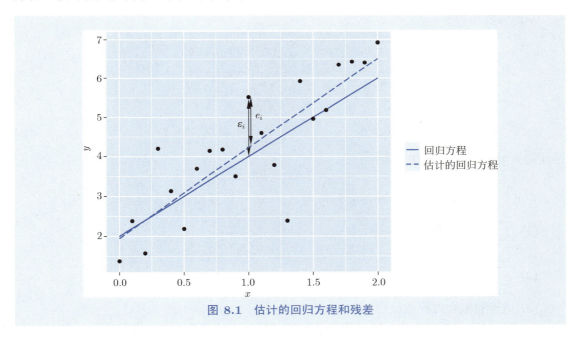

图 8.1　估计的回归方程和残差

8.1.2.1　回归系数的估计

极大似然方法和最小二乘方法是回归分析中常用的两种估计方法。前面已经介绍过极大似然方法，我们需要知道 y_i 的分布。在假设式(8.5)下可知 $y_i \overset{\text{indpt}}{\sim} N(\beta_0 + \beta_1 x_i, \sigma^2)$。由此可以通过极大似然方法得到 β_0、β_1 和 σ^2 的估计，这里我们不详细推导。本章我们将介绍最小二乘方法。

最小二乘方法 (least squares method) 是回归曲线拟合中最常用的方法，它通过最小化误差平方和得到回归参数的估计。简单线性回归模型的误差为 $\varepsilon_i = y_i - E(y_i) = y_i - (\beta_0 + \beta_1 x_i)$，误差平方和记为 Q，即

$$Q(\beta_0, \beta_1) = \sum_{i=1}^{n} \varepsilon_i^2 = \sum_{i=1}^{n} (y_i - \beta_0 - \beta_1 x_i)^2$$

若 $\hat{\beta}_0$ 和 $\hat{\beta}_1$ 使误差平方和 Q 最小, 即

$$\sum_{i=1}^{n} (y_i - \hat{\beta}_0 - \hat{\beta}_1 x_i)^2 = \min_{\beta_0, \beta_1} Q(\beta_0, \beta_1) = \min_{\beta_0, \beta_1} \sum_{i=1}^{n} (y_i - \beta_0 - \beta_1 x_i)^2$$

则称 $\hat{\beta}_0$ 和 $\hat{\beta}_1$ 为 β_0 和 β_1 的**最小二乘估计 (least squares estimation)**。由微积分中的极值定理可知, $Q(\beta_0, \beta_1)$ 存在极小值。$Q(\beta_0, \beta_1)$ 分别对 β_0, β_1 求偏导数并令其等于零得到**正则方程 (normal equations)**, 求解正则方程即可得到 $\hat{\beta}_0$ 和 $\hat{\beta}_1$。

$$\begin{cases} \left.\dfrac{\partial Q(\beta_0, \beta_1)}{\partial \beta_0}\right|_{\beta_0 = \hat{\beta}_0} = -2 \sum_{i=1}^{n} (y_i - \hat{\beta}_0 - \hat{\beta}_1 x_i) = 0 \\[3mm] \left.\dfrac{\partial Q(\beta_0, \beta_1)}{\partial \beta_1}\right|_{\beta_1 = \hat{\beta}_1} = -2 \sum_{i=1}^{n} x_i(y_i - \hat{\beta}_0 - \hat{\beta}_1 x_i) = 0 \end{cases} \tag{8.7}$$

求解方程组可得:

$$\hat{\beta}_1 = \frac{\sum\limits_{i=1}^{n} x_i y_i - n\bar{x}\bar{y}}{\sum\limits_{i=1}^{n} x_i^2 - n\bar{x}^2} = \frac{\sum\limits_{i=1}^{n} (x_i - \bar{x})(y_i - \bar{y})}{\sum\limits_{i=1}^{n} (x_i - \bar{x})^2} = \frac{s_{xy}}{s_{xx}} \tag{8.8}$$

$$\hat{\beta}_0 = \bar{y} - \hat{\beta}_1 \bar{x} \tag{8.9}$$

进而均值 μ 的最小二乘估计为:

$$\hat{\mu} = \hat{\beta}_0 + \hat{\beta}_1 x$$

由式(8.7)至式(8.9)可知, 残差 $e_i = y_i - \hat{\beta}_0 - \hat{\beta}_1 x_i$ 以及拟合方程满足以下约束:

(1) $\sum\limits_{i=1}^{n} e_i = 0$, 即残差和等于零;

(2) $\sum\limits_{i=1}^{n} x_i e_i = 0$, 即残差与自变量不相关;

(3) 估计的拟合方程通过点 $(\bar{x}, \bar{y})$。

由残差和等于零可知, y 的观测值的均值和拟合值的均值相等。由残差与自变量不相关, 我们还可以知道残差与因变量也不相关。

8.1.2.2 σ^2 的估计

在回归分析中, 除了回归系数之外, 还有一个非常重要的参数——总体的方差 σ^2, 它体现了方程对数据的拟合程度。σ^2 的最小二乘估计为:

$$s^2 = \frac{Q(\hat{\beta}_0, \hat{\beta}_1)}{n-2} = \frac{1}{n-2} \sum_{i=1}^{n} e_i^2$$

s^2 是残差的方差, 也称为**均方误差 (mean squares error, MSE)**。其算术平方根 s 是

残差的标准差，也称为**均方根误差 (root mean squares error, RMSE)**。均方误差的分子为残差平方和，分母 $n-2$ 为其自由度。这是因为残差平方和包含 n 个残差平方 e_i^2，但是 n 个残差又受到约束 $\sum_{i=1}^{n} e_i = \sum_{i=1}^{n} x_i e_i = 0$，因此自由度为 $n-2$。

例 8.1 在丰田汽车经销商二手车的价格预测案例中，该经销商收集了以前所有二手丰田卡罗拉的销售数据。该数据共包括 1 436 个观测值、10 个变量，其中销售价格为因变量，其他 9 个变量为汽车的其他相关信息，具体变量见表8.1。为了便于说明问题，本章中我们将暂时不考虑行驶里程 (KM) 低于 500 千米的数据，最终共有 1 425 个观测值。表8.2展示了部分数据。在本例中，我们将只讨论车龄 (Age) 与销售价格之间的关系。请根据数据建立销售价格关于车龄的回归方程，并根据回归方程预测车龄为 48 个月的二手丰田卡罗拉的销售价格。

表 8.1 二手丰田卡罗拉销售数据变量说明表

变量类型	变量名	详细说明	取值范围
因变量	Price	定量数据	4 350 ~ 23 500(单位：美元)
自变量	Age	定量数据	1 ~ 80 (单位：月)
	KM	定量数据	1 ~ 243 000 (单位：千米)
	FuelType	定性数据	CNG、Diesel、Petrol
	HP	定量数据	69 ~ 192
	MetColor	定性数据	0、1 (非金属色、金属色)
	Automatic	定性数据	0、1 (非自动挡、自动挡)
	CC	定量数据	1 300 ~ 2 000 (单位：立方厘米)
	Doors	定量数据	2 ~ 5
	Weight	定量数据	1 000 ~ 1 615 (单位：千克)

表 8.2 二手丰田卡罗拉销售数据

	Price	Age	KM	FuelType	HP	MetColor	Automatic	CC	Doors	Weight
1	13 500	23	46 986	Diesel	90	1	0	2 000	3	1 165
2	13 750	23	72 937	Diesel	90	1	0	2 000	3	1 165
⋮	⋮	⋮	⋮	⋮	⋮	⋮	⋮	⋮	⋮	⋮
1 424	8 500	71	17 016	Petrol	86	0	0	1 300	3	1 015
1 425	7 250	70	16 916	Petrol	86	1	0	1 300	3	1 015

解 建模之前我们先进行描述性统计分析，直方图8.2(a) 显示，销售价格呈现右偏分布，显然不符合线性回归中正态性的假设。考虑将销售价格进行对数变换，经对数变换后的数据其分布的对称性得到了改善，见图8.2(b)。

此外，散点图8.3(a) 展示了销售价格与车龄之间的关系。从图中可以看出，车龄越大，销售价格越低，它们之间略微呈现曲线关系。图中直线是线性拟合，而虚线是通过局部

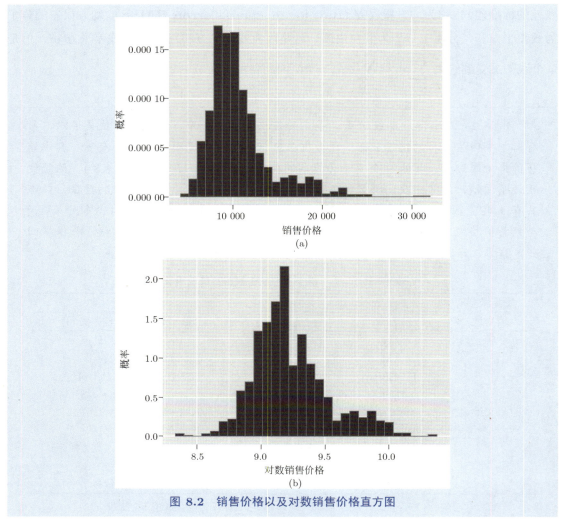

图 8.2　销售价格以及对数销售价格直方图

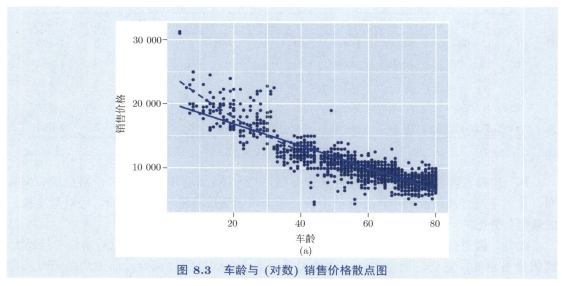

图 8.3　车龄与 (对数) 销售价格散点图

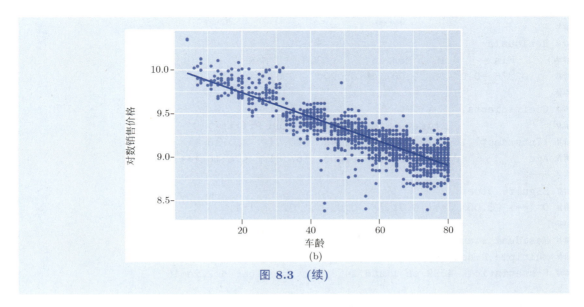

图 8.3　(续)

加权回归 (LOWESS) 得到的曲线拟合，显然在这里曲线拟合更合适。当我们将销售价格取对数之后，二者之间的线性关系就非常显著了，见图8.3(b)，图中的直线即为线性回归方程。

因此，后续分析将对数销售价格作为因变量，记 $y = \log(\text{Price})$，将车龄作为自变量，记 $x = \text{Age}$。

计算可得，$\sum\limits_{i=1}^{1\,425} x_i = 80\,172$，$\sum\limits_{i=1}^{1\,425} y_i = 13\,152.68$，$\sum\limits_{i=1}^{1\,425} x_i^2 = 4\,982\,678$，$\sum\limits_{i=1}^{1\,425} x_i y_i = 733\,370.5$，进而 $\bar{x} = 56.261\,05$，$\bar{y} = 9.229\,951$。代入式(8.8)和式(8.9)，可得

$$\hat{\beta}_1 = \frac{733\,370.5 - 1\,425 \times 56.261\,05 \times 9.229\,951}{4\,982\,678 - 1\,425 \times 56.261\,05^2} = -0.014$$

$$\hat{\beta}_0 = 9.229\,951 - (-0.014) \times 56.261\,05 = 10.02$$

所以对数销售价格对车龄的回归方程为 $\hat{\mu} = 10.02 - 0.014x$。其中回归系数 $\hat{\beta}_1 = -0.014$ 表示，车龄每增加 1 个月，对数销售价格平均降低 0.014 美元。

当车龄为 48 个月，即 $x = 48$ 时，$\hat{\mu} = 10.02 - 0.014 \times 48 = 9.348$ 美元。也就是说，车龄 48 个月的二手丰田卡罗拉，其对数销售价格平均为 9.348 美元，即销售价格平均为 $\mathrm{e}^{9.348} = 11\,475.85$ 美元。

我们可以通过 R 中 lm 函数完成模型估计，具体代码及输出如下所示。可以看到，summary 函数除了给出回归系数的估计，还包含其他信息，我们将在后续的学习中详细讲解。

```
lm1=lm(logPrice~Age,data=toyota1)
summary(lm1)
```

```
##
## Call:
## lm(formula = logPrice ~ Age, data = toyota1)
```

```
##
## Residuals:
##      Min       1Q   Median       3Q      Max
## -1.02376 -0.07416  0.00714  0.09007  0.51791
##
## Coefficients:
##               Estimate Std. Error t value Pr(>|t|)
## (Intercept) 10.0179909  0.0122140  820.21   <2e-16 ***
## Age         -0.0140069  0.0002066  -67.81   <2e-16 ***
## ---
## Signif. codes:
## 0 '***' 0.001 '**' 0.01 '*' 0.05 '.' 0.1 ' ' 1
##
## Residual standard error: 0.1419 on 1423 degrees of freedom
## Multiple R-squared:  0.7637, Adjusted R-squared:  0.7635
## F-statistic:  4599 on 1 and 1423 DF,  p-value: < 2.2e-16
```

此外，我们还可以得到总体方差 σ^2 的估计：

$$s^2 = \frac{1}{1\,425-2}\sum_{i=1}^{n}(y_i - 10.02 + 0.014x_i)^2 = \frac{28.663}{1\,425-2} = 0.020$$

例8.1中回归系数 $\hat{\beta}_1 = -0.014$，这是否能够表明 β_1 不为 0？即 x 对 y 是否有显著影响？此外，我们得到总体方差 σ^2 的估计为 0.020，这是否表明回归方程拟合得足够好？或者说 x 有足够的能力解释 y？我们将在后面回答这些问题。

8.1.3　最小二乘估计的性质

最小二乘方法的发明通常与高斯联系在一起，高斯使用此方法计算得到谷神星的轨道，并在 1809 年将该方法发表于他的著作《天体运动论》中。但是第一个公开发表此方法的是法国科学家勒让德，他于 1806 年独立发明了最小二乘方法。从勒让德和高斯的贡献开始，最小二乘方法逐渐被广泛认可并应用于各个科学领域，成为统计学、经济学、物理学、工程学等领域数据分析和参数估计的重要方法之一。随着计算机技术的发展，最小二乘方法得到了更广泛的应用，并衍生出各种变体和扩展，以满足不同领域的需求。

最小二乘方法具有广泛应用的主要原因是其具有很好的性质。首先，最小二乘方法非常直观，并且所受限制较少。和极大似然方法相比，最小二乘方法并不需要分布族的假设。

其次，最小二乘估计具有无偏性，即

$$E(\hat{\beta}_0) = \beta_0, \quad E(\hat{\beta}_1) = \beta_1, \quad E(s^2) = \sigma^2$$

由回归系数估计的无偏性，我们可以得到拟合值的无偏性，即

$$E(\hat{\mu}) = E(\hat{\beta}_0) + E(\hat{\beta}_1)x = \beta_0 + \beta_1 x$$

事实上，除了无偏性，高斯–马尔可夫定理指出，在一切线性无偏估计中，最小二乘估计具有最小方差，也就是所谓的 **最佳线性无偏估计 (best linear unbiased estimation,**

BLUE)。这也是高斯对最小二乘方法的重要贡献之一。最小二乘估计的方差为：

$$D(\hat{\beta}_1) = \frac{\sigma^2}{s_{xx}}, \quad D(\hat{\beta}_0) = \sigma^2 \left(\frac{1}{n} + \frac{\bar{x}^2}{s_{xx}} \right), \quad D(\hat{\mu}) = \sigma^2 \left[\frac{1}{n} + \frac{(x - \bar{x})^2}{s_{xx}} \right]$$

方差的算术平方根即为相应的标准差，分别记作：

$$\sigma_{\hat{\beta}_1} = \frac{\sigma}{\sqrt{s_{xx}}}, \quad \sigma_{\hat{\beta}_0} = \sigma \sqrt{\frac{1}{n} + \frac{\bar{x}^2}{s_{xx}}}, \quad \sigma_{\hat{\mu}} = \sigma \sqrt{\frac{1}{n} + \frac{(x - \bar{x})^2}{s_{xx}}}$$

估计的标准差可以帮助我们衡量估计的好坏，但是这里还含有参数 σ。一般来说，总体方差 σ^2 未知，所以我们用其估计 s^2 来代替，得到这些估计的标准差的估计，称为**标准误 (standard error)**。所以，估计 $\hat{\beta}_1$、$\hat{\beta}_0$ 和 $\hat{\mu}$ 的标准误分别为：

$$s_{\hat{\beta}_1} = \frac{s}{\sqrt{s_{xx}}}, \quad s_{\hat{\beta}_0} = s \sqrt{\frac{1}{n} + \frac{\bar{x}^2}{s_{xx}}}, \quad s_{\hat{\mu}} = s \sqrt{\frac{1}{n} + \frac{(x - \bar{x})^2}{s_{xx}}}$$

为了得到最小二乘估计的期望和方差，我们不难发现，无论是 $\hat{\beta}_0$ 还是 $\hat{\beta}_1$，均为 $y_1, y_2, \cdots, y_n$ 的线性组合，即

$$\hat{\beta}_1 = \frac{\displaystyle\sum_{i=1}^{n}(x_i - \bar{x})(y_i - \bar{y})}{\displaystyle\sum_{i=1}^{n}(x_i - \bar{x})^2} = \frac{\displaystyle\sum_{i=1}^{n}(x_i - \bar{x})y_i}{s_{xx}} = \sum_{i=1}^{n} c_i y_i$$

$$\hat{\beta}_0 = \bar{y} - \hat{\beta}_1 \bar{x} = \sum_{i=1}^{n} \left[\frac{1}{n} - \frac{\bar{x}(x_i - \bar{x})}{s_{xx}} \right] y_i = \sum_{i=1}^{n} k_i y_i$$

其中

$$c_i = \frac{x_i - \bar{x}}{s_{xx}}, \qquad k_i = \frac{1}{n} - \frac{\bar{x}(x_i - \bar{x})}{s_{xx}}, \qquad i = 1, 2, \cdots, n$$

计算发现 c_i 以及 k_i 满足

$$\sum_{i=1}^{n} c_i = \sum_{i=1}^{n} \frac{x_i - \bar{x}}{s_{xx}} = 0, \qquad \sum_{i=1}^{n} c_i x_i = 1, \qquad \sum_{i=1}^{n} c_i^2 = \frac{1}{s_{xx}}$$

$$\sum_{i=1}^{n} k_i = \sum_{i=1}^{n} \left[\frac{1}{n} - \frac{\bar{x}(x_i - \bar{x})}{s_{xx}} \right] = 1, \qquad \sum_{i=1}^{n} k_i x_i = 0, \qquad \sum_{i=1}^{n} k_i^2 = \frac{1}{n} + \frac{\bar{x}^2}{s_{xx}}$$

所以有

$$E(\hat{\beta}_0) = E\left(\sum_{i=1}^{n} k_i y_i \right) = \sum_{i=1}^{n} k_i E(y_i) = \sum_{i=1}^{n} k_i(\beta_0 + \beta_1 x_i) = \beta_0 \sum_{i=1}^{n} k_i + \beta_1 \sum_{i=1}^{n} k_i x_i = \beta_0$$

$$E(\hat{\beta}_1) = E\left(\sum_{i=1}^{n} c_i y_i \right) = \sum_{i=1}^{n} c_i E(y_i) = \sum_{i=1}^{n} c_i(\beta_0 + \beta_1 x_i) = \beta_0 \sum_{i=1}^{n} c_i + \beta_1 \sum_{i=1}^{n} c_i x_i = \beta_1$$

由 $y_1, y_2, \cdots, y_n$ 相互独立且 $D(y_i) = \sigma^2$，可以得到

$$D(\hat{\beta}_1) = \sigma^2 \sum_{i=1}^{n} c_i^2 = \frac{\sigma^2}{s_{xx}}, \qquad D(\hat{\beta}_0) = \sigma^2 \sum_{i=1}^{n} k_i^2 = \sigma^2 \left(\frac{1}{n} + \frac{\bar{x}^2}{s_{xx}} \right)$$

类似地，可以得到 $\hat{\mu}$ 的方差，这里不再赘述。

8.1.4　回归系数的统计推断

前面我们对回归系数进行了估计，进而得到回归方程，并在例8.1中通过回归方程对 μ 进行了 (点) 估计和预测。更进一步，我们还可以得到区间估计。此外，在回归分析中还有一项重要的研究内容，即判断 x 对 y 是否有显著影响，这主要通过对回归系数 β_1 的统计推断进行研究。在后续研究中，如无特别说明，线性模型(8.2)将建立在随机误差正态分布的假设式(8.5)之上，即

$$y_i = \beta_0 + \beta_1 x_i + \varepsilon_i, \qquad \varepsilon_i \overset{\text{i.i.d.}}{\sim} N(0, \sigma^2), \qquad i = 1, 2, \cdots, n \qquad (8.10)$$

8.1.4.1　回归系数的区间估计

在模型(8.10)下，我们不难得到 $(\hat{\beta}_j - \beta_j)/\sigma_{\hat{\beta}_j} \sim N(0,1)$，$j = 0, 1$。此时分母中含有未知参数。当我们用标准误来代替分母 $\sigma_{\hat{\beta}_j}$ 时即得到自由度为 $n-2$ 的 t 统计量：

$$T = \frac{\hat{\beta}_j - \beta_j}{s_{\hat{\beta}_j}} \sim t(n-2) \qquad (8.11)$$

由此，我们可以建立 β_0 和 β_1 的区间估计。β_0 的置信水平为 $1-\alpha$ 的置信区间为：

$$\hat{\beta}_0 \pm t_{\alpha/2}(n-2) s \sqrt{\frac{1}{n} + \frac{\bar{x}^2}{s_{xx}}}$$

β_1 的置信水平为 $1-\alpha$ 的置信区间为：

$$\hat{\beta}_1 \pm t_{\alpha/2}(n-2) \frac{s}{\sqrt{s_{xx}}}$$

> **例 8.2**　利用例8.1中的数据资料和分析结果，计算回归方程斜率 β_1 的标准误并给出置信水平为 0.95 的置信区间。

解　由例8.1的计算结果可知，总体方差 σ^2 的估计为 $s^2 = 0.020$。而 $s_{xx} = 4\,982\,678 - 1\,425 \times 56.261\,05^2 = 472\,117.3$，所以 β_1 的标准误为：

$$s_{\hat{\beta}_1} = \sqrt{0.020/472\,117.3} = 0.000\,2$$

又已知 β_1 的估计为 $\hat{\beta}_1 = -0.014$。样本量 $n = 1\,425$，$1 - \alpha = 0.95$，由此计算可得 $t_{0.025}(1\,423) = 1.96$。所以 β_1 的置信水平为 0.95 的置信区间为：

$$-0.014 \pm 1.96 \times 0.000\,2 = -0.014 \pm 0.000\,392 = [-0.014\,4, -0.013\,6]$$

即 $-0.014\,4 \leqslant \beta_1 \leqslant -0.013\,6$。

8.1.4.2　斜率的显著性检验

在简单线性回归中，检验 x 对 y 的影响是否显著，即检验回归系数 β_1 是否为 0。检验的原假设和备择假设分别为：

$$H_0: \beta_1 = 0 \quad 与 \quad H_1: \beta_1 \neq 0$$

若 H_0 成立，则回归方程为常数 β_0，也就是 y 的取值不依赖于 x，即 x 与 y 不存在线性关系。若拒绝 H_0，则认为 x 与 y 之间存在线性关系。根据式(8.11)，我们采用 t 检验统计量

$$T = \frac{\hat{\beta}_1}{s_{\hat{\beta}_1}} = \frac{\hat{\beta}_1}{s/\sqrt{s_{xx}}} \tag{8.12}$$

当 H_0 成立时，T 服从自由度为 $n-2$ 的 t 分布。所以，对于显著性水平 α，其临界值为 $t_{\alpha/2}(n-2)$。记 T 的观测值为 T_0，若 $|T_0| \geqslant t_{\alpha/2}(n-2)$，则拒绝原假设，接受备择假设，即认为回归系数 β_1 不等于 0，此时认为自变量 x 对因变量 y 有显著影响。否则，认为 x 对 y 没有显著影响。

等价地，我们还可以计算检验的 p 值：

$$p = \Pr(|T| \geqslant |T_0|) = 2\Pr(T \geqslant |T_0|)$$

其中 T 表示服从自由度为 $n-2$ 的 t 分布的随机变量。若 $p < \alpha$，则拒绝原假设；反之则接受原假设。

> **例 8.3**　利用例8.1中的数据资料和分析结果，检验车龄对对数销售价格是否有显著影响 $(\alpha = 0.05)$。

解　首先，检验车龄对对数销售价格是否有显著影响，即检验假设

$$H_0: \beta_1 = 0 \quad 与 \quad H_1: \beta_1 \neq 0$$

其次，计算 t 检验统计量的观测值：

$$T_0 = \frac{\hat{\beta}_1}{s_{\hat{\beta}_1}} = -\frac{0.014}{0.000\,2} = -70$$

由 $n = 1\,425$，对于显著性水平 $\alpha = 0.05$，其临界值为 $t_{0.025}(1\,423) = 1.96$。而 $|T_0| \geqslant 1.96$，所以拒绝原假设，认为车龄对对数销售价格有显著影响。这一结论与例8.2中的结论一致。此外，我们还可以计算得到此检验的 p 值：

$$p = 2\Pr(T \geqslant |T_0|) = 2\Pr(T \geqslant 70) \doteq 0$$

8.1.5　置信与预测区间

回归分析的一个重要功能是进行预测，例如我们希望预测某辆特定行驶里程的二手车的销售价格。在8.1.2节中我们讨论了均值的点估计 $\hat{\mu}$ 及其标准误 $\sigma_{\hat{\mu}}$。事实上，我们不仅可以得到点估计，还可以基于此讨论其区间估计。基于回归方程，我们可以给出两种不同的

区间估计：一是置信区间 (confidence interval)，给定 x 的值 x_0，利用回归方程求出 y 的均值的区间估计；二是预测区间 (prediction interval)，给定 x 的值 x_0，利用回归方程求出 y 的个别值的区间估计。

对于给定的 x_0，由8.1.3节可知，8.1.2节中我们给出的均值 $\mu_0 = \beta_0 + \beta_1 x_0$ 的点估计是 y_i 的线性组合：

$$\hat{\mu}_0 = \hat{\beta}_0 + \hat{\beta}_1 x_0 = \sum_{i=1}^{n} (k_i + x_0 c_i) y_i$$

由此可知，$\hat{\mu}_0$ 服从正态分布

$$\frac{\hat{\mu}_0 - \mu_0}{\sigma_{\hat{\mu}_0}} = \frac{\hat{\mu}_0 - \mu_0}{\sigma \sqrt{\dfrac{1}{n} + \dfrac{(x_0 - \bar{x})^2}{s_{xx}}}} \sim N(0,1)$$

由于 $\sigma_{\hat{\mu}_0}$ 中含有未知参数 σ，所以我们用标准误 $\sigma_{\hat{\mu}_0}$ 代替，进而得到 t 分布：

$$\frac{\hat{\mu}_0 - \mu_0}{s_{\hat{\mu}_0}} = \frac{\hat{\beta}_0 + \hat{\beta}_1 x_0 - \mu_0}{s \sqrt{\dfrac{1}{n} + \dfrac{(x_0 - \bar{x})^2}{s_{xx}}}} \sim t(n-2)$$

由此可得，对于给定的 x_0，均值 μ_0 的置信水平为 $1 - \alpha$ 的置信区间为：

$$\hat{\mu}_0 \pm t_{\alpha/2}(n-2) s_{\hat{\mu}_0} = (\hat{\beta}_0 + \hat{\beta}_1 x_0) \pm t_{\alpha/2}(n-2) s \sqrt{\frac{1}{n} + \frac{(x_0 - \bar{x})^2}{s_{xx}}}$$

预测区间与置信区间不同，预测区间是对给定的 x_0，利用回归方程求出因变量个别值 y_0 的区间估计。由模型，y_0 可以表示为：

$$y_0 = \mu_0 + \varepsilon_0 = \beta_0 + \beta_1 x_0 + \varepsilon_0$$

其中 ε_0 是不可观测的随机误差，并且 $E(\varepsilon_0) = 0$。所以估计 y_0 时，用 ε_0 的期望代替 ε_0，也就是说 y_0 的估计即为 $\hat{\mu}_0$：

$$\hat{y}_0 = \hat{\mu}_0 = \hat{\beta}_0 + \hat{\beta}_1 x_0$$

但与均值估计不同的是，个别值预测的残差为：

$$e_0 = y_0 - \hat{y}_0 = \mu_0 - \hat{\mu}_0 + \varepsilon_0$$

显然 $E(e_0) = 0$，且由残差的表达式可以看出，残差的方差不仅要考虑均值估计的方差，同时还要考虑随机误差的方差，即

$$D(e_0) = \sigma^2 \left[1 + \frac{1}{n} + \frac{(x_0 - \bar{x})^2}{s_{xx}} \right]$$

基于残差的方差，类似置信区间的讨论，我们可以得到，对于给定的 x_0，个别值 y_0 的置信水平为 $1 - \alpha$ 的预测区间为：

$$(\hat{\beta}_0 + \hat{\beta}_1 x_0) \pm t_{\alpha/2}(n-2) s \sqrt{1 + \frac{1}{n} + \frac{(x_0 - \bar{x})^2}{s_{xx}}}$$

例 8.4 利用例8.1中的回归方程，计算车龄为 48 个月的二手车对数销售价格的置信水平为 0.95 的置信区间以及预测区间。

解 由例8.1中的数据可得，$\hat{\beta}_0 = 10.02$，$\hat{\beta}_1 = -0.014$，所以对于车龄 $x_0 = 48$，其对数销售价格的估计为：

$$\hat{\beta}_0 + \hat{\beta}_1 x_0 = 10.02 - 0.014 \times 48 = 9.348$$

由计算可知，$\bar{x} = 56.261$，$s^2 = 0.020$，$s_{xx} = 472\ 117.3$，而 $t_{0.025}(1\ 423) = 1.96$，所以车龄为 48 个月的二手车对数销售价格的置信水平为 0.95 的置信区间为：

$$9.348 \pm 1.96 \times \sqrt{0.020} \times \sqrt{\frac{1}{1\ 425} + \frac{(48 - 56.261)^2}{472\ 117.3}}$$

$$= 9.348 \pm 0.008\ 1 = [9.340, 9.356]$$

而置信水平为 0.95 的预测区间为：

$$9.348 \pm 1.96 \times \sqrt{0.020} \times \sqrt{1 + \frac{1}{1\ 425} + \frac{(48 - 56.261)^2}{472\ 117.3}}$$

$$= 9.348 \pm 0.278\ 3 = [9.069\ 7, 9.626\ 3]$$

置信区间与预测区间可以通过 R 中的 predict 函数得到，具体代码及输出如下：

```
predict(lm1, data.frame(Ag =c(48)),
        interval="confidence", level=0.95)
```

```
##      fit     lwr      upr
## 1 9.34566 9.33756 9.353759
```

```
predict(lm1, data.frame(Age=c(48)),
        interval="prediction", level=0.95)
```

```
##      fit     lwr      upr
## 1 9.34566 9.067138 9.624181
```

8.2 多元线性回归

8.1节我们讨论了简单线性回归模型，但是在实际问题中，影响因变量的因素 (自变量) 可能不止一个。此时，我们需要考虑多元线性回归模型。多元线性回归是简单线性回归的推广，其基本原理与简单线性回归模型类似。受篇幅所限，本节对与简单线性回归模型中的讨论类似的内容，仅给出相关结论而不作详细说明和论证。

8.2.1 多元线性回归模型

多元线性回归模型包含一个因变量和多个自变量，含有 p 个自变量的多元线性回归模型的一般形式如下：

$$y_i = \mu_i + \varepsilon_i = \beta_0 + \beta_1 x_{i1} + \cdots + \beta_p x_{ip} + \varepsilon_i, \qquad i = 1, 2, \cdots, n \tag{8.13}$$

其中，$\mu_i = \beta_0 + \beta_1 x_{i1} + \cdots + \beta_p x_{ip}$ 为回归方程部分，$(x_{i1}, \cdots, x_{ip}, y_i)$ 表示第 i 个样本观测。$\beta_0, \beta_1, \cdots, \beta_j$ 为回归系数，$\beta_j\,(j = 1, \cdots, p)$ 表示在其他自变量均保持不变的条件下，自变量 x_j 变化一个单位时因变量 y 的平均变化量，因此，也称为偏回归系数。随机误差项 ε_i 的假设依然遵循式(8.4)或式(8.5)。

基于容量为 n 的样本 $\{(x_{i1}, \cdots, x_{ip}, y_i), i = 1, \cdots, n\}$，依然可以采用最小二乘方法得到回归系数以及总体方差的估计，进而得到估计的回归方程：

$$\hat{\mu} = \hat{\beta}_0 + \hat{\beta}_1 x_1 + \cdots + \hat{\beta}_p x_p$$

其中，$\hat{\beta}_0, \hat{\beta}_1, \cdots, \hat{\beta}_p$ 使误差平方和

$$Q(\beta_0, \beta_1, \cdots, \beta_p) = \sum_{i=1}^{n} \varepsilon_i^2 = \sum_{i=1}^{n} (y_i - \beta_0 - \beta_1 x_{i1} - \cdots - \beta_p x_{ip})^2 \tag{8.14}$$

达到最小。

为了表述方便，我们采用矩阵的表达形式。记

$$\boldsymbol{y} = \begin{pmatrix} y_1 \\ y_2 \\ \vdots \\ y_n \end{pmatrix}, \quad \boldsymbol{X} = \begin{pmatrix} 1 & x_{11} & \cdots & x_{1p} \\ 1 & x_{21} & \cdots & x_{2p} \\ \vdots & \vdots & & \vdots \\ 1 & x_{n1} & \cdots & x_{np} \end{pmatrix}, \quad \boldsymbol{\beta} = \begin{pmatrix} \beta_0 \\ \beta_1 \\ \vdots \\ \beta_p \end{pmatrix}, \quad \boldsymbol{\varepsilon} = \begin{pmatrix} \varepsilon_1 \\ \varepsilon_2 \\ \vdots \\ \varepsilon_n \end{pmatrix}$$

另记

$$\hat{\boldsymbol{\beta}} = \begin{pmatrix} \hat{\beta}_0 \\ \hat{\beta}_1 \\ \vdots \\ \hat{\beta}_p \end{pmatrix}, \quad \hat{\boldsymbol{\mu}} = \begin{pmatrix} \hat{\mu}_1 \\ \hat{\mu}_2 \\ \vdots \\ \hat{\mu}_n \end{pmatrix}, \quad \boldsymbol{e} = \begin{pmatrix} e_1 \\ e_2 \\ \vdots \\ e_n \end{pmatrix}$$

则回归模型(8.13)的矩阵形式为：

$$\boldsymbol{y} = \boldsymbol{X}\boldsymbol{\beta} + \boldsymbol{\varepsilon}$$

$\boldsymbol{\beta}$ 的最小二乘估计为：

$$\hat{\boldsymbol{\beta}} = (\boldsymbol{X}'\boldsymbol{X})^{-1}\boldsymbol{X}'\boldsymbol{y}$$

而拟合值向量为 $\hat{\boldsymbol{\mu}} = \boldsymbol{X}\hat{\boldsymbol{\beta}}$，相应的残差向量为 $\boldsymbol{e} = \boldsymbol{y} - \hat{\boldsymbol{\mu}}$。

可以证明，$\hat{\boldsymbol{\beta}}$ 是 $\boldsymbol{\beta}$ 的无偏估计，其协方差阵为：

$$\Sigma_{\hat{\boldsymbol{\beta}}} = \text{Cov}(\hat{\boldsymbol{\beta}}) = \sigma^2 (\boldsymbol{X'X})^{-1} \tag{8.15}$$

$\Sigma_{\hat{\boldsymbol{\beta}}}$ 的主对角线元素即为各回归系数估计的方差，记作 $\sigma^2_{\hat{\beta}_j}$，$j = 0, 1, \cdots, p$。此外，高斯–马尔可夫定理对于多元线性回归模型依然成立。也就是说，在多元线性回归模型中，回归系数的最小二乘估计是最佳线性无偏估计。

与简单线性回归类似，总体方差 σ^2 的估计同样通过残差平方和除以其自由度来得到，即

$$s^2 = \text{MSE} = \frac{Q(\hat{\boldsymbol{\beta}})}{n-p-1} = \frac{1}{n-p-1} \sum_{i=1}^{n} e_i^2$$

用 s^2 替换式(8.15)中的 σ^2 即得到 $\Sigma_{\hat{\boldsymbol{\beta}}}$ 的估计，此估计的主对角线元素记作 $s^2_{\hat{\beta}_j}$，即为 $\sigma^2_{\hat{\beta}_j}$ 的估计，其算术平方根 $s_{\hat{\beta}_j}$ 称为 $\hat{\beta}_j$ 的标准误。

8.2.2　回归系数的统计推断

本节我们将讨论单个回归系数的区间估计和假设检验。与简单线性回归类似，本节的讨论基于随机误差正态性假设式(8.5)。在此假设之下，可以得到：

$$\frac{\hat{\beta}_j - \beta_j}{s_{\hat{\beta}_j}} \sim t(n-p-1) \tag{8.16}$$

据此，我们可以建立关于 β_j 的置信水平为 $1 - \alpha$ 的置信区间：

$$\hat{\beta}_j \pm t_{\alpha/2}(n-p-1) s_{\hat{\beta}_j}$$

在多元线性回归模型中，由于自变量之间可能或多或少具有一定的相关性。例如考虑含有两个自变量 x_1 和 x_2 的模型，当 x_1 包含在模型中时，x_2 对 y 的影响一部分已经通过 x_1 对 y 的影响反映出来，我们关心剩余的没有通过 x_1 对 y 的影响反映出来的影响是否显著。这是通过对回归系数 β_2 的检验来完成的。

对单个回归系数检验的原假设和备择假设分别为：

$$H_0 : \beta_j = 0 \quad \text{与} \quad H_1 : \beta_j \neq 0$$

若 H_0 成立，表明当其他 $p-1$ 个自变量在模型中时，x_j 对 y 的影响不显著。反之，若拒绝 H_0，则认为当其他 $p-1$ 个自变量在模型中时，x_j 对 y 的影响依然显著。检验采用 t 统计量

$$T = \frac{\hat{\beta}_j}{s_{\hat{\beta}_j}} \overset{H_0}{\sim} t(n-p-1)$$

对于显著性水平 α，其临界值为 $t_{\alpha/2}(n-p-1)$。记 T 的观测值为 T_0，若 $|T_0| \geqslant t_{\alpha/2}(n-p-1)$，则拒绝原假设，接受备择假设，即认为回归系数 β_j 不等于 0。此时认为当

其他 $p-1$ 个自变量在模型中时，自变量 x_j 对因变量 y 有显著影响。否则，认为 x_j 对 y 没有显著影响。

等价地，我们还可以计算检验的 p 值：

$$p = \Pr(|T| \geqslant |T_0|) = 2\Pr(T \geqslant |T_0|)$$

其中 T 表示服从自由度为 $n-p-1$ 的 t 分布的随机变量。若 $p < \alpha$，则拒绝原假设；反之，则接受原假设。

> **例 8.5** 关于丰田汽车经销商二手车的价格预测，例8.1建立了对数销售价格 (logPrice) 与车龄 (Age) 的简单线性模型。在本例中，除了考虑车龄，我们还将考虑行驶里程 (KM) 对二手车价格的影响。请根据数据建立对数销售价格关于车龄和行驶里程的回归方程并对每个变量进行显著性检验。

解 我们考虑回归模型：

$$\text{logPrice} = \beta_0 + \beta_1 \text{Age} + \beta_2 \text{KM} + \varepsilon$$

使用 R 对模型进行估计，输出结果如下：

```
##
## Call:
## lm(formula = logPrice ~ Age + KM, data = toyota1)
##
## Residuals:
##      Min       1Q   Median       3Q      Max
## -0.84065 -0.07928  0.00154  0.07979  0.49595
##
## Coefficients:
##               Estimate Std. Error t value Pr(>|t|)
## (Intercept)  1.004e+01  1.122e-02  895.00   <2e-16 ***
## Age         -1.219e-02  2.166e-04  -56.29   <2e-16 ***
## KM          -1.802e-06  1.061e-07  -16.98   <2e-16 ***
## ---
## Signif. codes:
## 0 '***' 0.001 '**' 0.01 '*' 0.05 '.' 0.1 ' ' 1
##
## Residual standard error: 0.1295 on 1422 degrees of freedom
## Multiple R-squared:  0.8035, Adjusted R-squared:  0.8033
## F-statistic:  2908 on 2 and 1422 DF,  p-value: < 2.2e-16
```

从输出结果可以得到：

$$\hat{\beta}_0 = 1.004, \qquad \hat{\beta}_1 = -0.012\,19, \qquad \hat{\beta}_2 = -1.802 \times 10^{-6}$$

即估计的回归方程为：

$$\text{logPrice} = 1.004 - 0.012\,19 \times \text{Age} - 1.802 \times 10^{-6} \times \text{KM} + \varepsilon$$

在行驶里程保持不变时，车龄增加 1 个月，对数销售价格平均降低 0.012 19 美元。而在车龄保持不变时，行驶里程增加 1 千米，对数销售价格平均降低 1.802×10^{-6} 美元。

输出显示均方根误差 $s = 0.129\,5$，即总体方差 σ^2 的估计 $s^2 = 0.016\,77$。

此外，对回归系数进行显著性检验。对于车龄，输出结果显示检验统计量的值 $T_1 = \hat{\beta}_1/s_{\hat{\beta}_1} = -56.29$，$p$ 值 $\doteq 0$，所以拒绝原假设，表示在模型已包含行驶里程作为自变量的条件下，车龄对对数销售价格有显著影响。类似地，对于行驶里程，输出结果显示检验统计量的值 $T_2 = \hat{\beta}_2/s_{\hat{\beta}_2} = -16.98$，$p$ 值 $\doteq 0$，所以拒绝原假设，表示在模型已包含车龄作为自变量的条件下，行驶里程对对数销售价格有显著影响。

8.2.3　置信与预测区间

与简单线性回归类似，对于给定的自变量的值，我们可以得到因变量的置信区间以及预测区间。为了保持内容的完整性，我们给出置信区间以及预测区间的计算公式。但是其计算非常复杂，我们通常借助软件完成。

给定自变量的值 $\boldsymbol{x}_0 = (1, x_{01}, \cdots, x_{0p})'$，均值 $\mu_0 = \boldsymbol{\beta}'\boldsymbol{x}_0$ 的置信水平为 $1 - \alpha$ 的置信区间为：

$$(\hat{\beta}_0 + \hat{\beta}_1 x_{01} + \cdots + \hat{\beta}_p x_{0p}) \pm t_{\alpha/2}(n - p - 1)s\sqrt{\boldsymbol{x}_0'(\boldsymbol{X}'\boldsymbol{X})^{-1}\boldsymbol{x}_0}$$

而个别值 y_0 的置信水平为 $1 - \alpha$ 的预测区间为

$$(\hat{\beta}_0 + \hat{\beta}_1 x_{01} + \cdots + \hat{\beta}_p x_{0p}) \pm t_{\alpha/2}(n - p - 1)s\sqrt{1 + \boldsymbol{x}_0'(\boldsymbol{X}'\boldsymbol{X})^{-1}\boldsymbol{x}_0}$$

> **例 8.6**　例 8.5 中建立了对数销售价格关于车龄和行驶里程的回归方程。请根据此模型对车龄 48 个月、行驶里程 5 万千米的二手丰田卡罗拉的对数销售价格建立置信水平为 0.95 的置信区间和预测区间。

解　R 语言代码及输出如下所示，由输出结果可知，车龄 48 个月、行驶里程 5 万千米的二手丰田卡罗拉的平均对数销售价格为 9.462 561 美元，其 0.95 的置信区间为 [9.453 523, 9.471 599] 美元；个别值的 0.95 的预测区间为 [9.208 461, 9.716 661] 美元。

```
predict(lm2,data.frame(Age=40,KM=50000),
        interval="confidence",level=0.95)
```

```
##        fit      lwr      upr
## 1 9.462561 9.453523 9.471599
```

```
predict(lm2,data.frame(Age=40,KM=50000),
        interval="prediction",level=0.95)
```

```
##        fit      lwr      upr
## 1 9.462561 9.208461 9.716661
```

8.3　回归模型的评估

本节我们将对线性回归模型拟合的程度进行评估。评估的方法包括可决系数和整体显著性 F 检验，这两种方法均是基于离差分解的思想。方差分析的原理在第 6 章中已详细介绍，本节只是将其应用到回归模型中。本节所讨论的线性回归模型既包括简单线性回归模型，也包括多元线性回归模型。我们主要以多元线性回归模型为例进行讲解，而简单线性回归模型只是其特例 (解释变量只有一个)。

8.3.1　回归方程的显著性检验

对于多元线性回归模型

$$y_i = \beta_0 + \beta_1 x_{i1} + \beta_2 x_{i2} + \cdots + \beta_p x_{ip} + \varepsilon_i, \qquad i = 1, 2, \cdots, n$$

我们除了关心每个解释变量对因变量是否有显著影响，还关心所有自变量作为一个整体对 y 的线性关系是否显著，即检验假设

$$H_0 : \beta_1 = \beta_2 = \cdots = \beta_p = 0 \quad \text{与} \quad H_1 : \text{至少一个} \beta_j \neq 0, \quad j = 1, 2, \cdots, p \qquad (8.17)$$

我们将通过离差分解的思想构造 F 检验统计量来完成回归模型整体的显著性检验。

因变量的观测值 y_i 与其样本均值的离差，$y_i - \bar{y}$，称为总离差。其相应的 离差平方和 (SST) 为：

$$\text{SST} = \sum_{i=1}^{n} (y_i - \bar{y})^2$$

在线性回归中，总离差可以分解为两部分 (见图8.4)：一是由回归模型 (即自变量) 解释的离差 $\hat{\mu}_i - \bar{y}$；二是模型未能解释的离差，即残差 $e_i = y_i - \hat{\mu}_i$。

$$y_i - \bar{y} = (\hat{\mu}_i - \bar{y}) + (y_i - \hat{\mu}_i), \qquad i = 1, 2, \cdots, n$$

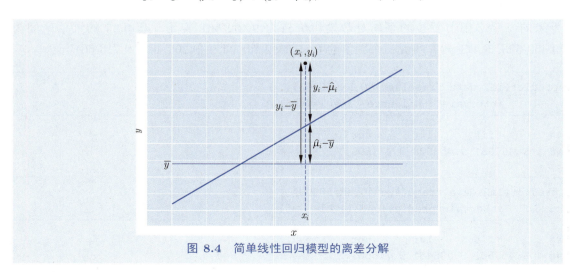

图 8.4　简单线性回归模型的离差分解

将等式两边平方后求和，则离差平方和可表示为：

$$\text{SST} = \sum_{i=1}^{n}(y_i - \bar{y})^2 = \sum_{i=1}^{n}(\hat{\mu}_i - \bar{y})^2 + \sum_{i=1}^{n}(y_i - \hat{\mu}_i)^2 + 2\sum_{i=1}^{n}(\hat{\mu}_i - \bar{y})(y_i - \hat{\mu}_i)$$

$$= \sum_{i=1}^{n}(\hat{\mu}_i - \bar{y})^2 + \sum_{i=1}^{n}(y_i - \hat{\mu}_i)^2 = \text{SSR} + \text{SSE}$$

等式右边的第一项 $\text{SSR} = \sum_{i=1}^{n}(\hat{\mu}_i - \bar{y})^2$ 中，$\hat{\mu}_i$ 为因变量的回归拟合值。SSR 度量了因变量的离差中可以由回归模型解释的部分，因此 SSR 称为**回归平方和 (regression sum of squares)**。等式右边的第二项 $\text{SSE} = \sum_{i=1}^{n}(y_i - \hat{\mu}_i)^2 = \sum_{i=1}^{n}e_i^2$ 称为**残差平方和 (residual/error sum of squares)**，它度量了因变量的离差中回归模型没有解释的部分。离差分解的过程通常汇总为方差分析表 (见表8.3)。

表 8.3 多元回归方差分析表

误差来源	df	平方和	均方	F 值	F 临界值
回归	p	SSR	$\text{MSR} = \dfrac{\text{SSR}}{p}$	$F = \dfrac{\text{MSR}}{\text{MSE}}$	$F_\alpha(p, n-p-1)$
残差	$n-p-1$	SSE	$\text{MSE} = \dfrac{\text{SSE}}{n-p-1}$		
总和	$n-1$	SST			

表8.3中的第二列为各离差平方和的自由度。总离差平方和 SST 的自由度为 $n-1$，这是因为 n 个离差 $y_i - \bar{y}$ 的和为 0。对于含有 p 个自变量的回归模型来说，回归平方和 SSR 的自由度为 p。而残差平方和 SSE 的自由度为样本数减去模型中参数的个数，即 $n-p-1$。表中的第四列为均方，即离差平方和除以相应的自由度。其中均方误差 $\text{MSE} = \text{SSE}/(n-p-1)$，我们在前面已经学习过，它是 σ^2 的无偏估计。表中第五列即为模型整体显著性检验式(8.17)的 F 检验统计量。当 H_0 成立时，F 检验统计量服从自由度为 $(p, n-p-1)$ 的 F 分布，即

$$F = \frac{\text{MSR}}{\text{MSE}} = \frac{\text{SSR}/p}{\text{SSE}/(n-p-1)} \overset{H_0}{\sim} F(p, n-p-1)$$

显然，F 的值越大，说明 y 的离差中由模型解释的部分就越大，模型拟合得越好，因此越有理由拒绝 H_0。

对于简单线性回归模型来说，因为只有一个自变量，所以回归方程的显著性检验也就是回归系数的显著性检验。事实上，对于双边检验来说，回归系数的 t 检验与 F 检验是等价的，因为若 $T \sim t(n-2)$，则 $T^2 \sim F(1, n-2)$。

> **例 8.7** 关于丰田汽车经销商二手车的价格预测，例8.5建立了对数销售价格 (logPrice) 与车龄 (Age) 和行驶里程 (KM) 的多元线性回归模型并对每个变量进行

了显著性检验。在本例中，我们将对整体的二元回归模型进行显著性检验。

解 使用 R 对模型进行估计并输出方差分析表，有关代码及输出如下：

```
lm2=lm(logPrice~Age+KM,data=toyota1)
lm0=lm(logPrice~1,data=toyota1)
anova(lm0,lm2)
```

```
## Analysis of Variance Table
##
## Model 1: logPrice ~ 1
## Model 2: logPrice ~ Age + KM
##   Res.Df    RSS Df Sum of Sq       F     Pr(>F)
## 1   1424 121.29
## 2   1422  23.83  2    97.459 2907.8 < 2.2e-16 ***
## ---
## Signif. codes:
## 0 '***' 0.001 '**' 0.01 '*' 0.05 '.' 0.1 ' ' 1
```

从输出中可以看到，SST $= 121.29$，其相应的自由度为 $n-1 = 1\,424$。SSE $= 23.83$，其相应的自由度为 $n-p-1 = 1\,422$，所以 SSR $= 97.459$，其相应的自由度为 2。而 F 检验统计量的值为 $2\,907.8$，其相应的 p 值 $= 2.2 \times 10^{-16} \ll 0.05$。所以在 0.05 的显著性水平下，有强烈的理由拒绝 H_0，即车龄和行驶里程两个变量中至少有一个与对数销售价格存在线性关系。

8.3.2 决定系数

在实际应用中，我们通常会通过简单的数量尺度来度量回归方程拟合程度的好坏，其中最常用的数量尺度为决定系数。

在上一节中，我们讨论了离差平方和的分解，即

$$SST = SSR + SSE$$

其中 SSR 代表 y 的离差中可以由模型解释的部分。显然，这部分值在 SST 中占比越大，说明回归方程拟合得越好。因此定义

$$R^2 = \frac{SSR}{SST} = 1 - \frac{SSE}{SST}$$

为**决定系数 (coefficient of determination)**。

从 R^2 的定义不难看出，$0 \leqslant R^2 \leqslant 1$。$R^2$ 的值越大表明模型拟合得越好，R^2 的值越小表明模型拟合得越差。当 $R^2 = 0$ 时，表明回归模型无法解释 y 的任何离差。当 $R^2 = 1$ 时，SSR $=$ SST，表明 y 的离差完全可以由回归模型解释。此时，SSE $= 0$，即回归方程通过所有样本点。以简单线性回归模型为例 (见图8.5)。

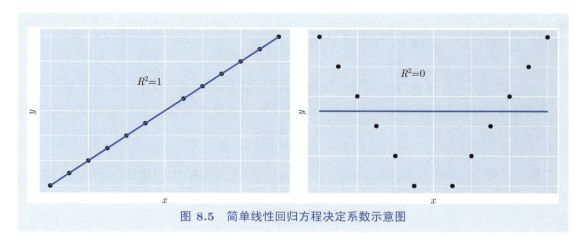

图 8.5　简单线性回归方程决定系数示意图

前面已经学过任意两个变量 x 和 y 的样本相关系数为：

$$r = \frac{\sum_{i=1}^{n}(x_i - \bar{x})(y_i - \bar{y})}{\sqrt{\sum_{i=1}^{n}(x_i - \bar{x})^2}\sqrt{\sum_{i=1}^{n}(y_i - \bar{y})^2}}$$

对于简单线性回归模型，我们经过简单的计算不难发现，决定系数是样本相关系数的平方，即

$$R^2 = r^2 \qquad \text{或} \qquad |r| = \sqrt{R^2}$$

> **例 8.8**　利用例8.7中的计算结果，计算例8.5中二元线性回归方程的决定系数。

解　例8.7中的计算显示 SST $= 121.29$，SSE $= 23.83$。所以决定系数为：

$$R^2 = 1 - \frac{\text{SSE}}{\text{SST}} = 1 - \frac{23.83}{121.29} = 0.803\,5$$

决定系数也可以从例8.5的软件输出中读取。

对于多元线性回归模型的决定系数我们需要指出，由于 SST 只与 y 有关，与模型无关，因此对所有可能的模型来说，SST 始终不变。但是，残差平方和会随着模型中自变量数量的增加而减小。也就是说，如果在原有模型中再加入一个自变量，会使 SSE 减小，从而使决定系数 R^2 增大。我们考虑最极端的情况，假设有 n 个样本观测数据，如果模型包含 n 个参数，那么 SSE $= 0$，$R^2 = 1$。因此，在多元回归的情形下，考虑加入参数个数的惩罚，得到**修正的决定系数 (adjusted coefficient of determination)** R_{adj}^2：

$$R_{\text{adj}}^2 = 1 - \frac{\text{SSE}/(n-p-1)}{\text{SST}/(n-1)} = 1 - \frac{n-1}{n-p-1}(1-R^2) \tag{8.18}$$

从式(8.18)中可以看出，$R_{\text{adj}}^2 \leqslant R^2 \leqslant 1$。但是 R_{adj}^2 未必大于 0，在拟合极差的情况下，R_{adj}^2 有可能小于 0。此外，R_{adj}^2 不一定随着 p 的增大而增大。当在模型中加入一个新的变量，R^2 提升非常小或基本没有改变时，系数 $(n-1)/(n-p-1)$ 会使 R_{adj}^2 下降。也正是

基于这个特性, R_{adj}^2 可以用来做模型选择。在多元线性回归模型中用 R_{adj}^2 度量拟合程度的好坏会更合适。R_{adj}^2 值越大,表明拟合得越好。

> **例 8.9** 通过计算 R^2 与 R_{adj}^2 对例8.1中的简单线性回归模型 (对数销售价格与车龄) 和例8.5中的二元线性回归模型 (对数销售价格与车龄和行驶里程) 进行评估。

解 首先,对于模型 $\log\text{Price} = \beta_0 + \beta_1 \text{Age} + \varepsilon$,根据例8.1中的计算结果可知,$\text{SST} = 121.29$,$\text{SSE} = 28.663$,$\text{MSE} = 0.020$,所以

$$R^2 = 1 - \frac{\text{SSE}}{\text{SST}} = 1 - \frac{28.663}{121.29} = 0.763\ 7$$

$$R_{\text{adj}}^2 = 1 - \frac{\text{SSE}/(n-2)}{\text{SST}/(n-1)} = 1 - \frac{1\ 424}{1\ 423}\frac{28.663}{121.29} = 0.763\ 5$$

$R^2 = 0.763\ 7$ 说明,对数销售价格离差的 76.37% 可以由车龄解释。

其次,对于模型 $\log\text{Price} = \beta_0 + \beta_1 \text{Age} + \beta_2 \text{KM} + \varepsilon$,例8.8中已计算得到 $R^2 = 0.803\ 5$,所以 $R_{\text{adj}}^2 = 1 - 1\ 424 \times (1 - 0.803\ 5)/1\ 422 = 0.803\ 3$。$R^2 = 0.803\ 5$ 说明,对数销售价格离差的 80.35% 可以由车龄和行驶里程的二元线性模型解释。此外,对比两个模型的 R_{adj}^2,加入行驶里程这一变量后,R_{adj}^2 由 $0.763\ 5$ 提升到 $0.803\ 3$,说明当模型包含车龄这一变量时,行驶里程对于解释 y 的离差依然有贡献,所以有必要加入行驶里程这一变量。例8.5中关于参数的显著性检验也佐证了这一结论。

8.4 残差分析

我们在前面对线性回归模型进行了讨论,不仅给出了参数估计,而且讨论了参数的统计推断、回归方程拟合的评价等问题。关于这些问题的讨论均离不开模型的假设,均是在关于模型的假设满足的条件下进行的。因此,我们需要检验这些假设条件是否成立。本节将利用残差图来检查回归模型的假设是否满足,以及模型是否恰当。

式(8.4)和式(8.5)给出了线性回归分析的基本假设,简单来说就是线性,误差相互独立,服从零均值、等方差的正态分布。

残差 $e_i = y_i - \hat{\mu}_i$ 可以看作模型中随机误差项 ε_i 的估计,因此如果模型不合理或者某些假设没有满足,残差关于模型中的自变量、不包含在模型中的某些变量、模型的拟合值或者按时间排序的序号 (如果包含时间变量) 的散点图会呈现某种模式。如果模型合理并且模型的假设均成立,那么这些散点图都应随机散布,没有任何明显的模式,见图8.6。

当变量 x 与 y 之间存在某种曲线关系时,如图8.7(a) 所示,如果我们用线性模型拟合,那么模型拟合的残差与拟合值的散点图就会呈现如图8.7(b) 所示的明显的曲线形态。换句话说,拟合的线性模型中漏掉了具有某种曲线关系的自变量。

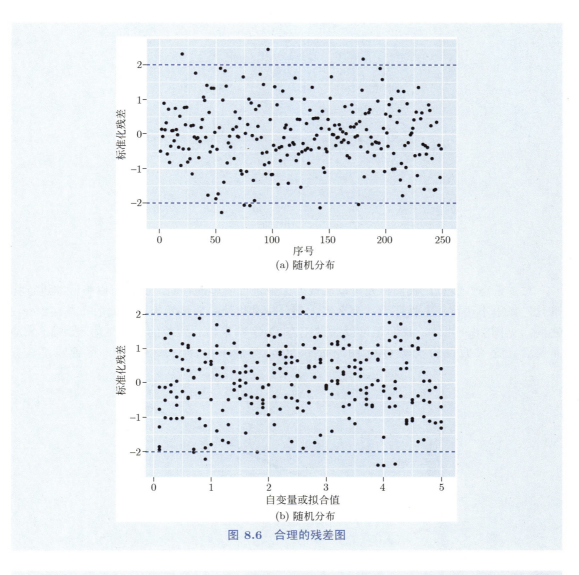

图 8.6　合理的残差图

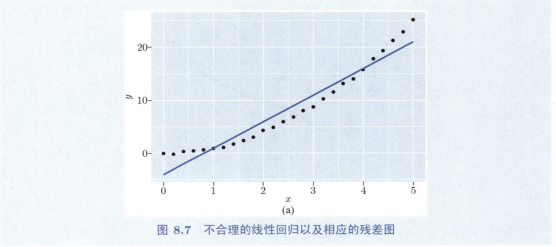

图 8.7　不合理的线性回归以及相应的残差图

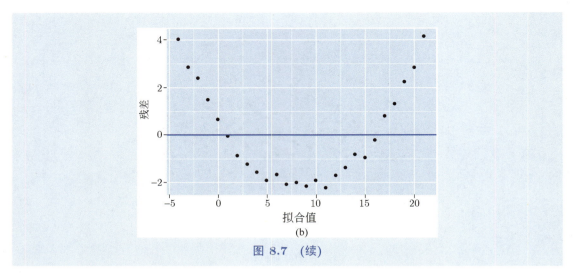

(b)

图 8.7 （续）

对于正态性假设，我们首先可以从残差图中进行简单的判断。我们可以将残差进行标准化，如果不违背正态性假设，那么绝大部分标准化残差应该随机对称地散布在 $-2 \sim 2$ 之间，见图8.6。此外，我们还可以通过正态 Q-Q 图来检验残差的正态性假设。图8.8(a) 是符合正态性假设的残差 Q-Q 图，而图8.8(b) 显然不符合正态性假设，尽管残差具有

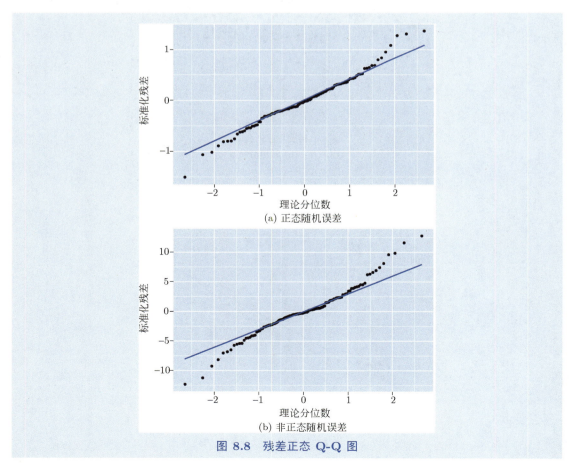

(a) 正态随机误差

(b) 非正态随机误差

图 8.8 残差正态 Q-Q 图

对称性，但是和正态分布相比，明显具有尖峰厚尾的特征，也就是极值相对更多。除了有违背正态性的可能，在方差不等的情形下也可能出现图8.8(b) 所示的形态。

我们还可以通过残差图检验等方差假设。图8.6(b) 表明残差没有随 x 的变化而变化，因此不违背等方差的假设。但是图8.9(a) 中残差随 x 的增大而增大，并且对于不同 x 值处的因变量 y 的方差不同，因而违背了等方差的假设。

此外，回归模型假设误差之间相互独立。但是有些实际问题中这一假设有可能被违背，例如当数据按时间顺序收集时，数据之间经常会存在自相关性，这也可以通过残差图反映出来。从图8.9(b) 可以看出，残差随着序号的增加出现先增后减的周期性特征。这说明数据间很可能存在自相关性。

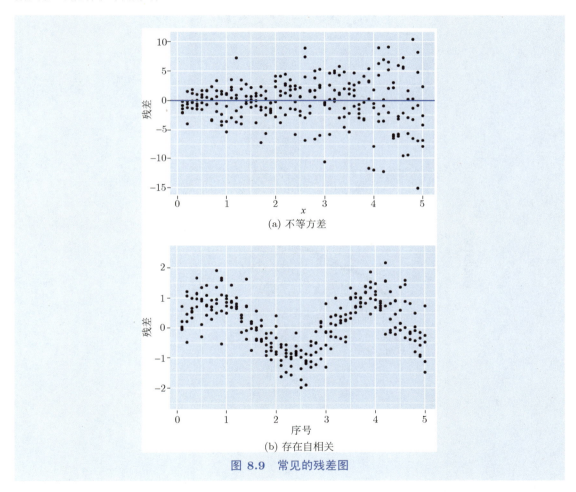

(a) 不等方差

(b) 存在自相关

图 8.9　常见的残差图

例 8.10　对例8.5中的二元线性回归模型 (对数销售价格与车龄和行驶里程) 进行残差分析。

解　考虑残差与拟合值的散点图以及残差的正态 Q-Q 图，见图8.10。图8.10(a) 的散点图显示残差值基本围绕零上下无规律波动，残差值与拟合值之间有轻微的曲率。后续可以考虑将行驶里程做对数变换 log(KM)。这里我们就不做深入讨论了。图8.10(b) 的残差 Q-Q 图显示正态性假设基本得到保证，只是在左端小值处有几个极端值。从残差来看，销售价格明显低于预期价格。

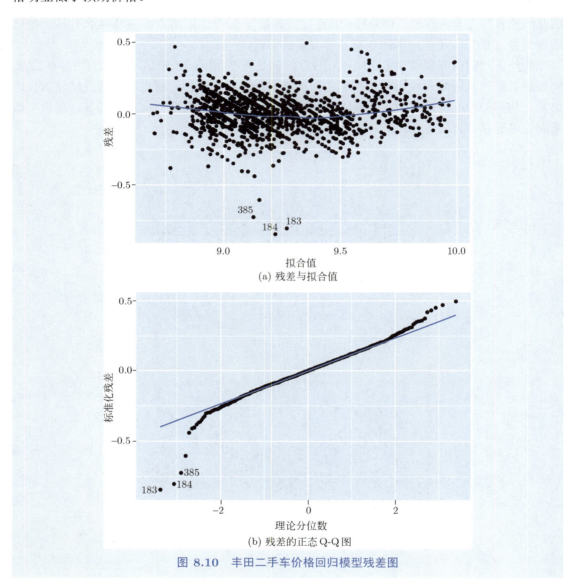

图 8.10　丰田二手车价格回归模型残差图

8.5 变量选择

在多元线性回归中经常会遇到的一个问题是，数据集有很多自变量，我们最终建立的模型应该包含哪些自变量呢？如果模型中的自变量过少，有可能导致偏差高，但如果模型中的自变量过多，虽然预测的偏差降低了，但是方差会增大。前一种情形通常称为欠拟合，而后一种称为过拟合。因此，为了平衡偏差和方差，我们需要进行变量选择。

在变量选择方面常用的方法包括：(1) 子集选择法，其中包括逐步选择以及最优子集法；(2) 压缩法 (shrinkage method)。压缩法就是在损失函数中加入惩罚项。根据惩罚项的不同可以得到不同的压缩法，包括岭回归 (ridge regression) 以及 LASSO 回归。

前面讲过最小二乘估计就是使残差平方和达到最小的 $\boldsymbol{\beta}$ 的估计。岭估计是在最小化残差平方和中加入一个 L_2 正则化项，即

$$\sum_{i=1}^{n} \varepsilon_i^2 = \sum_{i=1}^{n} (y_i - \beta_0 - \beta_1 x_{i1} - \cdots - \beta_p x_{ip})^2 + \lambda \sum_{j=1}^{p} \beta_j^2$$

其中 λ 是一个调整参数，用于控制正则化项的强度。LASSO 回归则是在最小化残差平方和中加入一个 L_1 正则化项，即

$$\sum_{i=1}^{n} \varepsilon_i^2 = \sum_{i=1}^{n} (y_i - \beta_0 - \beta_1 x_{i1} - \cdots - \beta_p x_{ip})^2 + \lambda \sum_{j=1}^{p} |\beta_j|$$

关于岭回归和 LASSO 回归本书不做过多介绍，有兴趣的读者可以参考 Tibshirani (1996)，Hoerl and Kennard (1970) 以及 Efron et al. (2004) 等。

本节将着重介绍子集选择法。子集选择法可以分为最优子集法和逐步法。无论是最优子集法还是逐步法都需要给模型建立一个标准，用这个标准来衡量模型的好坏。

前面我们学习过决定系数 R_p^2 和修正的决定系数 $R_{\mathrm{adj},p}^2$：

$$R_p^2 = 1 - \frac{\mathrm{SSE}_p}{\mathrm{SST}}, \qquad R_{\mathrm{adj},p}^2 = 1 - \frac{\mathrm{SSE}_p/(n-p-1)}{\mathrm{SST}/(n-1)}$$

并详细讲解了它们之间的区别。这里角标 p 表示模型包含 p 个自变量。

我们知道，当模型中的自变量增加时，残差平方和随之减少，如果按照"残差平方和越小越好"的原则选择自变量，则选入回归模型的自变量将越来越多，直到将所有自变量都选入回归模型。因此，不能直接把"残差平方和越小越好"作为自变量选择的标准。R_p^2 作为模型残差平方和减小的比例的度量也不适合作为判别标准。

与 R_p^2 不同，$R_{\mathrm{adj},p}^2$ 度量的是模型使均方误差减小的比例。因此，$R_{\mathrm{adj},p}^2$ 更适合用来做变量选择。$R_{\mathrm{adj},p}^2$ 越大，模型越适合。此外，由于 $R_{\mathrm{adj},p}^2$ 度量的是模型使均方误差减小的比例，因此，与使用 $R_{\mathrm{adj},p}^2$ 作为判别标准等价，也可以使用均方误差 $\mathrm{MSE}_p = \mathrm{SSE}_p/(n-p-1)$ 作为判别标准。

另一个常用的变量选择的标准是赤池信息准则 (Akaike information criterion，AIC)，定义为：

$$\mathrm{AIC}_p = n \log(\mathrm{SSE}_p/n) + 2(p+1)$$

具有较小 AIC 信息值的模型被认为是较好的选择。上面公式的第一项只与残差平方和有关，这一部分随着模型中自变量个数 p 的增加而减小，而第二项 $2(p+1)$ 是对模型中自变量个数的惩罚。

假设有 q 个潜在的自变量，变量选择就是选出其中 $p\,(p \leqslant q)$ 个构建最优模型 $y = \beta_0 + \beta_1 x_1 + \cdots + \beta_p x_p + \varepsilon$。对于 q 个潜在的自变量，一共有 2^q 个子集，根据 $R_{\mathrm{adj},p}^2$、MSE_p 或者 AIC 信息准则在这 2^q 个子集中选择最优模型。这就是最优子集法。

虽然最优子集法简单直观，但是计算效率不高，随着自变量个数的增加，可选子集的数量迅速增加。因此在变量较多的情况下，通常采用逐步回归法进行变量选择。逐步选择包括：向前选择、向后选择、混合选择。

● **向前选择 (forward selection)**。在这种回归中，从不含任何自变量的零模型开始，按照某个标准，在所有变量中选择一个"最优"的加入模型，然后在剩余的变量中选择一个"最优"的加入模型，直至满足某种停止标准为止。

● **向后选择 (backward selection)**。在这种回归中，从包含所有 q 个自变量的全模型开始，每次剔除一个对模型拟合结果最不显著的变量，此过程持续到满足某种停止标准为止。例如，当所有剩余变量的 p 值均低于某个阈值时。

● **混合选择 (mixed selection)**。这种方法是向前选择和向后选择的综合。与向前选择相同，我们从不含自变量的零模型开始，向模型中添加拟合得最好的变量，然后依次增加变量。当然，向模型中加入新的变量后，已有变量的 p 值可能会变大。因此，一旦模型中的某个变量的 p 值超过一定的阈值，就从模型中剔除该变量。反复进行这个过程，直到模型中所有变量的 p 值都足够低，且模型外的任何变量加入模型后都将有较大的 p 值为止。

> **例 8.11** 对例8.1中丰田二手车价格数据，因变量依然考虑对数销售价格 (log Price)。在本例中假设我们有 6 个自变量：车龄 (Age)、行驶里程 (KM)、排量 (CC)、马力 (HP)、车门数 (Doors) 和车重 (Weight)。通过逐步回归方法建立最优的线性模型。

解 我们采用向前向后初步回归的方法，调用 R 中的 step 函数完成。step 函数采用 AIC 准则。变量选择的结果是将 CC 从模型中剔除，最终保留了其余的 5 个变量。最终模型的汇总结果显示，此模型的决定系数和修正的决定系数分别为：

$$R^2 = 0.845\ 9, \qquad R^2_{\text{adj}} = 0.845\ 4$$

回归方程的显著性检验的 F 统计量的值为 $F = 1\ 558$，相应的 p 值 $\doteq 0$。

有关代码及输出如下所示：

```
lm3.step<-step(lm(logPrice~Age+KM+CC+HP+Doors+Weight,
           data=toyota1),direction="both")
```

```
## Start:  AIC=-6163.86
## logPrice ~ Age + KM + CC + HP + Doors + Weight
##
##            Df Sum of Sq    RSS     AIC
## - CC        1    0.0209 18.685 -6164.3
## <none>                  18.664 -6163.9
## - Doors     1    0.0299 18.694 -6163.6
## - HP        1    1.4490 20.113 -6059.3
## - Weight    1    1.8664 20.530 -6030.0
## - KM        1    3.7113 22.375 -5907.4
## - Age       1   26.9228 45.587 -4893.3
```

```
##
## Step:  AIC=-6164.27
## logPrice ~ Age + KM + HP + Doors + Weight
##
##            Df Sum of Sq    RSS      AIC
## <none>                  18.685 -6164.3
## + CC        1    0.0209 18.664 -6163.9
## - Doors     1    0.0359 18.721 -6163.5
## - HP        1    1.4302 20.115 -6061.2
## - Weight    1    2.7095 21.394 -5973.3
## - KM        1    4.5442 23.229 -5856.1
## - Age       1   26.9756 45.660 -4893.0
```

```
summary(lm3.step)
```

```
##
## Call:
## lm(formula = logPrice ~ Age + KM + HP + Doors + Weight, data = toyota1)
##
## Residuals:
##      Min       1Q   Median       3Q      Max
## -0.77864 -0.06573  0.00368  0.07401  0.45870
##
## Coefficients:
##               Estimate Std. Error t value Pr(>|t|)
## (Intercept)  8.567e+00  8.248e-02 103.867   <2e-16 ***
## Age         -1.033e-02  2.283e-04 -45.262   <2e-16 ***
## KM          -1.928e-06  1.038e-07 -18.577   <2e-16 ***
## HP           2.259e-03  2.167e-04  10.422   <2e-16 ***
## Doors        5.552e-03  3.361e-03   1.652   0.0987 .
## Weight       1.050e-03  7.322e-05  14.345   <2e-16 ***
## ---
## Signif. codes:
## 0 '***' 0.001 '**' 0.01 '*' 0.05 '.' 0.1 ' ' 1
##
## Residual standard error: 0.1147 on 1419 degrees of freedom
## Multiple R-squared:  0.8459, Adjusted R-squared:  0.8454
## F-statistic:  1558 on 5 and 1419 DF,  p-value: < 2.2e-16
```

课后习题

1. 对于表 8.4 中的数据：

表 8.4　产量与单位成本

产量 (万件)	25	28	32	33	35	40
单位成本 (元/件)	9	8	6	5	5	4

(1) 计算产量和单位成本的相关系数，并说明其关系。

(2) 建立产量对单位成本的回归方程（考虑截距项），并解释回归系数的含义。

(3) 计算判定系数，并解释其含义。

(4) 说明回归系数、相关系数、决定系数之间的关系。

(5) 计算估计标准误差。

2. 一家物流公司的管理人员想研究货物的运送距离和运送时间的关系，为此，抽取了公司最近 10 辆卡车运货记录的随机样本，得到运送距离（单位：千米）和运送时间（单位：天）的数据，如表 8.5 所示。

表 8.5　运送距离及运送时间

运送距离 (x)	825	215	1070	550	480	920	1350	325	670	1215
运送时间 (y)	3.5	1.0	4.0	2.0	1.0	3.0	4.5	1.5	3.0	5.0

(1) 绘制运送距离和运送时间的散点图，判断二者之间的关系形态。

(2) 计算线性相关系数，说明两个变量之间的关系强度。

(3) 利用最小二乘方法求出估计的回归方程（考虑截距项），并解释回归系数的实际意义。

(4) 计算决定系数，并解释其意义。

(5) 检验回归方程线性关系的显著性（$\alpha = 0.05$）。

(6) 如果运送距离为 1 000 千米，预测其运送时间。

(7) 求运送距离为 1 000 千米时，运送时间的 95% 的置信区间和预测区间。

3. 某公司想了解广告支出对销售收入的影响，收集了 12 年的有关数据。通过计算得到下述结果（见表 8.6 和表 8.7）。

表 8.6　方差分析表

误差来源	df	平方和	均方	F 值	p 值
回归	（　）	（　）	（　）	（　）	2.17E-09
残差	（　）	40 158.07	（　）		
总和	11	1 642 866.67			

表 8.7　参数估计表

	系数	标准误差	t stat	p 值
Intercept	363.689 1	62.455 29	5.823 191	0.000 168
x	1.420 211	0.071 091	19.977 49	2.17E-09

(1) 完成上面的方差分析表。

(2) 销售收入的总平方和中有多少是由广告支出的变动引起的？

(3) 销售收入与广告支出之间的相关系数是多少？

(4) 写出估计的回归方程并解释回归系数的实际意义。

(5) 检验线性关系的显著性（$\alpha = 0.05$）。

4. 建立一个模型, 以根据独院住宅的供热面积和已使用年限来预测其估值。有一个 15 套独院住宅的样本数据 (详见 Hoursesale.csv), 试建立一个模型, 用住宅的供热面积和已使用年限来预测其估值。要求: 利用 Excel 软件处理数据, 并进行相关分析。

(1) 列出多元回归方程式 (考虑截距项)。

(2) 解释此方程式中斜率的含义。

(3) 若某套住宅的供热面积为 1.75 平方米, 已使用 10 年, 试预测其平均估值。

(4) 对以上结果进行残差分析, 并以此判断此模型拟合得是否合适。

(5) 在 0.05 的显著性水平下, 试判断住宅的估值和两个解释变量 (供热面积和已使用年限) 之间是否存在显著的关系。找出 p 值, 并解释其含义。

(6) 解释此题中多元决定系数的含义。

(7) 计算修正的多元决定系数。

(8) 在 0.05 的显著性水平下, 试判断每个解释变量是否对回归模型都有贡献, 并据此表明本题应该用什么回归模型。

5. 表 8.8 为经批准的私人住房单位与其决定因素的 4 个模型的估计量和相关统计值 (括号内为 p 值), 如果某项为空, 则意味着模型中没有此变量。数据为美国 40 个城市的数据。模型如下:

$$Housing = \beta_0 + \beta_1 Density + \beta_2 Value + \beta_3 Income + \beta_4 Popchang$$
$$+ \beta_5 Unemp + \beta_6 Localtax + \beta_7 Statetax$$

式中变量分别为: Housing 为实际颁发的建筑许可证数量, Density 为每平方英里的人口密度, Value 为自由房屋的均值 (单位: 百美元), Income 为家庭平均收入 (单位: 千美元), Popchang 为 1980—1992 年人口增长百分比, Unemp 为失业率, Localtax 为人均缴纳的地方税, Statetax 为人均缴纳的州税。

表 8.8 住房单位及其决定因素拟合结果

变量	模型 A	模型 B	模型 C	模型 D
C	813 (0.74)	−392 (0.81)	−1279 (0.34)	−973 (0.44)
Density	0.075 (0.43)	0.062 (0.32)	0.042 (0.47)	
Value	−0.855 (0.13)	−0.873 (0.11)	−0.994 (0.06)	−0.778 (0.07)
Income	110.41 (0.14)	133.03 (0.04)	125.71 (0.05)	116.60 (0.06)
Popchang	26.77 (0.11)	29.19 (0.06)	29.41 (0.001)	24.86 (0.08)
Unemp	−76.55 (0.48)			
Localtax	−0.061 (0.95)			
Statetax	−1.006 (0.40)	−1.004 (0.37)		
SSR	4.763e+7	4.843e+7	4.962e+7	5.038e+7
R^2	0.349	0.338	0.322	0.312
MSE	1.488e+6	1.424e+6	1.418e+6	1.399e+6
AIC	1.776e+6	1.634e+6	1.593e+6	1.538e+6

(1) 检验模型 A 中的每个回归系数在 0.1 的显著性水平下是否为零 (括号中的值为双边备择 p 值)。根据检验结果, 你认为应该把变量保留在模型中还是剔除?

(2) 在模型 A 中，在 0.1 的显著性水平下检验假设 $H_0 : \beta_1 = \beta_5 = \beta_6 = \beta_7 = 0$。说明备择假设，计算检验统计值，说明其在原假设条件下的分布，以及拒绝或接受原假设的标准。说明你的结论。

(3) 哪个模型是最优的？解释你的选择标准。

(4) 最优模型中有哪些系数的符号是错误的？说明你的预期符号并解释原因，确认其是否为正确符号。

6. 某地区通过一个样本容量为 722 的调查数据得到劳动力受教育的一个回归方程为：

$$\text{edu} = 0.36 - 0.094\text{sibs} + 0.131\text{medu} + 0.210\text{fedu}$$

式中，edu 为劳动力受教育年限，sibs 为该劳动力家庭中兄弟姐妹的数目，medu 与 fedu 分别为母亲与父亲受教育年限。回归模型的决定系数 $R^2 = 0.214$。

(1) sibs 是否具有预期的影响？为什么？若 medu 与 fedu 保持不变，为了使预测的受教育年限减少一年，需要 sibs 增加多少？

(2) 请对 medu 的系数做出适当的解释。

(3) 如果两个劳动力都没有兄弟姐妹，但其中一人的父母受教育年限为 12 年，另一人的父母受教育年限为 16 年，则两人受教育年限预期相差多少？

7. 以企业研发支出占销售额的比重为被解释变量 y，以企业销售额 (x_1) 与利润占销售额的比重 (x_2) 为解释变量，一个有 32 个样本企业的线性模型估计为 $y = 0.472 + 0.32\log x_1 + 0.05x_2$，决定系数 $R^2 = 0.099$。此外，回归系数估计的标准误分别为 $s_{\hat{\beta}_0} = 1.37$，$s_{\hat{\beta}_1} = 0.22$，$s_{\hat{\beta}_2} = 0.046$。

(1) 解释 $\log x_1$ 的系数。如果 x_1 增加 10%，估计 y 会变化多少个百分点？这在经济上是一个很大的影响吗？

(2) 针对研发支出随销售额的增加而提高这一备择假设，检验它不随 x_1 变化的假设。分别在 5% 和 10% 的显著性水平下进行这个检验。

(3) 利润占销售额的比重 x_2 对研发支出 y 是否在统计上有显著影响？

第 8 章补充习题

第 9 章 ——————— 逻 辑 回 归 ——————

 引例：信用风险评估

　　随着金融市场发展，信用风险评估已经成为银行或金融机构不可或缺的一部分。一家银行为了避免违约的风险，希望能够通过借贷者的信息，预测借贷者未来是否会出现违约情况，从而为借贷的审批提供依据。因此，该银行收集了过去审批通过的借贷申请以及后续还贷情况的数据。这些数据包括是否违约以及年龄、职业、住房、婚姻状况、存款数额等信息。

　　如何建立一个统计模型，使银行能够根据借贷者的信息来预测是否会出现违约情况？

　　第 8 章研究了线性回归模型，线性回归模型主要用于对连续型因变量的预测。在本章的引例中，我们希望能够建立一个模型来研究是否会违约的问题。这里的因变量不是连续型，而是二分类数据。线性回归模型不再适用，而是通过逻辑回归模型来研究此类问题。逻辑回归模型主要用于分类问题的研究。受篇幅所限。本书只涉及二分类的逻辑回归，对于多分类的逻辑回归，有兴趣的读者可以参考McCullagh and Nelder (1989)。

9.1　二分类变量的逻辑回归模型

　　在逻辑回归模型中，二分类因变量 y 只有两个取值 (0 或 1)。例如在引例中，信贷违约记为 1，没有违约记为 0。再如要根据邮件的特征建立一个垃圾邮件过滤系统，预测的 y 值就是邮件的类别：垃圾邮件 (记为 1) 和正常邮件 (记为 0)。

　　我们结合例9.1来说明逻辑回归的建模思想。

　　例 9.1　表 9.1 中是一项关于母鲎筑巢问题的研究数据 (Agresti, 2019)。研究中的每只母鲎的巢中都有一只公鲎，栖息在它附近的其他公鲎称作追随者。此研究将调查母鲎的重量 (单位：千克) 是否会影响母鲎有追随者。每只母鲎响应变量 y 的结果为是否有追随者，$y = 1$ 表示有追随者，$y = 0$ 表示没有追随者。本例中我们暂时只考虑将"母鲎的重量"作为解释变量 (数据见 crabs.csv)。

表 9.1 母鲨数据				
序号	1	2	$\cdots$	172	173
是否有追随者 (y)	1	0	$\cdots$	0	0
重量 (x)	3.05	1.55	$\cdots$	2.625	2

对于一组样本观测 $(\boldsymbol{x}_i, y_i)$，其中 y_i 为因变量的第 i 个观测，$\boldsymbol{x}_i = (x_{i1}, x_{i2}, \cdots, x_{ip})$ 为 p 维自变量的第 i 个观测。因变量 y_i 服从概率为 π 的伯努利分布：

$$\Pr(y_i = 1) = \pi, \qquad \Pr(y_i = 0) = 1 - \pi, \qquad i = 1, 2, \cdots, n$$

我们知道 $E(y_i) = \Pr(y_i = 1) = \pi$。逻辑回归就是通过自变量 $(x_{i1}, x_{i2}, \cdots, x_{ip})$ 对 $y_i = 1$ 的概率 (成功的概率) 进行建模，所以 π 写为：

$$\pi(\boldsymbol{x}_i) := E(y_i | \boldsymbol{x} = \boldsymbol{x}_i) = \Pr(y_i = 1 | \boldsymbol{x} = \boldsymbol{x}_i)$$

例9.1中，自变量只有重量 x，对于不同的 x_i，母鲨有追随者的概率是 x_i 的函数 $\pi(x_i)$。

逻辑回归模型 (Logistic regression model) 将概率 $\pi(\boldsymbol{x})$ 与自变量 $\boldsymbol{x}$ 通过下面的模型建立联系：

$$\pi(\boldsymbol{x}) = \frac{\exp(\boldsymbol{x}'\boldsymbol{\beta})}{1 + \exp(\boldsymbol{x}'\boldsymbol{\beta})} = \frac{1}{1 + \exp(-\boldsymbol{x}'\boldsymbol{\beta})} \tag{9.1}$$

其中 $\boldsymbol{x}'\boldsymbol{\beta} = \beta_0 + \beta_1 x_1 + \cdots + \beta_p x_p$。不难看出，概率 $\pi(\boldsymbol{x})$ 是 $\boldsymbol{x}$ 的非线性函数。这个非线性函数 $e^z / (1 + e^z)$ 称为逻辑函数，这也是我们将模型(9.1)称为逻辑回归模型的原因。一维自变量的逻辑回归模型见图9.1。从图9.1中可以看出，当 $\beta_1 > 0$ 时，概率 $\pi(x)$ 是 x 的增函数；当 $\beta_1 < 0$ 时，概率 $\pi(x)$ 是 x 的减函数。这是因为逻辑函数本身是介于 0 和 1 之间的递增函数。

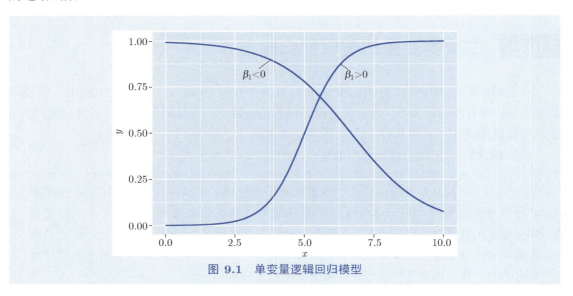

图 9.1 单变量逻辑回归模型

9.2 回归系数的含义

方程(9.1)还可以等价地表示为:

$$\operatorname{logit}(\pi(\boldsymbol{x})) := \log \frac{\pi(\boldsymbol{x})}{1-\pi(\boldsymbol{x})} = \boldsymbol{x}'\boldsymbol{\beta} = \beta_0 + \beta_1 x_1 + \cdots + \beta_p x_p \tag{9.2}$$

其中,$\pi(\boldsymbol{x})/(1-\pi(\boldsymbol{x}))$ 是事件发生与不发生的概率比值,称为优势 (odds)。$\log[\pi(\boldsymbol{x})/(1-\pi(\boldsymbol{x}))]$ 称为对数优势 (log odds)或 logit。概率 $\pi(\boldsymbol{x})$ 的取值范围被限制在 $(0,1)$ 之间,而对数优势 $\log[\pi(\boldsymbol{x})/(1-\pi(\boldsymbol{x}))]$ 的取值范围则是 $(-\infty, +\infty)$,因此 logit 模型式(9.2)通过对数优势将预测概率与自变量建立起了线性关系。

从式(9.2)中可以看出,回归参数 β_j $(j=1,2,\cdots,p)$ 表示在其他变量保持不变的条件下,变量 x_j 增加一个单位对对数优势的改变。我们以只包含一个自变量 x 的 logit 模型为例,当自变量的值增加一个单位时,可以得到

$$\beta = \log \frac{\pi(x+1)}{1-\pi(x+1)} - \log \frac{\pi(x)}{1-\pi(x)} = \log \frac{\pi(x+1)/[1-\pi(x+1)]}{\pi(x)/[1-\pi(x)]}$$

或者等价地

$$\exp(\beta) = \frac{\pi(x+1)/[1-\pi(x+1)]}{\pi(x)/[1-\pi(x)]}$$

等式右边的表达式中,分子 $\pi(x+1)/[1-\pi(x+1)]$ 是自变量等于 $x+1$ 时因变量 y 发生的优势,而分母是自变量等于 x 时因变量 y 发生的优势。这两个优势的比值称为优势比 (odds ratio,OR)。优势比的对数值则称为对数优势比 (log odds ratio)。优势比和对数优势比用来描述二分类变量 y 与变量 x 的相关性。如果 y 与 x 不相关,则 $\log \beta = \text{OR} = 1$,等价地,此时对数优势比 $\beta = \log \text{OR} = 0$。

所以,回归参数 β_j $(j=1,2,\cdots,p)$ 表示在其他变量保持不变的条件下,变量 x_j 增加一个单位时的对数优势比,或者等价地,$\exp(\beta_j)$ 表示在其他变量保持不变的条件下,变量 x_j 增加一个单位时的优势比。

9.3 回归系数的估计以及统计推断

对逻辑回归模型的回归系数的估计将采用极大似然估计方法,具体的估计过程超出了本书的范围,感兴趣的读者可以参考McCullagh and Nelder (1989)。

与线性回归模型类似,在逻辑回归中,我们感兴趣的是自变量对因变量的影响是否显著。在上一节中我们知道如果 y 与 x_j 不相关,则其对数优势比 $\beta_j = 0$。所以检验 x_j 对因变量的影响是否显著,即检验

$$H_0: \beta_j = 0 \qquad 与 \qquad H_1: \beta_j \neq 0$$

逻辑回归中，采用 Wald 检验法：

$$z = \frac{\hat{\beta}_j}{\text{s.e.}(\hat{\beta}_j)} \overset{H_0}{\sim} N(0,1)$$

其中 $\text{s.e.}(\hat{\beta}_j)$ 为极大似然估计 $\hat{\beta}_j$ 的标准误。具体计算这里就不再赘述。常用的统计软件中均包含逻辑回归模型的估计、统计推断等。

> **例 9.2** 对例9.1中是否有追随者 (y) 和母鲎的重量 (weight) 建立逻辑回归模型，并检验重量是否有显著影响。对于一个重量为 2.5 千克的母鲎，估计其有追随者的概率。

解 我们建立逻辑回归模型 $\text{logit}\pi(x) = \beta_0 + \beta x$，其中 x 表示重量。调用 MASS 包中的 glm 函数，输出结果显示

$$\hat{\beta}_0 = -3.694\,7, \quad \hat{\beta}_1 = 1.815\,1$$

$\hat{\beta}_1 = 1.815\,1$ 说明母鲎的重量每增加 1 个单位，有追随者的优势将增加 $e^{1.815\,1} = 6.141\,69$ 倍。显然，这个变化还是很大的，下面通过假设检验来说明。

对于检验 $H_0: \beta_1 = 0$，检验统计量 $z = 4.819$，相应的 p 值 $= 1.45\text{e-}06$。所以拒绝原假设，母鲎的重量对于其是否有追随者有显著影响。有关代码及输出如下所示：

```
crab <- read.csv("data/chapter9/crabs.csv",header=T)
library(MASS)
crab.logit=glm(y~weight,family=binomial,data=crab)
summary(crab.logit)
```

```
##
## Call:
## glm(formula = y ~ weight, family = binomial, data = crab)
##
## Deviance Residuals:
##     Min      1Q   Median      3Q      Max
## -2.1108  -1.0749   0.5426   0.9122   1.6285
##
## Coefficients:
##             Estimate Std. Error z value Pr(>|z|)
## (Intercept)  -3.6947     0.8802   -4.198 2.70e-05 ***
## weight        1.8151     0.3767    4.819 1.45e-06 ***
## ---
## Signif. codes:
## 0 '***' 0.001 '**' 0.01 '*' 0.05 '.' 0.1 ' ' 1
##
## (Dispersion parameter for binomial family taken to be 1)
##
```

```
##       Null deviance: 225.76  on 172  degrees of freedom
## Residual deviance: 195.74  on 171  degrees of freedom
## AIC: 199.74
##
## Number of Fisher Scoring iterations: 4
```

当 $x = 2.5$ 时，有追随者的概率为：

$$\hat{\pi} = \frac{\exp(-3.694\ 7 + 1.815\ 1 \times 2.5)}{1 + \exp(-3.694\ 7 + 1.815\ 1 \times 2.5)} = 0.699\ 1$$

有关代码及输出如下所示：

```
predict(crab.logit,data.frame(weight=2.5),type="response")
```

```
##           1
## 0.6991251
```

图9.2给出了观测样本以及概率的拟合曲线。从图中可以看出，随着体重的增加，母鲨有追随者的概率在增加。

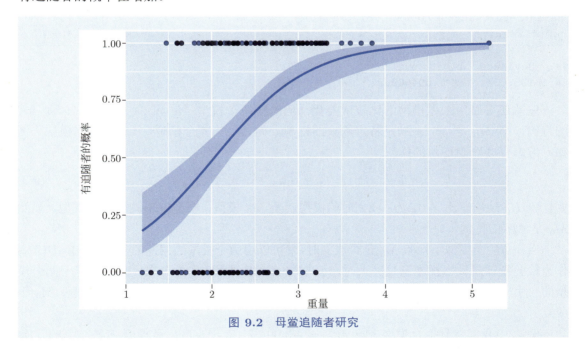

图 9.2 母鲨追随者研究

9.4 拟合方程的评价

在线性回归模型中使用残差平方和以及相关的 R^2、F 检验等来刻画和评价模型的拟合程度。在逻辑回归中，因为不是直接对因变量 y 拟合，而是对其分布的参数 π 拟合，所以残差平方和的概念不再适用，而是用偏差 (deviance) 代替。

对于观测样本，我们考虑一个最"精确"的**饱和模型 (saturated model)**。直观地说，饱和模型可以最精确地拟合数据，它允许每组不同的自变量组合都单独设置一个因变量独立参数值。设饱和模型的对数似然函数的最大值记为 l_s。待评估模型 M 的对数似然函数的最大值记为 l_M，则模型 M 的偏差定义为：

$$D(M) = 2(l_s - l_M)$$

从定义可以看出偏差一定是非负的，偏差越小表明模型 M 与饱和模型越接近。当样本量足够大时，偏差近似服从卡方分布，自由度等于两个模型独立参数的个数差。当偏差大到超过临界值 χ_α^2 时，可以认为模型 M 拟合不充分。模型的偏差也是统计软件中的标准输出。

例如，对例9.2中的模型进行偏差的卡方检验，R 语言代码及输出如下。拟合显示模型的偏差为 195.74，自由度为 171，检验的 p 值 $=0.094>0.05$，说明数据符合例9.2中的模型。

```
dev=crab.logit$deviance
df=crab.logit$df.residual
pvalue=1-pchisq(dev,df)
result=rbind.data.frame(c(dev,df,pvalue))
names(result)=c("Deviance","df","pvalue")
print(result)
```

```
##   Deviance   df      pvalue
## 1 195.7371 171 0.09446962
```

偏差还可以用来做模型的比较或简化。假设有两个模型 M_0 和 M_1，其中 M_0 是 M_1 的特例，即 M_0 是 M_1 中满足特定约束的模型。称 M_1 为完全模型，M_0 为简化模型。例如，考虑有 3 个自变量的模型

$$\text{logit}\pi(\boldsymbol{x}) = \beta_0 + \beta_1 x_1 + \beta_2 x_2 + \beta_3 x_3 \tag{9.3}$$

要检验 $H_0 : \beta_2 = \beta_3 = 0$。$H_0$ 成立时的模型就是 M_0 模型，模型(9.3)就是 M_1 模型。显然 M_0 是 M_1 的特例。

当在 M_1 全模型下检验 M_0 是否成立时，就可以用两个模型的偏差的差 $D(M_0) - D(M_1)$ 作为检验统计量。当样本量足够大时，偏差的差也近似服从卡方分布，自由度等于两个模型的自由度之差。同样，当偏差大到超过临界值 χ_α^2 时拒绝原假设，即认为简化模型 M_0 不成立。

例9.2中我们得到拟合模型 $\text{logit}\pi(x) = -3.694\,7 + 1.815\,1x$。欲检验 $H_0 : \beta_1 = 0$。此时，M_0 模型即为 $\text{logit}\pi(x) = \beta_0$。只有一个常数项的模型称为零模型 (null model)。进行偏差的卡方检验，R 语言代码及输出如下：

```
anova(crab.logit,test="Chisq")
```

```
## Analysis of Deviance Table
##
## Model: binomial, link: logit
```

```
##
## Response: y
##
## Terms added sequentially (first to last)
##
##
##          Df Deviance Resid. Df Resid. Dev  Pr(>Chi)
## NULL                      172       225.76
## weight   1   30.021       171       195.74 4.273e-08 ***
## ---
## Signif. codes:
## 0 '***' 0.001 '**' 0.01 '*' 0.05 '.' 0.1 ' ' 1
```

结果显示 $D(M_0) - D(M_1) = 225.76 - 195.74 = 30.02$，自由度的差 df = 1。由此得到卡方检验的 p 值 =4.273e-08，拒绝原假设，说明重量对于是否有追随者有显著影响。

课后习题

1. 例9.1的研究数据 (crabs.csv) 中自变量除了重量，还包括颜色 (color，1 代表颜色深，0 代表颜色浅)、甲壳宽度 (width，单位: cm)。

(1) 请选择适当的图形解释颜色是否会影响母鲎有追随者。

(2) 请建立 y 对颜色的逻辑回归模型 M_1，并解释回归系数的含义。

(3) 对 (2) 中的模型给出浅颜色母鲎有追随者的概率。

(4) 请建立 y 对颜色和重量的逻辑回归模型 M_2，并对回归系数进行显著性检验。

(5) 比较 M_1 和 M_2 模型，你认为哪个模型更好？

(6) 使用 step 函数对重量、颜色和甲壳宽度进行变量选择，并解释选择结果。

2. 数据集 FlightDelays.csv 来自 Ledolter (2013)，包含 2004 年 1 月从华盛顿地区到纽约地区的 2 201 个航班信息。因变量是航班延误是否超过 15 分钟 (1: 延误; 0: 无延误)。自变量包括三个不同的到达机场 (肯尼迪国际机场、纽瓦克自由国际机场、拉瓜迪亚机场); 三个不同的出发机场 (里根国家机场、杜勒斯国际机场、巴尔的摩机场); 8 架飞机; 代表 16 个不同出发时间的分类变量; 天气条件 (1: 坏天气; 0: 好天气) 以及星期几 (1: 周日或周一; 0: 周二至周六)。

(1) 请建立适当的预测模型。

(2) 如果以 0.5 为阈值，预测概率大于等于 0.5 判断为航班延误，预测概率小于 0.5 判断为航班没有延误; 建立数据中 2 201 个航班的实际延误情况与预测延误情况的列联表 (逻辑回归中称为混淆矩阵)，根据混淆矩阵评估你的模型以及二分类阈值是否合理。

3. 数据集 germancredit.csv 由德国汉堡大学统计研究所提供，包含 1 000 个德国信贷申请的属性和结果，本题旨在通过建立逻辑回归模型估计违约概率，预测申请人是否违约。数据集共有 20 个变量，其中 Default 为是否违约，即本题的因变量，其余 19 个变量为自变量。所有变量的名称、含义和类型见表9.2，详细说明见 germancreditDescription.doc。请运用本书知识，完成分析报告。

表 9.2　数据集变量说明

变量类型		变量名	变量含义
因变量	分类型	Default	是否违约
自变量	连续型	duration	期限
		amount	贷款金额
		installment	分期付款占可支配收入的比例
		residence	目前居所居住时长
		age	年龄
		cards	在该银行的现有信用卡数
		liable	供养人数
	分类型	checkingstatus	现有的支票账户状态
		history	信用历史
		purpose	贷款目的
		savings	存款数量
		employ	连续就业时长
		status	个人状态和性别
		others	其他债务/担保
		property	财产
		otherplans	其他分期付款计划
		housing	住房
		tele	是否留有电话号码
		foreign	是否外来务工人员

第 9 章补充习题

第10章

时 间 序 列

 引例：时间序列的预测

    时间序列是一种常见的组织和展示数据的形式，它通过将数据按观测时间先后顺序进行排列，展示数据背后代表的各种现象的变化，如我国股票市场的日收益率数据，它一般以日为单位，介绍各上市公司的股价变化等信息。有的时间序列数据展示出稳定的长期增减趋势，有的时间序列展示出一定的周期性变化。

    如何对时间序列这一特定类型的数据进行描述性统计？如何对时间序列的长期趋势、周期性变化进行展示？本章将一一进行详细讲解。

10.1 时间序列的种类和编制方法

    数据的展示有多种方式，例如前面介绍过变量序列可以按照统计数据的大小顺序排列而成，或按照截面数据进行展示。另一种常见的组织和展示数据的方式是按照数据观测时间的先后顺序进行排列，这样的数据称为**时间序列 (time series)**。时间序列的应用始于19 世纪 80 年代西方经济学和统计学，可以用来反映现象发展变化的过程和特点，是研究某些现象发展变化的趋势和规律以及对未来变化进行科学预测的重要依据。对时间序列进行分析的方法技术不断丰富和发展，逐步形成统计学中有广泛应用价值的分支学科。时间序列分析有传统时间序列分析和现代时间序列分析两种。传统时间序列分析的特点是将经济过程分解为若干基本构成因素，并对这些构成因素分别加以测定。现代时间序列分析是20 世纪 40 年代开始发展起来的，它把时间序列看作各种复杂因素交织影响的随机过程，运用大量数据构造综合模型，借助计算机进行复杂的计算，主要用于趋势分析和预测。

10.1.1 时间序列的种类

    在社会经济统计中，时间序列可以从不同角度分类。从计算动态指标和选择分析方法的角度来研究，时间序列可进行以下两种分类。

1. 绝对数时间序列、相对数时间序列和平均数时间序列

按时间序列中的数据（即各期指标的数值）的不同形式，时间序列可分为绝对数时间序列、相对数时间序列和平均数时间序列。其中，绝对数时间序列即总量指标时间序列，又可分为时期总量指标序列（简称时期序列）和时点总量指标序列（简称时点序列）。例如，我国 1991—2023 年国内生产总值的数据就是时期序列，我国 1997—2023 年城乡居民储蓄存款年末余额就是时点序列，我国 1992—2023 年年末女性人口占总人口的比重就是相对数时间序列。这四种形式的时间序列，除时期序列前后各期数值可以相加，表明更长时期的累计总量之外，其他序列前后数值相加都无意义。将时间序列按指标形式区分，是因为不同形式的指标在计算某些动态分析指标时要采用不同的方法。

2. 纯随机型时间序列和确定型时间序列

按观测数据的不同性质与形态，时间序列可分为纯随机型时间序列和确定型时间序列。纯随机型时间序列的各期数值的差异纯粹是许多偶然的不可控的随机因素共同作用的结果，其变动没有规则。如用随机理论来考察，时间参数可视为离散型随机过程，观测数据则被视为随机过程产生的样本分布，而与此相应的分析方法可称为随机时间序列分析法。

确定型时间序列是指由某种或某些可确定的因素影响变动的时间序列，其数值变动有一定的规则，表现为长期趋势、季节变动和循环波动等。长期趋势是指各期数值逐期增加或逐期减少，呈现一定的发展变化趋势。如果逐期增加（减少）量大致相同，则称为线性趋势；如果逐期增加（减少）量是变化的，则称为非线性趋势。前者如我国钢铁生产在一定年份内的产量，呈线性增长趋势；后者如某种新产品投放市场后销售量的序列，呈非线性变化趋势。季节变动是指按月或按季统计的各期数值，随一年内季节变化而周期性波动，如冰镇饮料的销售量，夏季上升、冬季下降，如此周而复始地变动。循环波动则是以若干年为周期的波动变化。对时间序列的这种区分只是就一个序列的纯样形态和基本特征而言的。实际生活中，时间序列往往并不只是某一种形态，而是受多种因素影响的具有多种特征的序列，确定型时间序列往往也包含随机因素的扰动。与确定型时间序列相应的分析方法称为确定型时间序列分析法。

10.1.2　时间序列的编制方法

时间序列由两个基本要素组成，即时间和与各时间对应的指标数值。编制时间序列时需要根据研究任务来具体确定数据的时间单位，并注意前后各期指标的可比性。

关于时间单位的选择，如果要对一个较长时期内社会经济的发展过程和趋势进行分析，通常采用年度资料；如果要同时分析季节性变化，或因年度资料太少，不足以观察现象变化过程的特点，就要采用季度和月度资料。对微观过程的分析，除年度、季节和月度资料以外，为了具体了解技术经济活动的特点，还要采用按日登记的资料，甚至以小时和分为

时间单位的资料。社会经济统计中的时点指标，如上市公司股票价格、交易量等，都是以日为最小时间单位。

编制时间序列的目的是观察序列各期数值的变化并进行比较分析。因此，保证各期指标数值的可比性，是编制时间序列的基本原则。具体地说，要注意以下问题：

(1) 收集数据的时间间隔应尽可能保持相等。在时期序列中，由于时期长短直接关系到各个指标数值的观测，因此，如果各期指标时间跨度不统一，就很难直接比较。在时点序列中，间隔相等也便于直接比较。

(2) 数据收集的总体统计口径应保持一致。总体范围变化，指标数值必然不同，这时需要对统计资料进行适当调整，使总体范围一致，再作动态比较。

(3) 计算方法、度量单位、指标含义和经济内容应该一致，保持前后各期具有可比性。

10.2　时间序列的描述性统计

10.2.1　图形展示

分析时间序列时，往往从作图直观展示开始，一般可以考虑绘制折线图，用以展示观测数据随时间变化而变化的模型和趋势，这样的做法相对直观，往往可以取得很好的效果，对进一步深入分析和预测有很大帮助。以下是一些直观的例子。

例如，2022 年 7 月 11 日至 2023 年 7 月 14 日上证指数收盘价时序图 (见图 10.1)。

图 10.1　上证指数收盘价时序图

又如，2022 年 7 月 11 日至 2023 年 7 月 14 日上证指数成交金额的时序图 (见图 10.2)。

图 10.2　上证指数成交金额时序图

10.2.2　数字描述

增长率是用来描述相关时间序列的常用数字指标，其确定一般需要确定基期，并进一步进行计算。

增长率又称增长速度，它是时间序列中报告期观测值与基期观测值之比减 1 的结果，用 % 表示。由于对比的基期不同，增长率可以分为定基增长率和环比增长率。前者是报告期观测值与某一固定时期观测值之比减 1 的结果，说明现象在整个观测期内总的增长变化程度；后者是报告期观测值与前一时期观测值之比减 1 的结果，说明现象逐期增长变化的程度。平均增长率是时间序列中逐期环比值的几何平均数减 1 的结果。环比增长率、定基增长率和平均增长率可依次表示为式(10.1)：

$$G_b = \frac{Y_i}{Y_0} - 1, \quad G_c = \frac{Y_i}{Y_{i-1}} - 1, \quad G_a = \left(\frac{Y_1}{Y_0} \cdot \frac{Y_2}{Y_1} \cdot \cdots \cdot \frac{Y_n}{Y_{n-1}}\right)^{1/n} - 1 \quad (10.1)$$

其中 G_b，G_c，G_a 分别表示定基增长率、环比增长率和平均增长率，Y_i 和 Y_0 表示报告期和基期的观测值，n 代表观测期数。

对于大多数时间序列而言，尤其是有关经济现象的时间序列，往往用增长率来描述其变化情况。需要注意的是，尽管增长率的计算和分析都比较简单，但是当时间序列的数字出现负值或者 0 时，不宜计算增长率，而应该考虑使用绝对数，否则不符合数学公理或者无法解释其实际含义。另外，要注意结合增长率与绝对数水平，若仅看相对变化，容易得到一些错误理解。

10.3　时间序列的预测

根据现有历史数据对未来进行预测，是时间序列分析的一个主要目的。在对时间序列进行预测时，一般可以通过绘制时间序列折线图来观察时间序列所包含的成分，然后找出适合此类时间序列的预测方法，再对可能的预测方法进行评估，以确定最佳预测方案。

1. 选择预测方法

利用时间序列数据进行预测时，通常假定过去的变化趋势会延续到未来，这样就可以根据过去已有的形态或模式进行预测。时间序列的预测方法既有传统方法，如简单平均法、移动平均法、指数平滑法等，也有较为精准的现代方法，如自回归移动平均 (ARMA) 模型。

在实际工作中，收集到的样本时间序列往往都会带有随机误差，因此，长期趋势和季节波动往往是时间序列预测中主要考虑的对象。

2. 预测方法的评估

在选择特定的方法对时间序列进行预测时，需要评价该方法的预测效果或准确性。一般而言，可以通过找出预测值与实际值的差距 (即预测误差) 来进行评定。最优的预测方法就是使预测误差最小的方法。预测误差的计算方法包括平均误差、平均绝对误差、均方误差、平均百分比误差和平均绝对百分比误差等，以下分别介绍。令 Y_i，F_i 分别为时间序列的第 i 个观测值和预测值，共计 n 个观测时期。

(1) 平均误差 (mean error, ME)：

$$\text{ME} = \frac{\sum_{i=1}^{n}(Y_i - F_i)}{n} \tag{10.2}$$

注意，实际问题中预测误差可能有正有负，求和的结果可能会相互抵消，此时平均误差会低估预测误差。

(2) 平均绝对误差 (mean absolute deviation，MAD)：

$$\text{MAD} = \frac{\sum_{i=1}^{n}|Y_i - F_i|}{n} \tag{10.3}$$

平均绝对误差可以避免预测误差正负抵消的问题，从而较为准确地反映实际误差大小情况。

(3) 均方误差 (mean square error，MSE)。

$$\text{MSE} = \frac{\sum_{i=1}^{n}(Y_i - F_i)^2}{n} \tag{10.4}$$

同样，均方误差可以避免预测误差正负抵消的问题，从而较为准确地反映实际误差大小情况，但是会改变原始数据的量纲。

(4) 平均百分比误差 (mean percentage error, MPE) 和平均绝对百分比误差 (mean absolute percentage error, MAPE):

$$\text{MPE} = \frac{\sum\limits_{i=1}^{n}\left(\dfrac{Y_i - F_i}{Y_i}\right) \times 100}{n}, \quad \text{MAPE} = \frac{\sum\limits_{i=1}^{n}\dfrac{|Y_i - F_i|}{Y_i} \times 100}{n} \tag{10.5}$$

ME、MAD 和 MSE 的大小受时间序列数据的水平和计量单位的影响，有时并不能真正反映预测模型的好坏，它们只有在比较不同模型对同一数据的预测时才有意义。而 MPE 和 MAPE 则不同，它们消除了时间序列数据的水平和计量单位的影响，反映了误差的相对值。这些方法各有优势，学术界看法不一，考虑到统计学中经常使用 MSE，后续本书也采用 MSE 来评价各种时间序列的预测效果。

10.4　平稳时间序列预测

平稳时间序列一般只包含随机成分，其预测方式主要有简单平均法、移动平均法和指数平滑法。这些方法的核心思路是通过对时间序列进行平滑来消除随机误差，它既可以用于短期预测，也可以对时间序列进行平滑以描述时间序列的线性或非线性趋势。设时间序列 t 期观测值为 $Y_1, \cdots, Y_t$，第 $t+1$ 期的预测值是 F_{t+1}。

1. 简单平均法 (simple average)

该方法根据已有的 t 期观测值进行简单的算术平均并作为下一期的预测值，即

$$F_{t+1} = \frac{\sum\limits_{i=1}^{t} Y_i}{t} \tag{10.6}$$

到了第 $t+1$ 期后，就能得到 Y_{t+1}，因此就可以计算预测误差 e_{t+1}：

$$e_{t+1} = Y_{t+1} - F_{t+1} \tag{10.7}$$

以及第 $t+2$ 期的预测值

$$F_{t+2} = \frac{\sum\limits_{i=1}^{t+1} Y_i}{t+1} \tag{10.8}$$

当时间序列没有趋势或预测较为平稳的时间序列时，简单平均法效果比较好。但如果时间序列有趋势或季节成分，该方法的预测则不够准确。此外，简单平均法将远期的数值和近期的数值看作对未来同等重要。但从预测角度看，近期的数值比远期的数值对未来有更大的作用，因此简单平均法预测的结果不够准确。

2. 移动平均法 (moving average)

移动平均法通过对时间序列进行逐期递推求移动平均数来预测，一般可以考虑简单移动平均和加权移动平均两种，下面以简单移动平均为例。它将最近的 k 期数据的算术平均

数作为下一期的预测值。设移动间隔为 k，则第 t 期的移动平均值为：

$$\overline{Y}_t = \frac{\displaystyle\sum_{i=1}^{k} Y_{t-i+1}}{k} \tag{10.9}$$

第 $t+1$ 期的时间序列值被预测为该简单移动平均值

$$F_{t+1} = \overline{Y}_t = \frac{\displaystyle\sum_{i=1}^{k} Y_{t-i+1}}{k} \tag{10.10}$$

类似地，第 $t+2$ 期的预测值为：

$$F_{t+2} = \overline{Y}_{t+1} = \frac{\displaystyle\sum_{i=1}^{k} Y_{t-i+2}}{k} \tag{10.11}$$

依此类推。

　　值得说明的是，移动平均法使用了共同的时间间隔 k，且只用了最近 k 期的数据，所以该方法一般适用于较为平稳的时间序列。在实际应用中，如何确定合适的间隔 k 是一个需要考虑的问题。一般可以考虑通过简单的实验来选择一个使得预测均方误差最小的移动间隔，或者其他诸如交叉验证的方法等。图10.3所示的为移动平均法预测的上证指数收盘价。

图 10.3　移动平均法预测收盘价

3. 指数平滑法 (exponential smoothing)

　　指数平滑法通过对过去的时间序列观测值取加权平均来进行预测，其第 $t+1$ 期的预测值等于第 t 期的实际观测值与第 t 期的预测值的加权平均数。该方法是加权平均的一种特殊形式，观测值的观测时间越久远，其权数就越小，且以指数级下降，所以该方法称为指数平滑法。

指数平滑法一般主要考虑一次指数平滑，它用一个平滑系数 α 作为调节参数，其取值在 $0\sim1$ 之间。其预测方法为：

$$F_{t+1} = \alpha Y_t + (1-\alpha)F_t \tag{10.12}$$

可以发现，第 $t+1$ 期的预测值等于第 t 期的实际观测值与第 t 期的预测值的加权平均数。在实际操作中，由于开始计算时还没有第 1 期的预测值 F_1，通常将 F_1 设定成第 1 期的实际观测值 Y_1，即人为地令 $F_1 = Y_1$，因此第 2 期、第 3 期、第 4 期的预测值分别为：

$$F_2 = \alpha Y_1 + (1-\alpha)F_1 = \alpha Y_1 + (1-\alpha)Y_1 = Y_1 \tag{10.13}$$

$$F_3 = \alpha Y_2 + (1-\alpha)F_2 = \alpha Y_2 + (1-\alpha)Y_1 \tag{10.14}$$

$$F_4 = \alpha Y_3 + (1-\alpha)F_3 = \alpha Y_3 + \alpha(1-\alpha)Y_2 + (1-\alpha)^2 Y_1 \tag{10.15}$$

依此类推。所以任何预测值都是以前所有观测值的加权平均数。然而，在实际计算下一期预测值的时候，并非所有历史数据都要使用到，只需要选好平滑系数 α，以及需要的上一期的观测值和预测值即可。进一步，可以发现

$$F_{t+1} = F_t + \alpha(Y_t - F_t) \tag{10.16}$$

即下一期的预测值可以在当前期的预测值的基础上，加上用 α 调整过的当前期的预测误差 $Y_t - F_t$。

指数平滑法的一个关键问题是，如何确定合适的平滑系数 α。在实际操作中，可以考虑实验不同的 α，然后找出预测误差最小的场景下对应的 α。图10.4所示的为指数平滑法预测的上证指数收盘价。

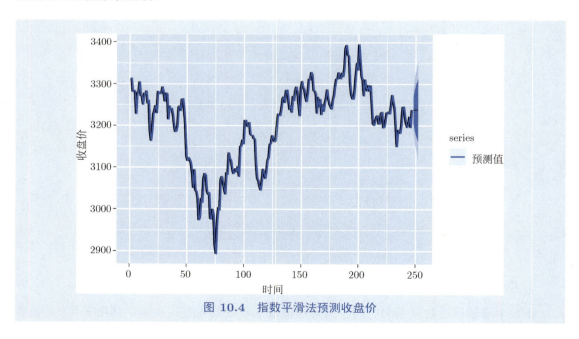

图 10.4　指数平滑法预测收盘价

10.5 非平稳时间序列预测

与平稳时间序列不同，非平稳时间序列一般展示出较为复杂的随时间变化而波动的特点。这类时间序列往往在现实中更常见，但分析起来也更复杂。因此，在分析这类时间序列时，一般假设该时间序列可以分解成一些具体的成分，例如趋势、季节性或周期性成分。

10.5.1 时间序列的分解

非平稳时间序列一般包含长期趋势、季节性或者周期性变化中的一种或者几种。因此，一般非平稳时间序列又可以分为有长期趋势的序列、有长期趋势和季节性变化的序列或者几种成分混合而成的复合型序列。

长期趋势是时间序列在长期呈现出来的持续上升或者持续下降的变化，这种趋势可以是线性的，也可以是非线性的。

季节性成分也称为季节变动，它是时间序列在一年内重复出现的周期性波动，例如一些商业活动中的旅游旺季或淡季等。这说明，诸如销量、价格等变量的取值会因季节的不同而发生变化。值得注意的是，这里的"季节"是广义的概念，不一定特指一年中的四季，而是指任何周期性的变化，如以月为单位的周期性变动等。

周期性成分也称为循环波动，是时间序列中呈现出来的围绕长期趋势的一种震荡性变动，一般由经济活动引起。它不同于长期趋势的变动，并不特定只朝一个方向变化，而是涨落交替的波动；也不同于季节变动这种存在特定规律的变化，循环波动一般无固定规律，变动周期可以长短不一，一般变动周期多在 1 年以上，因此需要较长观测时间才能观测到或者估计出来。

除此以外，某些偶然性因素也会对时间序列产生影响，致使时间序列呈现出某种随机波动。时间序列中除去趋势、周期性和季节性成分之后的偶然性波动称为不规则波动。

这样，时间序列的成分可以分为四种，即长期趋势 (T)、季节性成分或季节变动 (S)、周期性成分或循环波动 (C)、随机性成分或不规则波动 (I)。传统时间序列分析的一项主要内容就是把这些成分从时间序列中分离出来，并用一定的数学关系式表示它们之间的关系，而后分别进行分析。按四种成分对时间序列的影响方式不同，时间序列可分解为加法模型 (additive model) 或乘法模型 (multiplicative model) 等。本章所介绍的时间序列分解方法都是以乘法模型为基础，其形式为：

$$Y_t = T_t \times S_t \times C_t \times I_t \tag{10.17}$$

10.5.2 线性与非线性趋势的预测

1. 线性趋势预测

线性趋势是指时间序列观测值随着时间的推移而呈现出线性的增长或下降的稳定变化规律。如果这种趋势能延续到未来，就可以利用这种趋势预测时间序列未来的走势。

当时间序列的观测值按线性趋势发展变化时，可以用下列线性趋势方程来描述：

$$\hat{Y}_t = a + bt \tag{10.18}$$

式中，$\hat{Y}_t$ 代表时间序列线性趋势的预测值；t 代表时间点；a 代表线性趋势线在 Y 轴上的截距；b 代表其斜率，它意味着时间 t 每变动一个单位，时间序列线性趋势的变化量。趋势方程中的两个待定系数 a 和 b 一般可以利用回归中的最小二乘方法求得，如下所示：

$$a = \overline{Y} - b\bar{t}, \quad b = \frac{n\sum tY - \sum t \sum Y}{n\sum t^2 - (\sum t)^2} \tag{10.19}$$

通过趋势方程可以计算出各期的预测值，然后通过这些预测值来分析序列的变化趋势及模式，也可以利用趋势方程进行外推预测。用线性趋势进行预测时的预测误差可用线性回归中的估计标准误差来衡量，其计算公式为：

$$s_e = \sqrt{\frac{\sum_{i=1}^{n}(Y_i - \hat{Y}_i)^2}{n-2}} \tag{10.20}$$

该标准误差越小，线性趋势预测就越准。

2. 非线性趋势预测

若时间序列呈现出非线性趋势的变动，则需要拟合适当的非线性趋势曲线。常见的非线性趋势曲线包括指数曲线和多项式曲线。

指数曲线用于描述以几何级数递增或递减的时间序列趋势，即时间序列的长期趋势观测值 Y_t 呈指数规律变化，或者说时间序列的逐期观测值按一定的比率增长或衰减。一般而言，现实世界中的自然增长及大多数经济序列都有指数变化趋势，如人均 GDP 的长期变化等。指数曲线的趋势方程为：

$$\hat{Y}_t = ab^t \tag{10.21}$$

式中，a, b 均为正的待定系数。其中，若 $b > 1$，则增长率随着时间 t 的增加而增加；若 $0 < b < 1$，则增长率随着时间 t 的增加而减少。

实际问题中，为估计 a, b 两个参数值，一般考虑对数变换，即两端同时取对数，得

$$\ln \hat{Y}_t = \ln a + \ln b \cdot t \tag{10.22}$$

然后根据最小二乘原理，按照线性趋势的估计方法，即可求得 $\ln a$ 和 $\ln b$ 的估计，再分别求其指数，即可得到 a, b 的估计值。对数变换的线性回归如图 10.5 所示。

10.5.3 时间序列的分解与预测

当时间序列包含长期趋势、季节性、周期性和随机成分时，这种复合型时间序列较难预测。由于周期性成分的分析需要有多年的数据，而实际中很难得到多年的数据，因此采用的分解模型为 $\hat{Y}_t = T_t \times S_t \times I_t$。这里我们考虑用分解法来预测，该方法通常是将时间序列的各个因素依次分解出来并进行预测。该方法较易理解，结果便于解释，且一般预测效果较好，因此实际工作中仍有应用。

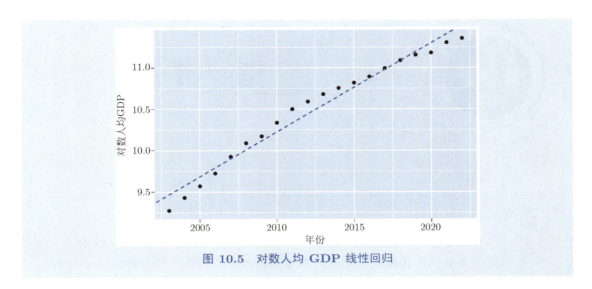

图 10.5　对数人均 GDP 线性回归

实际操作时，一般需要先找出季节性成分，将其估计出来，并将其从序列中分离出去，然后进一步建立预测模型，进行预测。该方法的步骤如下：

(1) 确定并分离季节性成分。这里用季节指数来表示季节性成分，用序列的每个观测值除以相应的季节指数，以消除季节性成分。

(2) 预测长期趋势。根据消除季节性成分后的序列建立长期趋势的预测模型。当消除季节性成分后的序列有线性趋势时，可用一元线性回归模型预测；当消除季节性成分后的序列有非线性趋势时，可选择适当的非线性模型进行预测。

(3) 计算最后的预测值。将第 (2) 步得到的预测值乘以相应的季节指数，得到最终的预测值。

由于分解与预测的计算过程比较麻烦，实际应用时，建议使用统计软件来实现。

课后习题

1. 简述时间序列的描述性统计量。
2. 简述时间序列的预测程序，以及常用的评价指标。
3. 简述指数平滑法的基本流程。
4. 复合型时间序列一般包含哪些成分？分别对应何种应用场景？
5. 简述复合型时间序列的分解方法以及预测流程。

第 10 章补充习题

第11章　指　数

引例：上证指数

在日常工作中，我们常常需要各种指数，如居民消费价格指数（CPI）、工业生产者出厂价格指数（PPI）、股票价格综合指数等。这些指数指标与社会经济发展的关系极其密切。上海证券综合指数（简称上证指数）是我国金融市场中最常用的指数之一，通过上证指数的时间序列数据，我们通常可以计算增长率和收益率等指标，了解金融市场的发展变化和规律等。

本章我们介绍指数的概念、指数的编制方法以及常见的指数体系，便于大家更好地认识和了解指数的功能与作用。

11.1　指数的概念和种类

11.1.1　指数的概念

统计指数，简称指数，是分析社会经济等各行业数量变动的一种重要的统计方法。它产生于 18 世纪后半叶，当时用于测定物价水平的变动。此后，指数理论和应用不断发展，并逐步扩展到工业生产、交通运输、金融保险、社会舆情、电商网络等各个领域，现代数据科学家们大规模地采用指数来反映特定行业的发展情况。例如，居民消费价格指数、零售商品物价指数与人们的日常生活息息相关；股票价格指数、投资者情绪指数等直接用于反映人们的投资活动情况。目前，指数已经成为分析一个社会的经济发展和景气程度的重要工具。

在统计学中，指数是测定多项内容的数量综合变动的相对数，一般包含两个要点。第一个要点是，指数的实质是测定多项内容，如居民消费价格指数要反映市场中成千上万种商品和服务的价格变动；尽管单一商品价格指数等也存在，但其计算相对简单，一般不作为指数方法论的核心内涵。第二个要点是，指数的表现形式一般为动态相对数，涉及指标的基准期的对比，因此如何选择指数的基准期是指数方法需要考量的问题。指数的编制一般围绕上述两个要点展开。

11.1.2 指数的分类

从不同角度而言，统计指数一般可以划分为如下几种类型。

1. 个体指数和总指数

按照考察对象的范围不同，可以将统计指数划分为个体指数和总指数。个体指数一般是反映总体中个别现象或者个别项目数量变动的相对数，如酒类的价格指数、石油产量指数等。一般而言，个体指数是计算总指数的基础。

总指数是综合反映多项数量变动的相对数，如多种产品的价格指数、消费指数等。由于多种产品的计量单位一般不同，其数量难以直接进行综合，因此在计算总指数时，不能直接使用个体指数直接进行对比，而需要专门的统计方法。总指数和个体指数的区别在于考察范围和计算方法的不同。

2. 数量指标指数和质量指标指数

按照反映的指标的性质不同，可以将统计指数划分为数量指标指数和质量指标指数。数量指标指数一般是反映数量变动程度的相对数，如贵金属产量指数等。数量指标一般采用实物计量单位。质量指标指数一般是反映品质指标变动程度的相对数，如产品价格指数、产品单位成本指数等，一般采用货币计量单位。值得注意的是，数量指标和质量指标的划分往往不绝对，而是具有相对性。如单位产品原材料消耗量指标，既可以用作质量指标，又可以用作数量指标，具体要根据实际问题来确定。

3. 简单指数和加权指数

按照计算形式不同，可以将统计指数划分为简单指数和加权指数。其中，简单指数把计入指数的各个项目的重要性视为相同的，而加权指数对计入指数的各个项目依据重要程度赋予不同权重。在实际问题中，由于往往缺少必要的权重信息，或者编制指数的时效性要求较高，一般会适当地考虑用简单指数。加权指数可以进一步分为两种，即综合形式和平均形式，前者称为加权综合指数，后者称为加权平均指数。

以上各种分类是从不同角度对统计指数进行的分类，可以考虑进行交叉复合分类，如在总指数中再进行简单指数或加权指数的进一步区分。

11.1.3 指数编制中的问题

在指数编制过程中，选择进入项目、确定项目权重以及创造指数计算方法是需要解决的常见问题。

1. 选择进入项目

从理论上说，统计指数是反映总体数量变动的相对数，但实际中，往往很难将总体全部项目都计算在内，也没必要。例如，编制居民消费价格指数时，我们很难将消费者消费的所有商品和服务的价格全部纳入该价格指数，而需要对进入的项目进行选择。那些被选中的项目称为代表规格品，并用这些代表规格品的价格变化来反映所有商品价格的变化。代表规格品一般具有良好的价格变动趋势代表性，且要有数量保证，不能品种过少，还需要不断更新。在代表规格品的更新过程中，其价格也在不断变化，其中既有商品价格的变化，也包含由质量引起的价格变化。如何进行质价分解，是当代指数理论不断研究的课题。

2. 确定项目权重

对代表项目进行加权是指数编制中的一个核心问题。一般而言，确定权重的方式有两种。一种是利用已有的信息构造权重。是否具有构造权重的数据，以及这些数据的质量如何是关键。例如，计算工业生产者出厂价格指数时，可以用每个代表规格品的商品零售额在全部零售额中的比重作为权重。另一种是主观权重，这种方式往往在对社会现象进行指数编制时使用。例如，编制投资者活跃指数，是将反映投资者的情绪不同侧面的类指数综合，最后得到总指数。每个类指数的权重是多少，一般由指数编制人员主观决定，因为没有公认的确定权重的标准。对于第一种确定权重的途径，指数理论要回答选择什么样的数据以及用什么时期的数据构造权重；对于第二种确定权重的途径，实际上是指数方法拓展到各指标的综合评价，从而形成一系列综合评价方法。

3. 创造指数计算方法

由于利用指数测定的研究对象不同，编制指数的数据来源也不同，因此总指数的计算方法有很多种。本章后面的部分将介绍一些总指数的不同计算方法。每种方法适用于不同场合，都有自己的特点。经济学家和统计学家试图从不同角度、用不同方式对这些指数进行改造和完善。指数的学习并不在于掌握某种指数的具体计算方法，而是体会其背后蕴藏的统计思想，依据编制指数的主要目的，创造最恰当的计算指数的方法。

11.2　总指数编制方法

总指数是对个体指数的综合。将个体指数进行综合，往往有两种途径：一种是不考虑权重，对个体指数进行简单汇总，这类指数称为简单指数；另一种是考虑权重，这类指数称为加权指数。根据计算方式不同，加权指数又可以进一步分为加权综合措数和加权平均指数。

11.2.1　简单指数

简单指数即不加权指数，一般有两种计算方法：简单综合指数和简单平均指数。

1. 简单综合指数

简单综合指数是将报告期的指标总和与基期的指数总和相对比的指数，该方法是先综合后对比，其计算公式为：

$$I_p = \frac{\sum p_1}{\sum p_0}, \quad I_q = \frac{\sum q_1}{\sum q_0} \tag{11.1}$$

其中，p 和 q 分别代表数量和质量，I_p 和 I_q 分别代表质量指标指数和数量指标指数，下标 1 和 0 分别代表报告期和基期。

简单综合指数的优点在于操作简单，对数据要求少，但一个显著缺点是在计算过程中，当数据之间存在较大差异时，较小的数据波动会被较大的数据掩盖。

2. 简单平均指数

简单平均指数是将个体指数进行简单平均得到的总指数，其计算过程是先对比后综合，其计算公式为：

$$I_p = \frac{\sum p_1/p_0}{n}, \quad I_q = \frac{\sum q_1/q_0}{n} \tag{11.2}$$

一般而言，简单综合指数和简单平均指数都存在没有考虑权重的影响这一问题，计算结果难以反映实际情况。另外，将使用价值不同的产品个体指数或价格（指标值）相加，也缺乏实际意义和理论依据。因此，编制指数时需要考虑权重的作用。

11.2.2　加权指数

因采用的权重不同，加权指数分为加权综合指数和加权平均指数。编制加权指数时首先要确定合理的权重，然后根据实际需要确定适当的计算公式。

1. 加权综合指数

常见的加权综合指数有拉氏综合指数和帕氏综合指数。拉氏综合指数以基期物量 q_0 或基期价格 p_0 为权重，使得原本不能直接相加的销售总量和价格可以转化为两个可以直接相加的销售总额。其价格综合指数和物量综合指数的计算公式分别为：

$$\bar{I}_p = \sum p_1 q_0 / \sum p_0 q_0, \quad \bar{I}_q = \sum q_1 p_0 / \sum q_0 q_0 \tag{11.3}$$

拉氏价格指数剔除了物量变动的影响，可以单纯反映价格变动，用以说明维持基期的价格水平在报告期因价格变动需要多支出 (或少支出) 的费用。但是，拉氏价格指数不能反映报告期实际消费结构在价格变动情况下的结果，与报告期实际有些不符。

帕氏综合指数以报告期物量 q_1 或报告期价格 p_1 为权重，其价格综合指数和物量综合指数的计算公式分别为：

$$\bar{I}_p = \sum p_1 q_1 / \sum p_0 q_1, \quad \bar{I}_q = \sum q_1 p_1 / \sum q_0 p_1 \tag{11.4}$$

帕氏综合指数的优点是更具现实经济意义，按照报告期进行计算，更具有现实经济意义，不仅反映价格变动，而且包含销售量的变动，能够反映双重因素的影响。

对于拉氏综合指数和帕氏综合指数的取舍，历史上学者们见仁见智，褒贬不一。这两种公式在量的测定上都存在偏大和偏小的问题，即当拉氏权重偏大时，帕氏权重便偏小，反之亦然。考虑到更为贴近人们的思维方式，在实际编制指数时，物量指数主要采用拉氏公式，价格指数主要采用帕氏公式。

2. 加权平均指数

加权平均指数以个体指数为基础，通过对个体指数进行加权平均来编制。其具体步骤为：先计算所确定的各个项目的个体指数，然后以所给的价值量指标（如产值或销售额）作为权重，对个体指数进行加权平均。计算公式为：

$$A_p = \frac{\sum \frac{p_1}{p_0} qp}{\sum qp}, \quad A_q = \frac{\sum \frac{q_1}{q_0} qp}{\sum qp} \tag{11.5}$$

和

$$H_p = \frac{\sum qp}{\sum \frac{qp}{\frac{p_0}{p_1}}}, \quad H_q = \frac{\sum qp}{\sum \frac{qp}{\frac{q_0}{q_1}}} \tag{11.6}$$

这里的核心是权重 qp，用不同时期的数据，就可以构造不同的权重，如 $q_0 p_0$ 或 $q_1 p_1$，这类似前面所讨论的拉氏和帕氏指数。

需要指出，加权综合指数和加权平均指数上述的相同只是形式上的，本质上还是有区别的，主要表现在是利用总体信息还是样本资料。如果是总体的全面资料，计算生产量指数一般属于这种情况，可以采用加权综合指数，因为生产量指数要包含所有产品的生产情况；而计算价格指数时，做不到全面统计，无法得到全面资料，因为市场商品的项目成千上万，只能挑选代表规格品，利用样本资料，在这种背景下，若采用加权综合指数，其结果就仅仅计算了代表规格品的价格变化。价格指数要反映市场所有商品价格的变化，代表规格品是样本，其中的每一项都代表一类商品，每一项代表规格品要有自己的权重。在这样的背景下计算指数，只能采用加权平均指数。所以，加权平均指数方法主要用于价格指数的计算。目前，居民消费价格指数和零售价格指数都是采用这种方法编制的。

11.3 指数体系

在实际应用中，我们可以利用指数来反映社会经济现象的数量变动程度，并借由几个指数形成的指数体系，对各种经济现象之间的相互联系做更为深入的分析，其基础是进行因素分解，其对象可以是总量指数，也可以是平均数指数。

11.3.1 总量指数体系

一个总量往往可以分解为若干构成因素，因此总量指数体系可以通过各个指标之间的相互联系进行体现，例如：

$$\begin{aligned} 销售额指数 &= 销售量指数 \times 销售价格指数 \\ 总产值指数 &= 产量指数 \times 产品价格指数 \\ 销售利润指数 &= 销售量指数 \times 销售价格指数 \times 销售利润率指数 \end{aligned} \tag{11.7}$$

这种由总量指数及若干因素指数构成的数量关系称为指数体系。这些指数体系建立在一定经济联系的基础上，较为严密，因此具有实际的经济意义。

在加权综合指数体系中（加权平均指数相同），为使总量指数等于各因素指数的乘积，两个因素指数中通常一个为数量指数，另一个为质量指数，而且各因素指数中权重必须是不同时期的，比如数量指数用基期权重加权，质量指数则必须用报告期权重加权，反之亦然。加权综合指数由于所用权重所属时期不同，可以形成不同的指数体系。但实际分析中比较常用的是基期权重加权的数量指数（拉氏指数）和报告期权重加权的质量指数（帕氏指数）形成的指数体系。

11.3.2　平均数变动因素分解

因素分解体系的思想也可以用在平均数变动分析中，按照加权综合指数体系中的解释方式，总体平均数的变动可以分解为组的影响和结构变动的影响。进行分析时，总体结构一般被当作数量指标，各组变量值被当作质量指标。研究结构的变动对平均数的影响时，将各组变量值固定在基期；研究各组变量值的变动对平均数的影响时，将结构固定在报告期。

11.4　综合评价指数

一般而言，综合评价是针对统计研究的对象，建立一个用于测评的指标体系，对搜集的资料，基于一定的模型方法进行分析，并对被评价的项目作出可以量化的总体判断。

综合评价指数是将评价结果进行数量化的一种统计方法，它将多个指标进行数量化综合，并形成一个概括性的指数，通过该指数与其他数值进行比较，最终达到评价的目的。因此，综合评价指数是指数理论与方法在各领域的发展和应用。综合评价指数的基础是单项指标，通常，不同的单项指标很难直接进行加、减、乘、除的运算，需要将数据建模技术与指数分析方法相结合进行构建。

构建综合评价指数的具体方法较多，但原理相对一致。构建综合评价指数一般需要如下步骤。

1. 建立综合评价指标体系

首先应进行必要的定性研究，对所研究的问题进行深入的分析，尽量选择具有一定综合意义的代表性指标。采用适当的统计方法，运用多元统计的方法进行指标的筛选，可以提高指标的客观性。指标体系的建立是否科学、合理，直接影响评价结果的科学性和准确性。

2. 将评价指标进行标准化处理

综合评价需要运用由多个指标组成的指数体系，而这些指标性质不同，具有不同的量纲，数值范围也大相径庭，因此需要对各指标的实际数据进行标准化处理，使之具有一致性和可比性，在此基础上才有可能进行综合。

3. 确定各项评价指标的权重

对于不同的指标，从不同的角度，可能会有不同的看法和评价。因此，在综合评价中，如何确定各项指标的权重极其重要。一般而言，确定评价指标的权重有两种方式：主观方式和客观方式。通过主观方式确定权重，一般由相关专家通过研究讨论决定，特点是思想较为统一，工作效率比较高，但很难找到客观的评价标准。通过客观方式确定权重，其数值由实际样本数据确定。例如，经济指标的权重可以是该指标反映的现象的结果（如工业产值）占总体（工业总产值）的比重。也有一些研究采用专门的统计方法，通过模型或其他计算方式产生权重。这类方法的特点是依据数据，客观性更强，但有时难以反映评价的导向性。

4. 计算综合评价指数

有了各项指标的标准化处理结果和各项指标的权重，再基于恰当的方法和模型，就可以得到综合评价指数。当然，综合评价指数的计算并不是最终目的，重要的是对这个结果背后的东西进行深入分析，综合评价才有意义。

11.5   几种常见的指数

11.5.1   居民消费价格指数

居民消费价格是指居民支付的购买消费品和获得服务项目的价格，它与人民生活息息相关，在各个国民经济价格体系中具有重要地位。居民消费价格指数就是反映这种消费品和服务项目价格变动趋势和程度的相对数，可用于分析居民实际收入水平和生活水平的变化，也是国民经济核算和宏观经济分析与决策的重要指标。

1. 居民消费价格指数的编制方法

按研究的范围不同区分，有市县级、省（区）级和全国范围的居民消费价格指数，以反映不同地区的居民消费价格的变动情况。由于消费品和服务项目繁多，而且价格经常变动，全面资料难以取得，在实际工作中，只能用抽样方法，选择代表规格品，对这些代表规格品的个体指数加以平均，逐次计算类指数和总指数。因此，编制居民消费价格指数必须解决商品和服务项目分类、代表规格品选择、价格采集和权重确定等问题。

2. 代表规格品的选择

居民消费价格指数包括居民用于日常生活的全部商品和服务项目。按国家统计局《居民消费价格指数商品及服务项目目录》共分 8 个大类，即食品、烟酒及用品、衣着、家庭设备用品及维修服务、医疗保健和个人用品、交通和通信、娱乐教育文化用品及服务、居住等。每个大类包括若干个中类，中类之下又有基本分类；根据全国城乡 9 万余户居民家庭消费支出调查资料中消费额较大的项目和习惯确定，共设 350 余个基本分类。代表规格品是按照消费量较大、价格变动趋势和变动程度有较强代表性的合格品的要求选择的，并且都规定了最低数量标准，各地可根据当地实际情况适当增加。

3. 价格的调查与计算

对代表规格品价格的调查，首先是将各种类型的商店、农贸市场、服务网点分别以人均销售额、成交额和经营规模为标志，从高到低排列；其次，分别将销售额、成交额和经营规模累计起来，然后依据所需调查点的数量进行等距抽样选定价格调查点，实行定人、定点、定时的直接调查。一般性商品每月调查 2～3 次价格，与居民生活密切相关、价格变动比较频繁的商品可以采用更高频率。报告期内各调查点及各次调查采集到的价格，用简单算术平均法计算各种代表规格品的平均价格。

4. 权重的确定

居民消费价格指数的权重由全国样本的 10 万多个城乡居民家庭消费支出构成确定。其中各省（自治区、直辖市）城市和农村权重分别根据全省（自治区、直辖市）城镇居民家庭生活消费支出和农村居民家庭生活消费支出的现金支出资料整理计算。全国权重根据各省（自治区、直辖市）的权重按各地人均消费支出金额和人口数进行加权平均。大类、中类和小类的权重依次分层计算。

5. 指数计算

总指数的计算采用加权平均法，计算公式为：

$$I_p = \frac{\sum iW}{\sum W} \tag{11.8}$$

式中，i 为代表规格品个体指数或各层的类指数，W 为相应的消费支出比重。具体计算过程是，先分别计算出各代表规格品基期和报告期的全社会综合平均价，并计算出相应的价格指数，然后分层逐级计算小类、中类、大类和总指数。

居民消费价格指数除了能反映城乡居民所购买的生活消费品和服务项目价格的变动趋势和程度，还有以下几个方面的作用。第一，反映通货膨胀状况。通货膨胀的严重程度是用通货膨胀率来反映的，它说明了一定时期内商品价格持续上涨的幅度。通货膨胀率一般以居民消费价格指数来表示。第二，反映居民购买力水平。货币购买力是指单位货币购买到的消费品和服务的数量。居民消费价格指数上升，货币购买力则下降，反之则上升，因此，居民消费价格指数的倒数就是货币购买力指数。第三，测定职工实际工资水平。居民消费价格指数上升意味着实际工资减少，居民消费价格指数下降则意味着实际工资增加。因此，利用居民消费价格指数可以将名义工资转化为实际工资。

11.5.2 股票价格指数

目前，金融指数产品创新层出不穷，指数化投资逐渐成为证券市场的重要投资方式。除常见的上市公司综合价格指数外，指数期货、指数期权、指数存托凭证、指数债券、指数存款等极大地丰富了金融市场。作为金融指数的代表，股票价格指数（简称股指）最为大众所熟悉和关注，国际上许多著名的股指都是由专业指数公司编制和发布的，如标准普尔指数、道琼斯指数等。虽然股指的编制原理相同，但在具体问题上不同指数有各自的处理方法，这里仅以我国的上证指数为例，简要介绍股指的编制。

上证股价指数系列是由上海证券交易所编制并发布的股指系列，包括上证综合指数（简称上证指数）、上证 180 指数、上证 50 指数、上证 380 指数等。其中编制最早也最有典型意义的是上证指数。该指数自 1991 年 7 月 15 日起正式发布，以 1990 年 12 月 19 日为基期，基期指数为 100 点，以现有所有上市股票（包括 A 股和 B 股）为样本，以报告期股票发行量为权重进行编制。市价总值等于收盘价乘以发行股数，遇发行新股或扩股时，需要进行修正。上证指数在编制上有两个特点：

(1) 该指数包括挂牌上市的所有股票，其优点是，考虑到行业分布和不同公司的规模，能全面、准确地反映某个时点股票价格的全面变动情况，具有广泛的代表性。但它同时也有一些缺点：一是敏感性差，不能及时反映主要上市公司股票价格对市场大势的影响；二是只要有新股上市就要计入指数，使得指数内部结构变动频繁，影响了结构的稳定性和指数前后的可比性。

(2) 该指数以发行量为权重，这也是国际上通行的做法，好处是比较全面。但我国股票发行中的法人股占相当大的比重，且不能上市流通，这样，指数所反映的只能是流通市场的潜在能量，而不是现实市场股价的综合变动。这说明，任何指数都是有局限性的，不可能依靠一个指数说明所有问题，还需要其他数据做补充说明。所以，我国的股票指数也是一个系列。比如在上证股价指数系列中，除上证指数外，还有上证 180 指数、上证 50 指数、上证 380 指数等股指做补充。这一点有助于我们科学地看待目前社会上发布的各种指数。

课后习题

1. 什么是指数？指数有哪些性质？
2. 什么是拉氏指数和帕氏指数？它们各有什么特点？
3. 加权平均指数和加权综合指数有何异同？
4. 什么是指数体系？它有什么作用？
5. 构建综合评价指数的步骤是什么？
6. 常见指数有哪些？请举例说明。
7. 某地某类零售商品中，甲、乙、丙、丁四种代表规格品的个体价格指数分别为 105%、111%、103%、120%，其固定权重分别为 10%、30%、20%、40%。试计算这类商品的零售价格指数。
8. 某商业企业经营三种商品——甲、乙、丙，计量单位分别为吨、件、米。其中三种产品的基期销售量分别为 1 000、500、3 000，基期销售价格分别为 150、300、98；三种产品的报告期销售量分别为 1 250、600、2 700，报告期销售价格分别为 150、115、120。试分别用拉氏和帕氏公式计算其销售量综合指数和价格综合指数。

## 第12章

案 例 分 析

12.1 PM2.5 浓度时间序列分析及其季节效应剥离——以上海市某监测站点为例

12.1.1 案例背景

PM2.5 是指空气中当量直径小于等于 2.5 微米的颗粒物（因而一般也称细颗粒物），其化学成分主要包括有机碳、元素碳、硝酸盐、硫酸盐、铵盐、钠盐等。现实中，PM2.5 的来源主要有自然源和人为源两种。自然源包括土壤扬尘、海盐、植物花粉、孢子、细菌等；人为源包括各种工业过程、供热、烹调过程中燃煤与燃气或燃油排放的烟尘，以及各类交通工具使用燃料时向大气中排放的尾气。与较粗的大气颗粒物相比，PM2.5 粒径小，面积大，活性强，易附带有毒、有害物质（例如，重金属、微生物等），且在大气中的停留时间长、输送距离远，因而对人体健康和大气环境质量的影响更大。细颗粒物能较长时间悬浮于空气中，一般来说，空气中细颗粒物的浓度越高，代表空气污染越严重。正因其直径小，细颗粒物能够进入呼吸道的部位更深，甚至可深入到细支气管和肺泡，直接影响肺的通气功能，使机体容易处在缺氧状态。随着工业化带来的 PM2.5 排放激增及其危害事件频发（PM2.5 甚至被世界卫生组织认定为致癌物），人们对大气中细颗粒物浓度的关注和监测需求与日俱增。细颗粒物的标准是由美国于 1997 年提出的，其初衷主要是为了更有效地监测随着工业化日益发达而出现的、在旧标准中被忽略的对人体有害的细小颗粒物。目前，细颗粒物浓度指数已经成为一个重要的测控空气污染程度的指数。在我国，环保部于 2011 年 1 月 1 日发布实施《环境空气 PM10 和 PM2.5 的测定 重量法》，首次对 PM2.5 的测定进行了规范，但在当时的《环境空气质量标准》中，PM2.5 并未被纳入强制性监测指标。2012 年 05 月 24 日，环保部公布了《空气质量新标准第一阶段监测实施方案》，要求全国 74 个城市在 10 月底前完成 PM2.5 "国控点"监测的试运行。随后，京津冀、长三角、珠三角等重点区域以及直辖市、计划单列市和省会城市按新标准开展监测并发布数据。目前，我国生态环境部已正式开始 PM2.5 监测并在其官方网站上实时发布数据。

受人类生活和生产活动的季节性影响，PM2.5 浓度时间序列极易存在季节效应而具有非平稳特性，导致时间序列分析模型和预测方法不可用或失效。因此，本案例的目标是利用我国生态环境部发布的空气质量实时数据，对 PM2.5 浓度时间序列进行季节效应分解和剔除，使得剔除后的序列满足模型应用的平稳性要求。我们将选取上海市一个监测站点（站点名称：十五厂）作为样本，对该站点一段时间内的 PM2.5 浓度日度时间序列数据进行简单的描述性分析，观察其时序特征及其趋势和季节效应的显著性，并尝试采用移动平均法分解季节效应，得到相对平稳的 PM2.5 日浓度时间序列，便于后续的数据分析和模型应用。

12.1.2　数据来源

本案例使用的 PM2.5 浓度数据下载自网站 http://quotsoft.net/air/。该网站为间接数据源，其直接数据来自中国环境监测总站的全国城市空气质量实时发布平台（每日更新的 24 小时实时数据）。该数据集记录了全国所有监测站点的空气质量实时数据，包括 AQI、PM2.5、PM10、SO_2、NO_2、O_3、CO 各类型数据。本案例选取其中一个站点（上海市，十五厂）作为样本展开分析。原始数据为分时数据，我们采用简单算术平均[1]将其处理为 PM2.5 日均浓度数据，最终选用的时期跨度为 2014 年 1 月 1 日至 2017 年 12 月 31 日共 4 个自然年。[2]

12.1.3　描述性分析

首先，绘制 PM2.5 日浓度时间序列图。从图12.1可以看出，该地 PM2.5 日浓度随时间略有下降，但并没有呈现出特别明显的趋势；分年度看，年初和年末的 PM2.5 日浓度值的波动幅度比年中相对较大，呈现一定的季节波动特征。而且，从平稳性上看，受季节性等因素影响，很难说该时间序列的波动是平稳的。

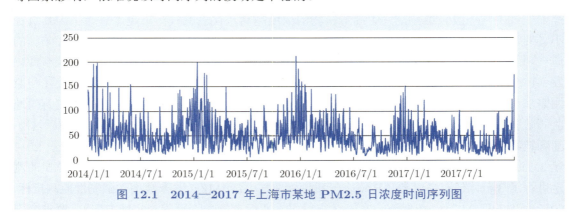

图 12.1　2014—2017 年上海市某地 PM2.5 日浓度时间序列图

进一步地，我们对 PM2.5 日浓度进行汇总分析，计算其月度中位数和年度中位数，结果如表12.1所示。从年度角度看，2014—2017 年日浓度的中位数在 2015 年略有反弹后开始呈现下降趋势，2015—2017 年的年度增长率分别为 0.2%、−12.2%、−12.7%，后两年的

---

[1] 此为分析便利所作的简易处理。在空气质量研究领域，严格意义上讲，分时浓度的简单算术平均值并不等价于日均浓度。

[2] 为保持天数（周期长度）一致，对于前两年缺失的小部分数据，采用插值法插补；2016 年为闰年，删除 2 月 29 日的数据。

降幅较为明显；同时，年度标准差也呈现类似趋势，说明 2014—2017 年间 PM2.5 的日浓度值波动幅度有所收窄，这在图12.1中也能够明显观察到。从月度角度看，每年 1 月和 12 月的中位数均高于年度中位数，且这两个月份的标准差一般较高，说明这两个月份的日浓度波动幅度较大；而且，从 4 年的数据来看，每年 4 月左右将再迎来一次日浓度高峰。这属于该时间序列的季节变化特征。

表 12.1 PM2.5 日浓度的汇总统计

月份	2014 年		2015 年		2016 年		2017 年	
	中位数	标准差	中位数	标准差	中位数	标准差	中位数	标准差
1 月	52.4	52.3	85.5	48.4	60.0	43.0	41.0	25.6
2 月	42.8	42.2	54.2	44.9	64.4	24.5	47.3	27.4
3 月	51.8	32.5	38.8	29.3	51.3	27.3	43.5	17.9
4 月	53.7	23.6	57.0	25.8	53.6	30.5	48.6	15.7
5 月	59.7	33.7	41.9	15.1	49.9	23.4	29.9	15.8
6 月	42.2	22.5	47.1	19.3	37.3	17.6	34.3	25.4
7 月	39.6	28.6	39.6	23.2	40.3	19.3	31.7	13.3
8 月	37.3	17.0	39.8	24.4	19.3	6.4	28.0	20.5
9 月	32.9	21.9	34.2	17.2	33.7	19.0	23.0	15.1
10 月	35.1	22	44.8	23	25.1	11.1	22.8	13.1
11 月	42.9	31.4	51.2	32.5	40.6	25.3	33.1	26.2
12 月	74.2	31.7	73.3	47.3	46.0	39.2	45.3	32.3
全年	45.7	33.7	45.8	33.9	40.2	29.9	35.1	23.1

12.1.4 时间序列分解

1. 时间序列成分确定

对上海市十五厂监测站点 PM2.5 日浓度的描述性分析指出，该时间序列存在较为明显的季节效应，但其趋势效应不太明显。进一步地，对 PM2.5 日浓度序列与时间进行回归拟合。从图12.1看，PM2.5 日浓度并没有呈现非常明显的线性或非线性趋势，故对其拟合了两个模型：模型 1 为线性趋势模型，模型 2 为二次曲线模型。拟合结果如表12.2所示（括号内为标准误）。可以看到，尽管模型 1 中趋势项的回归系数是显著的且模型整体的 F 统计

表 12.2 回归拟合结果

	模型 1	模型 2
常数项	60.11***(1.59)	56.39***(2.38)
t	−0.014 9***(0.001 9)	0.000 4(0.007 5)
t^2		−0.000 01**(0.000 005)
F	62.17	33.35
R^2	0.041 0	0.043 8
R^2_{adj}	0.040 3	0.042 5

量也显著，但模型的拟合优度不足 5%；模型 2 中的一次项不显著，二次项在 5% 的显著性水平下通过检验，但其拟合优度同样较低。因此，从回归结果看，PM2.5 日浓度时间序列的趋势并不显著。不过，这可能是由于日浓度时间序列的随机扰动因素较强，使得趋势成分难以在回归结果中显著。

为便于进一步观察确认其趋势和季节性成分，此处采用 PM2.5 月平均浓度 (中位数) 绘制分年度的叠加时序图 (见图12.2)。可见，各年度折线走势非常接近，且有交叉，说明该序列可能既存在季节性成分，也存在趋势成分。因此，下面将考虑对该站点 PM2.5 日浓度的复合序列进行分解。

图 12.2　2014—2017 年 PM2.5 月平均浓度 (中位数) 序列图

2. 季节性成分分解

本案例采用乘法模型进行分解，即

$$Y = T \times S \times I$$

其中，Y 为原始复合序列，T 为趋势成分，S 为季节性成分，I 为随机扰动成分。采用移动平均趋势剔除法计算季节指数 (即季节性成分 S)。其计算过程为：

(1) 计算中心化移动平均值 (CMA)：

$$\text{CMA}_i = \frac{y_{i-182} + \cdots + y_i + \cdots + y_{i+182}}{365}, \quad i = 183, \cdots, 1\,277$$

(2) 计算季节比率：

$$季节比率_i = \frac{y_i}{\text{CMA}_i}, \quad i = 183, \cdots, 1\,277$$

(3) 计算一个周期内每天的平均季节比率：

$$平均季节比率_i = \frac{季节比率_i + 季节比率_{i+365} + 季节比率_{i+730} + 季节比率_{i+1\,095}}{3}, i = 1, \cdots, 365$$

其中，季节比率$_i$ 和 季节比率$_{i+1\,095}$ 必存在一个缺失值，按零处理。

(4) 由于平均季节比率的均值不为 1，需调整得到季节指数：

$$S_i = \frac{365 \times \text{平均季节比率}_i}{\sum\limits_{k=1}^{n} \text{平均季节比率}_k}, \quad i = 1, \cdots, 365$$

(5) 将季节性成分分离，得到剔除季节性成分后的序列 T_i：

$$T_i = \frac{y_i}{S_i}, \quad i = 1, \cdots, 1\,460$$

图12.3和图12.4分别展示了季节性成分趋势图以及剔除季节性成分后的时间序列。根据图12.3，年初和年末的季节性成分存在较为明显的震荡上扬趋势，波动幅度也明显增大。相比图12.1，容易看到，剔除季节性成分的新序列的走势更加平稳，能够适用于更多的时间序列分析模型，且它保留了 PM2.5 日浓度的趋势性数据信息，可根据实际需要进一步展开分析或预测，比如，在新序列基础上构建自回归模型，给出 PM2.5 日浓度的总体趋势预测结果，再运用乘法模型将季节性成分补充进来，即可得到每日 PM2.5 浓度的实际预测值。

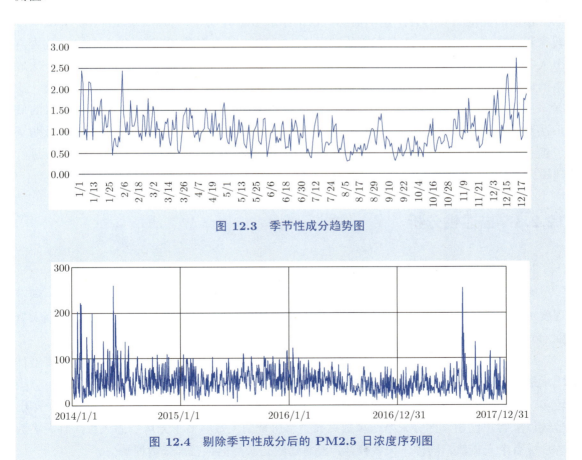

图 12.3　季节性成分趋势图

图 12.4　剔除季节性成分后的 PM2.5 日浓度序列图

12.2　基于逻辑回归的银行理财产品的潜在购买客户预测

12.2.1　案例背景

银行利润的重要来源之一是吸收储户的存款，再向企业或个人发放贷款。因此，如何尽可能多地吸收客户的存款十分重要。在现实中，有的客户持有闲置的资金，且经过银行经理的推销后，他们愿意购买银行的理财产品；而有的客户则由于各种各样的原因（如闲置资金较少，或者倾向于个人投资理财等），购买银行理财产品的概率较小。此案例将利用逻辑回归等方法，识别出具有购买银行理财产品潜在可能性的客户，以便后续开展精准营销。

12.2.2　数据来源

本研究的数据集来自某国银行机构的营销活动，可通过链接 https://doi.org/10.24432/C5K306 下载。该数据包括客户基本信息、营销活动信息、宏观经济数据等。该数据中使用的变量主要有客户基本信息，包括年龄 (age)、职业 (job)、婚姻状况 (marital)、教育程度 (education)、是否有违约记录 (default)、是否有住房贷款 (housing)、是否有个人贷款 (loan)；营销活动信息，包括上一次联系后的间隔天数 (pdays)、上一次联系的时长 (duration)、活动期间的联系次数 (campaign)、联系方式 (contact)、上一次联系所在月份 (month)、上一次联系是星期几 (day-of-week)、在本次营销活动前的联系次数 (previous)、上一次营销活动的结果 (poutcome) 等。模型的因变量即是否购买了银行理财产品 (subscribe)，该变量是二分类变量，较为适合通过逻辑回归模型进行建模。

12.2.3　描述性分析

1. 客户基本信息

客户基本信息包括 7 个变量，包括年龄 (age)、职业 (job)、婚姻状况 (marital)、教育程度 (education)、是否有违约记录 (default)、是否有住房贷款 (housing)、是否有个人贷款 (loan)。

从图12.5至图12.8可知，客户年龄 (age) 大多数集中在 20～60 岁之间，30～40 岁群体比重最高，可能是因为销售理财产品主要针对有工作的青年与中年群体。职业 (job) 分类较多，其中行政、蓝领与技工比重最高。教育程度 (education) 大多数为大学或高中学历。半数以上客户已婚，部分未婚，少数离异。有房贷的人数略多于无房贷的人数，且大多数客户没有个人贷款。同样，大多数客户没有违约记录，但存在部分数据缺失。

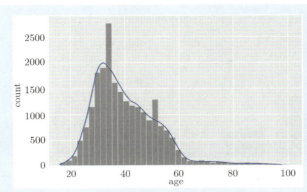

图 12.5　年龄 (age) 变量的直方图

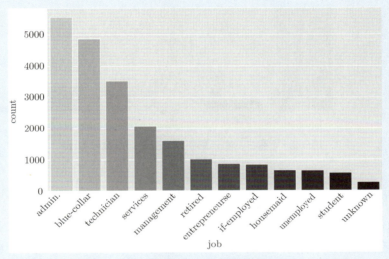

图 12.6　职业 (job) 变量的频数分布图

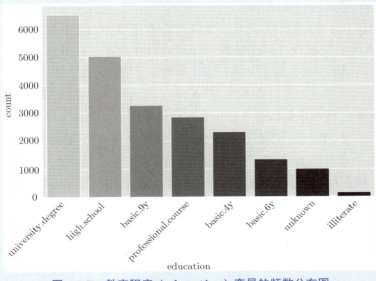

图 12.7　教育程度 (education) 变量的频数分布图

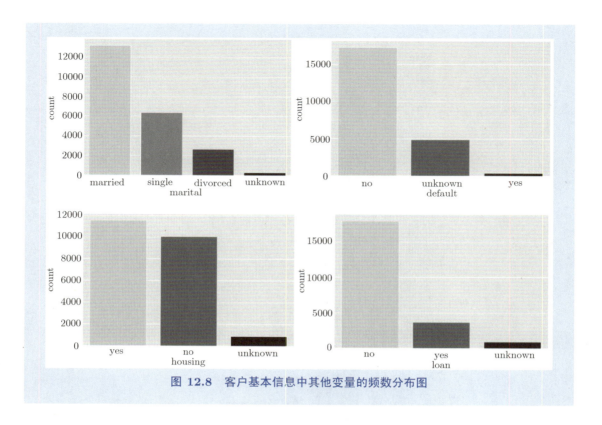

图 12.8　客户基本信息中其他变量的频数分布图

2. 营销活动信息

营销活动信息有 8 个变量，包括上一次联系后的间隔天数 (pdays)、上一次联系的时长 (duration)、活动期间的联系次数 (campaign)、联系方式 (contact)、上一次联系所在月份 (month)、上一次联系是星期几 (day-of-week)、在本次营销活动前的联系次数 (previous)、上一次营销活动的结果 (poutcome)。

从图12.9至图12.12可以发现，一部分客户最近刚联系过，1 000 天内联系过的客户大致呈均匀分布，数量较少，有大量客户超过 1 000 天都没有联系。上一次联系的时长 (duration) 呈现类似于厚尾的指数分布，抑或是增加了某一常数的指数分布，刻画了随机事件的间隔时间，联系时间大多为 300 秒（5 分钟）以内。活动期间的联系次数 (campaign) 较为接近泊松分布，刻画了随机事件在单位时间内的次数，均值为 1 左右，即活动期间平均联系客户 1 次。同时，使用手机与客户经理联系的客户比用电话联系的多。特别的，对于"上一次联系所在月份 (month)"这个变量，可以发现 1 月、2 月没有数据（可能因为银行这两个月正值假期，没有开展业务），而且分布十分不均匀，很多客户上次联系都是在 5 月（可能 5 月银行开展了宣传活动），相比而言，10 月、3 月、9 月、12 月则人数较少。另外，一般在周末，没有客户进行访问，银行休息，周一至周五分布较为均匀，周五的人数较少。许多客户是在此次活动才第一次联系，联系次数为 2～6 次的人数接近均匀分布。大多数客户没有参与过营销活动，参与过活动的客户中，没有购买过银行理财产品的概率更高。

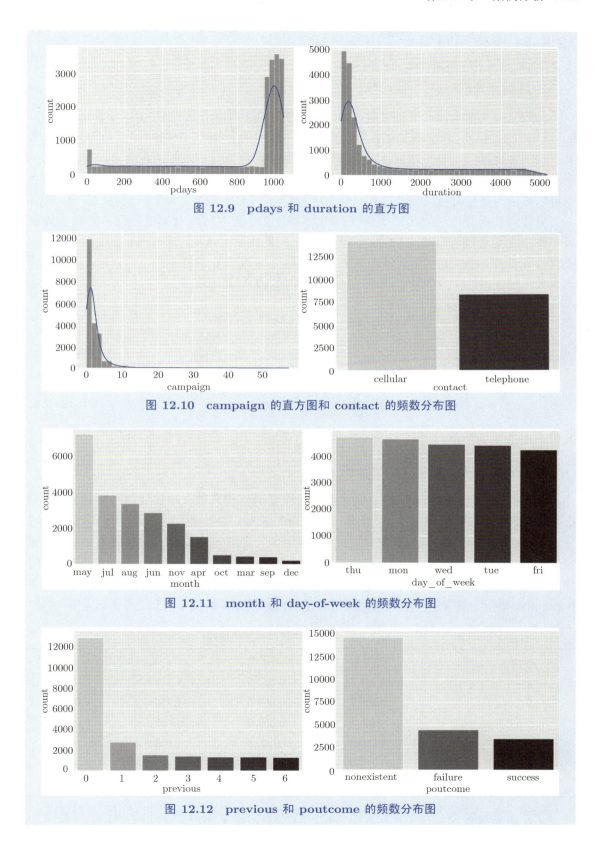

图 12.9 pdays 和 duration 的直方图

图 12.10 campaign 的直方图和 contact 的频数分布图

图 12.11 month 和 day-of-week 的频数分布图

图 12.12 previous 和 poutcome 的频数分布图

12.2.4 逻辑回归模型建模与分析

1. 数据预处理

对数值型变量来说，很有可能在多个变量中存在异常值，因此使用 LOF (local outlier factor) 方法。LOF 方法通过比较每个点和其邻域点的"密度"来判断该点是否为异常点，某个点的密度越低，越可能被认定是异常点；其中密度通过点之间的距离来计算，点之间距离越远，密度越低，距离越近，密度越高。根据我们的数据，LOF 值为 1.5 以上的观测点可以被认为是异常点，经过计算，有 75 个样本的 LOF 值大于 1.5，故剔除这些样本。

另外，数据存在一定的不平衡性，因此考虑使用 SMOTE 框架进行样本平衡，其中，每个样本之间通过 VDM 方法计算离散属性之间的距离。这里，若用 $m_{u,a}$ 表示在属性 u 上取值 a 的样本数，$m_{u,a,i}$ 表示在第 i 个簇中属性 u 取值 a 的样本数，那么，若 k 代表全部簇数，则在属性 u 上两个离散值 a 和 b 之间的 VDM 距离为：

$$\text{VDM}_p(a, b) = \sum_{i=1}^{k} \left| \frac{m_{u,a,i}}{m_{u,a}} - \frac{m_{u,b,i}}{m_{u,b}} \right|^p$$

则数据集中两个样本 x_i 和 x_j 之间的距离为：

$$\sum_{u=1}^{p} \text{VDM}_p(x_i^{(u)}, x_j^{(u)})$$

其中 p 是变量的个数。

2. 逻辑回归模型构建及结果分析

此时我们构建逻辑回归模型，首先我们对变量 age 做离散有序化处理：将 age 的取值在 20～30 岁定义为青年 (用二分变量 age.young 表示)，30～60 岁定义为中年 (用二分变量 age.middle-aged 表示)，60 岁以上为老年 (用二分变量 age.elderly people 表示)，age 变量的其余取值定义为其他 (即 age.young，age.middle-aged 和 age.elderly people 同时取 0)，作为基准组。然后按 8:2 的比例将数据集划分成训练集和测试集，以离散化后的 age 和 poutcome 两个变量为例，基于训练集构建逻辑回归模型。结果如表12.3所示。

表 12.3 部分逻辑回归模型的系数

变量	系数	标准误差	z 值	p 值
Intercept	2.101 1	0.237 5	8.845 8	0.000 0
age.young	−0.296 7	0.059 5	−4.986 6	0.000 0
age.middle-aged	−0.205 9	0.057 2	−3.602 5	0.000 3
age.elderly people	1.126 0	0.085 9	13.105 9	0.000 0
poutcome.failure	0.073 7	0.051 8	1.424 4	0.014 3
poutcome.success	0.082 7	0.058 0	1.426 6	0.031 7

由年龄变量各个水平的系数可知，30～60 岁的中年人购买产品的概率比 20～30 岁的

年轻人和 60 岁以上的老年人低，并且在各个年龄段的人群中，老年人的购买意愿最高。与之前的探索性分析结果相一致。同时由系数可知，在其他变量不变的情况下，老年人的购买率会是 20～30 岁年轻人购买率的 $e^{1.126\,0}$ 倍，即约为 3 倍。这可能是因为老年人由于退休而没有收入，需要购买理财产品来保障他们的老年生活。因此可以多向老年人推销理财产品。又可知 poutcome 变量中，failure 和 success 水平的系数分别为 0.073 7 和 0.082 7，可知之前被推销过的客户，无论结果成功与否，他在这次活动中购买产品的概率都会比之前没被推销过的人高，所以要多与客户联系并进行推销。这也与之前的探索性分析相一致。

使用训练集训练好模型后，我们使用测试集来测试逻辑回归模型的预测效果，测试效果如表12.4所示。

表 12.4　测试集的混淆矩阵

真实值	预测值	
	0	1
0	3 076	832
1	216	362

根据该混淆矩阵，可以算得逻辑回归模型的召回率为 0.626，精确率为 0.303，F1 值为 0.408。逻辑回归模型的召回率为 0.626，即正例中被预测为正例的比例是 0.626，即会购买产品的人中有 62.6% 的人被预测出来，召回率越高，潜在的客户被预测出来的比例就越高，银行的营销收入就会越多。逻辑回归的精确率为 0.303，即预测为正的样本中真实为正的比例是 0.303，即被预测为会购买产品的人中真正会购买的比例只有 30.3%，比较低，可能会导致资源的浪费，因为银行可能会把更多精力放在这些被预测出来会购买的客户上，若精确率太低，会导致时间和财力方面的浪费。F1 值权衡了召回率和精确率的大小，是对模型预测能力的综合评价。逻辑回归的 ROC 曲线如图12.13所示，一般来讲，若模型的 AUC 值达到 0.75 以上，就说明模型对正负样本区分能力较强。该逻辑回归模型的 AUC 值为 0.809，说明模型有较好的预测效果。

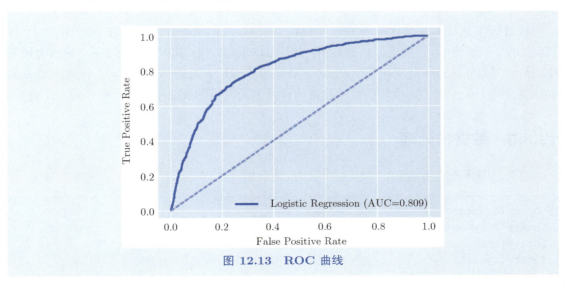

图 12.13　ROC 曲线

12.2.5 结语

从数据角度来看，银行拥有客户个人信息、贷款信息等数据，对预测客户是否会购买理财产品有非常大的用处，非常有利于模型的建立；从策略角度来看，基于模型的预测结果，能够更好地制定营销策略，可以对潜在的银行理财产品的购买客户进行针对性的营销；从成本方面来看，运用此模型，可以在很大程度上减少银行经理联系客户所花费的时间、人力、物力、财力等；从现实角度来看，银行可以提高客户的联系效率，从而增加利润，而客户又可以提高存款的利用率，是双赢的结果。

12.3 基于股票价格指数的统计指标测算和预测

12.3.1 案例背景

目前，金融指数产品创新层出不穷，指数化投资逐渐成为证券市场的重要投资方式。除常见的上市公司综合价格指数外，指数期货、指数期权、指数存托凭证、指数债券、指数存款等极大地丰富了金融市场。作为金融指数的代表，股票价格指数（简称股指）最为大众所熟悉和关注。

上证股价指数系列是由上海证券交易所编制并发布的指数系数，其中，上证综合指数（简称上证指数）是使用最为广泛、最为典型的指数之一，是上海乃至国家经济变化的晴雨表。该指数的编制依据和方法等请参见"11.5.2 股票价格指数"中的相关介绍。

本案例将对上证指数的时间序列数据进行建模和分析，包括计算增长率和收益率，以及利用 ARIMA 模型进行预测。

12.3.2 数据来源

该数据集是从聚宽量化投研平台 https://www.joinquant.com 下载的 2022 年 7 月 11 日到 2023 年 7 月 14 日的上证指数数据，共计 247 行、7 列，其中列代表变量，依次为日期 (Data)、开盘价 (open)、收盘价 (close)、最高价 (high)、最低价 (low)、交易量 (volume) 和成交金额 (money)。后续将继续用收盘价计算当天股指的收益率序列，并作进一步分析。

12.3.3 数据预处理

首先，导入数据并查看。

```
library(quantmod)
library(forecast)
library(tseries)
library(readxl)
# 导入数据
```

```
data = read.csv('XSHG.csv')
# 查看数据，部分结果见表12.5
head(data)
```

表 12.5 部分数据展示

Date	open	close	high	low	volume	money
2022/7/11	3341.10	3313.58	3341.10	3297.01	34266919300	4.24942e+11
2022/7/12	3307.22	3281.47	3319.25	3277.08	33460053900	4.10951e+11
2022/7/13	3279.60	3284.29	3297.02	3266.48	33184566900	3.94135e+11
2022/7/14	3277.45	3281.74	3299.25	3261.49	35592643200	4.31969e+11
2022/7/15	3261.38	3228.06	3288.92	3228.06	38015637100	4.60877e+11
2022/7/18	3235.09	3278.10	3278.47	3226.23	34834602200	4.23357e+11

接下来，计算增长率和收益率（见表12.6）。

```
# 转换数据为时间序列对象
data$Date <- as.Date(data$Date)
ts_data <- xts(data$money, order.by=data$Date)

# 计算收益率(returns)和增长率(growthrate)
data$returns <- diff(log(ts_data))
data$growthrate <- diff(ts_data)

# 查看数据的前几行，包括增长率列和收益率列
head(data)
```

表 12.6 收益率和增长率计算结果

Date	open	close	high	low	volume	money	returns	growthrate
2022/7/11	3341.10	3313.58	3341.10	3297.01	34266919300	4.25e+11	NA	NA
2022/7/12	3307.22	3281.47	3319.25	3277.08	33460053900	4.11e+11	−0.03347870	−1.40e+10
2022/7/13	3279.60	3284.29	3297.02	3266.48	33184566900	3.94e+11	−0.04178050	−1.68e+10
2022/7/14	3277.45	3281.74	3299.25	3261.49	35592643200	4.32e+11	0.09166034	3.78e+10
2022/7/15	3261.38	3228.06	3288.92	3228.06	38015637100	4.61e+11	0.06477737	2.89e+10
2022/7/18	3235.09	3278.10	3278.47	3226.23	34834602200	4.23e+11	−0.08491540	−3.75e+10

12.3.4 自回归移动平均模型

传统的时间序列分解模型可以考虑用于刻画收益率曲线，但在实际经验中，这样的分析在股指数据上的预测可能不够精准，波动较大，因此，这里我们考虑使用 ARIMA 模型来分析时间序列数据。

(1) 首先，创建时间序列对象并绘制时间序列图。

12.3.3 节中已经将数据转换为时间序列对象。时间序列图如图 12.14 所示。

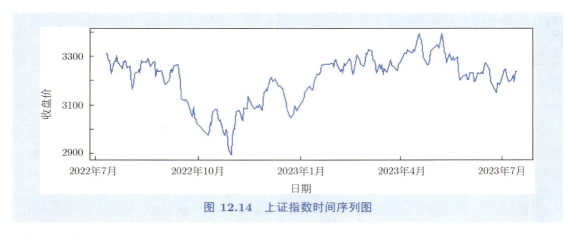

图 12.14　上证指数时间序列图

(2) 平稳性检验。

对原时间序列进行单位根检验，其原假设是该时间序列存在单位根，即时间序列不平稳。基于当前数据和 5% 的显著性水平，可以计算得到该检验的 p 值大于 0.05，这说明当前时间序列数据存在单位根，也就是时间序列不平稳。R 语言代码及输出如下：

```
# 原序列单位根检验
ADF <- adf.test(data_ts)
6
# p值大于0.05，存在单位根
ADF
```

```
##
## Augmented Dickey-Fuller Test
##
## data: data_ts
## Dickey-Fuller = -2.2067, Lag order = 6, p-value = 0.4888
## alternative hypothesis: stationary
```

(3) 序列差分。

进一步，为得到平稳时间序列，这里我们考虑进行序列差分。其中，进行几次差分是一个难点。一个非平稳时间序列需要经过几阶差分化为平稳序列可以基于实际序列数据判断，然后进行单位根检验验证其稳定性。基于当前数据，结果表明一阶差分后的时间序列即可通过单位根检验，拒绝原假设，一阶差分后的时间序列平稳。将一阶差分后的时间序列命名为 data_nts。R 语言代码及输出如下：

```
# 判断几阶差分化为平稳序列
ndiffs(data_ts)
# 一阶差分
data_nts<-diff(data_ts,1)
# 一阶差分图，见图12.15
plot(data_nts, main="一阶差分图")
# 一阶差分单位根检验
```

```
ADF1=adf.test(data_nts)
# p值
ADF1
```

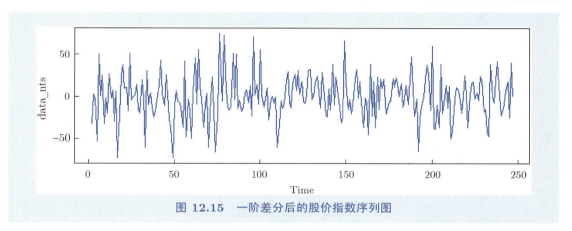

图 12.15　一阶差分后的股价指数序列图

```
##
## 	Augmented Dickey-Fuller Test
##
## data:  data_nts
## Dickey-Fuller = -6.9815, Lag order = 6, p-value = 0.01
## alternative hypothesis: stationary
```

(4) 模型定阶。

我们进一步可以为 ARIMA 模型定阶，即确定 ARIMA(p, d, q) 中的 p 和 q。上述数据处理只需要一阶差分，因此其中 d 的数值即为 1。R 语言代码及输出如下：

```
# 通过自相关图按自身经验来确定，见图12.16和图12.17
acf(data_nts, main='差分后acf', lag.max=36)
pacf(data_nts, main='差分后pacf', lag.max=36)
# 通过软件算法自动确定
# 自动拟合ARIMA 模型
arima_model <- auto.arima(data_ts)
# 打印ARIMA 模型的摘要
summary(arima_model)
```

```
## Series: data_ts
## ARIMA(0,1,0)
##
## sigma^2 = 704.6: log likelihood = -1155.64
## AIC=2313.28   AICc=2313.3   BIC=2316.79
##
## Training set error measures:
##                        ME      RMSE       MAE         MPE      MAPE      MASE
## Training set   -0.2937912  26.49059  20.02653  -0.01245474  0.6273213  0.996619
##                       ACF1
## Training set   0.00845291
```

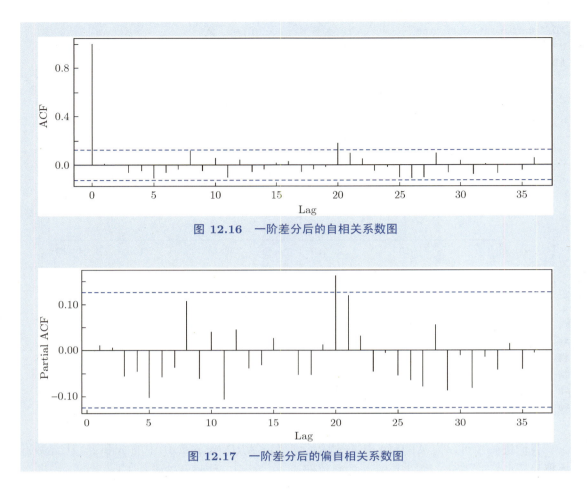

图 12.16　一阶差分后的自相关系数图

图 12.17　一阶差分后的偏自相关系数图

(5) 模型诊断。

模型构建好之后，我们可以进行模型诊断。通过画 Q-Q 图与其对角线的拟合度来判断残差是否服从正态分布，然后对拟合模型的残差进行白噪声检验，进一步判断残差之间是否相关。从输出结果可以看出，残差服从正态分布而且 p 值大于 0.05，证明残差之间不相关，可以进行下一步的模型预测。R 语言代码及输出如下：

```
# Q-Q 图，见图12.18
qqnorm(arima_model$residuals)
# 加线
qqline(arima_model$residuals)
# 残差的白噪声检验
Box.test(arima_model$residuals,type="Ljung-Box")
```

```
##
## Box-Ljung test
##
## data: arima_model$residuals
## X-squared = 0.017864, df = 1, p-value = 0.8937
```

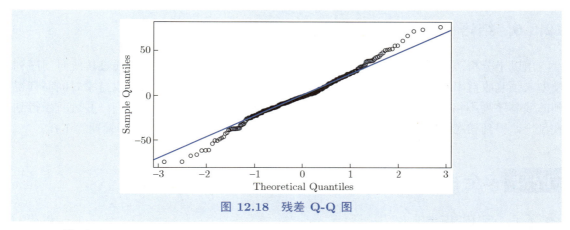

图 12.18　残差 Q-Q 图

(6) 模型预测。

最终，我们利用模型进行预测。基于以上分析，我们得到了 ARIMA(0,1,0) 模型，并基于该模型预测未来 5 天的股指收盘价的信息，即 close 的数值。R 语言代码及输出如下：

```
# 进行未来5期的预测
forecast_result <- forecast(arima_model,h=5)
print(forecast_result)
## Point Forecast Lo 80 Hi 80 Lo 95 Hi 95
## 2022.6767 3237.7 3203.682 3271.718 3185.674 3289.726
## 2022.6795 3237.7 3189.591 3285.809 3164.124 3311.276
## 2022.6822 3237.7 3178.779 3296.621 3147.588 3327.812
## 2022.6849 3237.7 3169.664 3305.736 3133.648 3341.752
## 2022.6877 3237.7 3161.633 3313.767 3121.366 3354.034
11
```

```
# 可视化结果，见图12.19
plot(forecast_result, xlab="Date", ylab="close")
```

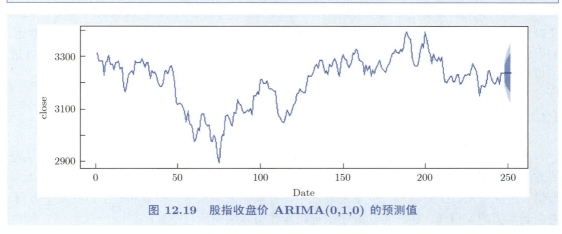

图 12.19　股指收盘价 ARIMA(0,1,0) 的预测值

图 12.19 给出了该股指的收盘价走势图和未来 5 天的预测值，基于当前模型，股指收盘价被成功地预测。值得一提的是，从图 12.19 中曲线右端末尾处蓝色带状置信区间可见，股指收盘价的预测值的置信区间相对较宽，说明股指收盘价的预测值的波动可能较为明显。

12.3.5　结语

由以上分析可知，上证指数的收益率时间序列本身并不平稳，想要通过传统时间序列模型来预测收益率和股价可能并不稳健。在考虑应用 ARIMA 模型后，收益率时间序列得到的残差序列不相关，这样可以粗略地估计未来若干天的收益率时间序列，并进一步得到收盘价，得到相应的置信区间，从而可以用于后续基于股指的风险控制和管理等工作。

12.4　全社会用电量的影响因素分析与预测

12.4.1　案例背景

随着气候变化的加剧，能源与环境问题已经引起全球的广泛关注，节能减排和可持续发展成为全球各经济体的共识。其中，全社会用电量是表示能源消耗的重要指标之一，指第一、二、三产业等所有用电领域的电能消耗总量，包括工业用电、农业用电、商业用电、居民用电、公共设施用电以及其他用电等。全社会用电量对社会经济增长、基础设施建设、能源供需平衡和结构转型等多方面都具有重要的参考意义，是社会经济发展的"晴雨表"。加强电力供需监测预警也是保障我国能源安全的重要措施之一。因此，关于全社会用电量的数据统计和监测是我国社会经济统计的一项重要内容。

经济增长通常伴随着电力需求的上升，全社会用电量的增长在一定程度上反映了三大产业的发展和居民生活水平的提高，也预示着经济发展的稳定性和可持续性。在经济高速发展的大背景下，对全社会用电量的预测是保证电力供需平衡的重要前提。由于受到经济、资源、气候、政策等众多因素的影响，全社会用电量具有较强的不确定性。厘清电力需求和经济发展各方面之间的相关性，明确影响电力需求的重要因素，是分析和预测全社会用电量的关键。

因此，本案例将以全社会用电量的影响因素分析和预测为目标，选取我国 227 个地级及以上城市全社会用电量及经济发展、产业结构、固定资产投资、进出口等相关统计数据，利用相关和回归分析构建多元线性回归模型，对全社会用电量的影响因素进行分析，并进一步对全社会用电量进行预测。

12.4.2　数据来源和变量说明

本案例以全社会用电量 (EleCon)[①](单位：万千瓦时) 作为研究的因变量，并重点从经济方面选取了与全社会用电量可能相关的部分指标作为自变量，涵盖经济发展水平、人口数量、产业结构、工业规模、交通发展水平、互联网发展水平、投资和进出口共八个方面。考虑到数据的可得性，进一步选取了下列指标作为本案例的自变量：

● 总人口 (Popu)(单位：万人)：指年末按户籍登记情况统计的全市人口数，该指标反映了地区人口规模。一般，人口规模越大，全社会用电需求就越多。

---

① 全社会用电量指各行业用电量和城乡居民生活用电量的合计。

- 人均地区生产总值 (PerGRP)(单位：万元)：地区生产总值与人口数量的比值，地区生产总值反映了一定时期内所有常住单位生产活动的最终成果，因此人均地区生产总值这一指标反映了地区经济发展水平，也通常被用来衡量居民生活水平。

- 第二产业占比 (Ind)(单位：%)：指第二产业占 GDP 的比重，该指标反映了地区产业结构。

- 工业企业数 (IndNo)(单位：个)：指规模以上工业企业的数量。当前大多数高耗能行业均属于工业企业，如钢铁、化工、石油炼焦、电力等。因此，工业企业数量越多，越可能导致工业用电量增加，从而使全社会用电量上升。

- 公共汽 (电) 车客运总量 (Trans)(单位：千万人次)：指公共汽 (电) 车全年运送乘客的总人数。该指标反映了地区交通发展水平。

- 互联网宽带接入用户数 (Network)(单位：万户)：随着互联网数字化进程的加快，数据中心带来的用电量增长不容忽视。2022 年全年，我国数据中心耗电量达到 2 700 亿千瓦时，约占全社会用电量的 3%。互联网宽带接入用户数这一指标反映了互联网数字化的发展。

- 市政公用设施建设固定资产投资 (Invest)(单位：亿元)：指用于城市供水、节水、燃气、供热、轨道交通、道路、桥涵、路灯、公共停车场等市政公用基础设施建设的固定资产投资的全年完成投资。该指标反映了地区建设投资水平，是建设现代化经济体系的重要支撑。

- 货物出口额 (Export)(单位：亿元)：该指标反映了地区对外经济贸易的出口水平。

本案例在回归分析中所使用的以上因变量和自变量数据均为 2019 年地级及以上城市数据，在预测分析中使用了 2020 年数据，所有数据来自《中国城市统计年鉴》。

12.4.3 描述性分析

在进行回归建模前，首先对因变量的分布进行观察。根据原始数据计算可知，2019 年我国城市全社会用电量的平均水平为 147.58 万千瓦时 (均值)，中位数为 91.68 万千瓦时，全社会用电量呈右偏分布，显然不符合线性回归中正态性的假设；此外，全社会用电量的最小值 (2.07) 和最大值 (1 227.77) 之间的差距较大，标准差为 166.74，均表明不同城市的全社会用电量差异较大。直方图 (见图12.20(左)) 同样显示全社会用电量呈现右偏分布。考虑将全社会用电量进行对数变换，对数变换后的数据其分布的对称性得到了改善，见图12.20(右)。因此，在下面的回归分析建模中选取全社会用电量的对数作为因变量。

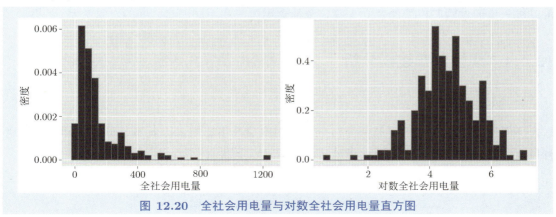

图 12.20 全社会用电量与对数全社会用电量直方图

进一步对其他自变量进行描述性分析, 结果如表12.7所示。

表 12.7 样本描述性统计

变量名	均值	最小值	中位数	最大值	标准差
Popu	469.162 996	31.000 0	415.000 0	1476.000 0	287.456 999
PerGRP	6.328 359	1.598 7	5.197 6	19.194 2	3.532 134
Ind	43.418 943	15.750 0	44.460 0	72.900 0	9.195 982
IndNo	1 360.453 744	16.000 0	891.000 0	10 393.000 0	1 598.992 117
Trans	20.085 026	0.056 0	8.500 0	318.975 0	37.628 648
Network	145.977 974	2.000 0	104.000 0	875.000 0	132.092 099
Invest	101.673 710	0.198 4	19.825 0	8285.479 8	565.732 288
Export	588.824 069	0.002 7	78.644 6	13 666.850 5	1 770.003 639

表12.7显示, 从人口数量来看, 我国城市平均人口总数为 469.16 万人, 但离散程度较大, 其中最小值的克拉玛依市总人口只有 31 万人, 而最大值的成都市总人口高达 1 476 万人。人均地区生产总值的均值 (6.33) 和中位数 (5.20) 反映了大多数城市的平均经济发展水平。第二产业占比和工业企业数分别反映了产业结构及工业发展情况, 其中第二产业占比平均为 43.42%, 标准差为 9.20, 离散程度较小, 表明不同城市之间的产业结构差异相对不大。但工业企业数的取值在 16 ~ 10 393 之间, 可见不同城市的工业企业数量的差异较大。公共汽 (电) 车客运总量、互联网宽带接入用户数、市政公用设施建设固定资产投资和货物出口额的样本数据均呈右偏分布。值得注意的是, 市政公用设施建设固定资产投资和货物出口额两个指标的最小值和最大值之间的差距均较大, 同时标准差也较大, 说明不同城市市政公用设施建设固定资产投资和货物出口额的差异很大。

为了对全社会用电量和各类可能的影响因素之间的相关关系有一个初步的了解, 可以先绘制因变量和各个自变量之间的散点图进行简单的观察。从图12.21中可以看出, 总人口越多的城市其全社会用电量越大, 人均地区生产总值越高的城市其全社会用电量也越大, 两者和全社会用电量之间均呈现较明显的线性关系。第二产业占比、工业企业数、公共汽 (电) 车客运总量、互联网宽带接入用户数与全社会用电量之间呈现较弱的线性关系。市政公用设施建设固定资产投资、货物出口额和全社会用电量之间的线性关系则不是很明显。可以进一步通过回归模型的建立来确定全社会用电量和不同因素之间的定量关系。

12.4.4 线性回归建模分析

1. 全模型分析

上面选取的各类因素可能都会对全社会用电量产生影响, 因此本部分首先利用包括所有自变量的全模型对因变量进行建模估计, 建立以下回归模型:

$$\log\mathrm{EleCon} = \beta_0 + \beta_1\mathrm{Popu} + \beta_2\mathrm{PerGRP} + \beta_3\mathrm{Ind} + \beta_4\mathrm{IndNo} + \beta_5\mathrm{Trans}$$
$$+ \beta_6\mathrm{Network} + \beta_7\mathrm{Invest} + \beta_8\mathrm{Export} + \varepsilon$$

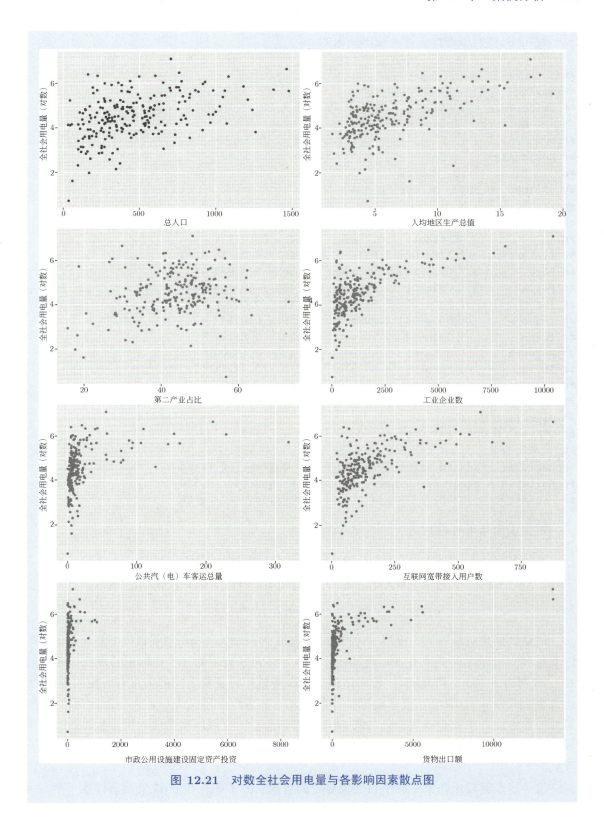

图 12.21 对数全社会用电量与各影响因素散点图

使用 R 对模型进行估计，输出结果如下：

```
##
## Call:
## lm(formula = logEleCon ~ Popu + PerGRP + Ind + IndNo + Trans +
##     Network + Invest + Export, data = ele1)
##
## Residuals:
##     Min      1Q  Median      3Q     Max
## -3.1650 -0.3012  0.0009  0.3340  2.2907
##
## Coefficients:
##               Estimate Std. Error t value Pr(>|t|)
## (Intercept)  2.378e+00  2.611e-01   9.107  < 2e-16 ***
## Popu         7.913e-04  2.973e-04   2.662  0.00835 **
## PerGRP       1.002e-01  2.260e-02   4.432 1.48e-05 ***
## Ind          1.830e-02  5.849e-03   3.128  0.00200 **
## IndNo        1.600e-04  7.299e-05   2.192  0.02942 *
## Trans       -5.091e-04  2.209e-03  -0.231  0.81792
## Network      1.355e-03  9.453e-04   1.434  0.15309
## Invest      -6.598e-05  8.335e-05  -0.792  0.42951
## Export      -6.660e-05  5.557e-05  -1.198  0.23203
## ---
## Signif. codes:
## 0 '***' 0.001 '**' 0.01 '*' 0.05 '.' 0.1 ' ' 1
##
## Residual standard error: 0.6761 on 218 degrees of freedom
## Multiple R-squared:  0.5505, Adjusted R-squared:  0.534
## F-statistic: 33.37 on 8 and 218 DF,  p-value: < 2.2e-16
```

根据输出结果可得到估计的回归方程为：

$$\text{logEleCon} = 2.378 + 7.913 \times 10^{-4}\text{Popu} + 0.100\ 2\text{PerGRP} + 0.018\ 3\text{Ind}$$

$$+ 1.6 \times 10^{-4}\text{IndNo} - 5.091 \times 10^{-4}\text{Trans} + 1.355 \times 10^{-3}\text{Network}$$

$$- 6.598 \times 10^{-5}\text{Invest} - 6.66 \times 10^{-5}\text{Export}$$

从估计结果可以看到，模型 F 检验的 p 值很小 (<2.2e–16)，表明该模型是显著的，即因变量和自变量之间确实存在显著的线性关系。多重决定系数 R^2 和修正的多重决定系数 R_{adj}^2 分别为 0.550 5 和 0.534，表明该模型对因变量和自变量之间的关系有一定的解释力。均方根误差 $s = 0.676\ 1$，表示根据估计的多元回归方程，用总人口、人均地区生产总值、第二产业占比、工业企业数、公共汽 (电) 车客运总量、互联网宽带接入用户数、市政公用设施建设固定资产投资和货物出口额来预测全社会用电量时，平均估计误差为 0.676 1 万千瓦时。

进一步观察输出结果中各个自变量对应的 t 检验的 p 值，在 0.05 的显著性水平下，可以判断总人口 (Popu)、人均地区生产总值 (PerGRP)、第二产业占比 (Ind)、工业企业数

(IndNo) 和全社会用电量 (EleCon) 之间存在显著的正相关关系，其他四个自变量的回归系数并不显著。

2. 多重共线性检验

在多元线性回归中，若自变量之间存在高度相关关系，可能会使回归结果混乱，从而导致某些有显著影响的变量变得不显著。因此，虽然上述全模型估计结果显示公共汽 (电) 车客运总量 (Trans)、互联网宽带接入用户数 (Network)、市政公用设施建设固定资产投资 (Invest)、货物出口额 (Export) 这四个自变量的回归系数并不显著，但我们不能直接断定这几个因素就一定不是全社会用电量的主要影响因素。为了判断自变量之间的多重共线性，这里进一步通过计算方差膨胀因子 (VIF) 进行分析，结果如表12.8所示。

表 12.8　方差膨胀因子 (VIF)

Popu	PerGRP	Ind	IndNo	Trans	Network	Invest	Export
3.610 095	3.149 975	1.430 159	6.734 415	3.414 267	7.707 579	1.099 277	4.782 929

从表12.8中的结果可以看出，各自变量对应的 VIF 值均小于 10，可以认为不存在严重的多重共线性问题。

3. 变量筛选

排除了变量之间的多重共线性问题之后，仍然存在公共汽 (电) 车客运总量 (Trans)、互联网宽带接入用户数 (Network)、市政公用设施建设固定资产投资 (Invest)、货物出口额 (Export) 这四个自变量回归系数不显著的问题。是否可以剔除这几个变量？如何确定模型最终该选取的自变量？第 8 章介绍了变量筛选的几种方法，这里选用向前向后逐步回归的方法和 AIC 准则进行变量的选择。

调用 R 中的 step 函数，相关代码和输出如下：

```
lm2.step<-step(lm(logEleCon~Popu+PerGRP+Ind+IndNo+Trans+Network+Invest+Export,
            data=ele1),direction="both")
```

```
## Start:  AIC=-168.85
## logEleCon ~ Popu + PerGRP + Ind + IndNo + Trans + Network + Invest +
##     Export
##
##            Df Sum of Sq     RSS     AIC
## - Trans     1    0.0243  99.689 -170.80
## - Invest    1    0.2864  99.951 -170.20
## - Export    1    0.6567 100.322 -169.36
## <none>                   99.665 -168.85
## - Network   1    0.9397 100.605 -168.72
## - IndNo     1    2.1973 101.862 -165.90
## - Popu      1    3.2394 102.904 -163.59
## - Ind       1    4.4735 104.138 -160.88
## - PerGRP    1    8.9804 108.645 -151.27
```

```
##
## Step:  AIC=-170.8
## logEleCon ~ Popu + PerGRP + Ind + IndNo + Network + Invest +
##     Export
##
##            Df Sum of Sq    RSS     AIC
## - Invest    1    0.2987  99.988 -172.12
## - Export    1    0.7954 100.485 -170.99
## <none>                   99.689 -170.80
## - Network   1    0.9801 100.669 -170.58
## + Trans     1    0.0243  99.665 -168.85
## - IndNo     1    3.0387 102.728 -165.98
## - Popu      1    3.2543 102.944 -165.50
## - Ind       1    4.9223 104.612 -161.86
## - PerGRP    1   10.6207 110.310 -149.82
##
## Step:  AIC=-172.12
## logEleCon ~ Popu + PerGRP + Ind + IndNo + Network + Export
##
##            Df Sum of Sq    RSS     AIC
## - Export    1    0.7895 100.777 -172.33
## - Network   1    0.8363 100.824 -172.23
## <none>                   99.988 -172.12
## + Invest    1    0.2987  99.689 -170.80
## + Trans     1    0.0365  99.951 -170.20
## - Popu      1    3.2529 103.241 -166.85
## - IndNo     1    3.3406 103.329 -166.66
## - Ind       1    4.8270 104.815 -163.41
## - PerGRP    1   10.3746 110.363 -151.71
##
## Step:  AIC=-172.33
## logEleCon ~ Popu + PerGRP + Ind + IndNo + Network
##
##            Df Sum of Sq    RSS     AIC
## - Network   1    0.3898 101.167 -173.46
## <none>                  100.777 -172.33
## + Export    1    0.7895  99.988 -172.12
## + Invest    1    0.2928 100.485 -170.99
## + Trans     1    0.1900 100.587 -170.76
## - IndNo     1    2.6747 103.452 -168.39
## - Popu      1    5.5644 106.342 -162.13
## - Ind       1    5.6546 106.432 -161.94
## - PerGRP    1   10.6792 111.457 -151.47
##
## Step:  AIC=-173.46
## logEleCon ~ Popu + PerGRP + Ind + IndNo
##
##            Df Sum of Sq    RSS     AIC
```

```
## <none>                      101.17 -173.46
## + Network  1    0.3898 100.78 -172.33
## + Export   1    0.3430 100.82 -172.23
## + Invest   1    0.1825 100.98 -171.87
## + Trans    1    0.0037 101.16 -171.46
## - IndNo    1    4.6117 105.78 -165.34
## - Ind      1    5.3350 106.50 -163.79
## - Popu     1   13.8534 115.02 -146.32
## - PerGRP   1   16.5637 117.73 -141.04
```

```
summary(lm2.step)
```

```
##
## Call:
## lm(formula = logEleCon ~ Popu + PerGRP + Ind + IndNo, data = ele1)
##
## Residuals:
##     Min     1Q  Median     3Q     Max
## -3.1782 -0.3119 -0.0214  0.3888  2.2583
##
## Coefficients:
##               Estimate Std. Error t value Pr(>|t|)
## (Intercept) 2.385e+00  2.562e-01   9.309  < 2e-16 ***
## Popu        1.096e-03  1.988e-04   5.514 9.73e-08 ***
## PerGRP      1.065e-01  1.767e-02   6.029 6.82e-09 ***
## Ind         1.777e-02  5.194e-03   3.422 0.000741 ***
## IndNo       1.413e-04  4.442e-05   3.181 0.001676 **
## ---
## Signif. codes:
## 0 '***' 0.001 '**' 0.01 '*' 0.05 '.' 0.1 ' ' 1
##
## Residual standard error: 0.6751 on 222 degrees of freedom
## Multiple R-squared:  0.5437,   Adjusted R-squared:  0.5355
## F-statistic: 66.14 on 4 and 222 DF,  p-value: < 2.2e-16
```

向前向后逐步回归法的结果是将公共汽 (电) 车客运总量 (Trans)、互联网宽带接入用户数 (Network)、市政公用设施建设固定资产投资 (Invest)、货物出口额 (Export) 这四个自变量从模型中剔除，最终保留了其余四个变量。由此得到最终的回归方程为：

$$\text{logEleCon} = 2.385 + 1.096 \times 10^{-3}\text{Popu} + 0.106\,5\text{PerGRP} + 0.017\,8\text{Ind}$$
$$+ 1.413 \times 10^{-4}\text{IndNo}$$

模型汇总结果显示，此模型的修正决定系数 R_{adj}^2 为 0.535 5，均方根误差 s 为 0.675 1，均显示比上面的全变量模型有改进。从回归方程和回归系数的显著性检验结果来看，模型 F 检验的 p 值很小 ($<2.2\text{e}{-}16$)，表明该模型是显著的；四个自变量对应的 t 检验的 p 值均小于 0.01，表明在 0.01 的显著性水平下，可以判断总人口 (Popu)、人均地区生产总值 (PerGRP)、第二产业占比 (Ind)、工业企业数 (IndNo) 和全社会用电量 (EleCon) 之间存在显著的正相关关系。

4. 残差分析

在确定了最终的自变量之后，还需要对模型进行必要的诊断。通过检验回归模型的假设对上面选取的模型是否近似成立，来判断建立的模型是否恰当。

利用 R 绘制残差图来进行分析，结果如图 12.22 所示。

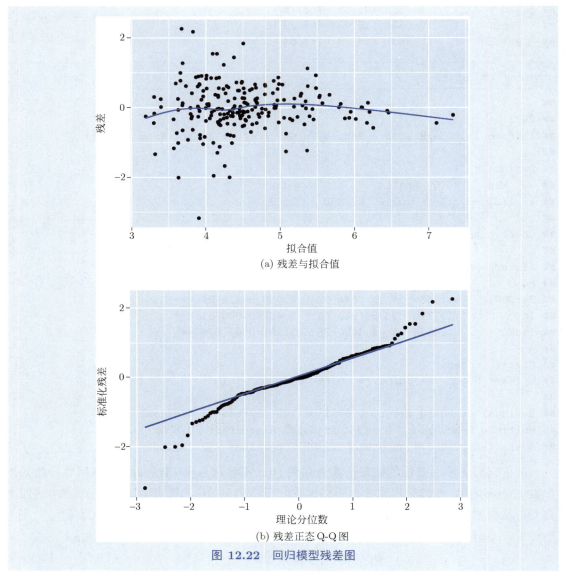

(a) 残差与拟合值

(b) 残差正态 Q-Q 图

图 12.22　回归模型残差图

图12.22中 (a) 和 (b) 分别表示残差与拟合值的散点图以及残差正态 Q-Q 图。图 (a) 显示残差值基本围绕零上下无规律波动[①]，图 (b) 的残差正态 Q-Q 图显示，除了两端略有几个极端值之外大致在一条直线上，基本可以认为回归模型的假设成立。

---

① 图 (a) 的残差值在一定程度上呈现残差的分布随拟合值的增大而收敛的趋势，说明残差可能不满足方差齐性的条件，这种情况下可以进一步考虑用加权最小二乘法进行模型拟合，以提高模型的预测价值。感兴趣的读者可以自行查阅相关文献资料，本书在此不再深入讨论。

12.4.5 全社会用电量预测分析

从上述分析结果可知，人口总量、人均地区生产总值、第二产业占比、工业企业数这些指标为全社会用电量的预测提供了重要的信息，在回归模型中表现出较好的预测能力。

在上面建立的模型的基础上，本小节进一步选取《中国城市统计年鉴 2021》中 2020 年我国城市人口总量、人均地区生产总值、第二产业占比、工业企业数的相关数据，对各城市 2020 年的全社会用电量进行预测。所得的数据量较大 (下面列示了前 10 个城市的预测值)，对预测数据进行整理，预测结果如图12.23所示。①

```
##     ele2$City EleCon_pre
## 1    Shanghai   4858.2093
## 2      Suzhou   2921.2500
## 3     Beijing   1407.8827
## 4   Guangzhou   1370.8646
## 5      Ningbo    951.1725
## 6        Wuxi    885.7183
## 7      Foshan    880.4385
## 8     Chengdu    777.3001
## 9    Hangzhou    686.2944
## 10   Quanzhou    575.8708
```

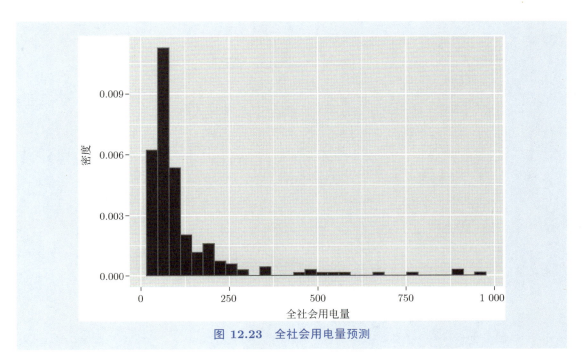

图 12.23 全社会用电量预测

由预测结果可知，上海、苏州、北京、广州四个城市的全社会用电量的预测值最高，分别达到了约 4 858 万千瓦时、2 921 万千瓦时、1 408 万千瓦时和 1 371 万千瓦时。从

---

① 由于上海、苏州、北京、广州四个城市的全社会用电量预测值显著高于其他城市，因此未列入直方图。

图12.23中可以看到，大部分城市 2021 年全社会用电量的预测值在 250 万千瓦时以下，小部分城市全社会用电量的预测值在 500 万千瓦时左右。

12.4.6　结语

本案例为全社会用电量的影响因素分析及预测提供了参考，具有一定的应用意义。政策制定者可以通过上面构建的线性回归模型对全社会用电量进行预估，有助于了解能源消耗的相关信息，从而制定合理的能源发展规划目标。本案例的分析结果也可以为降低能源消费量的政策着力点提供方向，例如，平衡好经济发展和能源消耗之间的关系，加快产业结构调整升级，等等。

概 率 基 础

我们将回顾概率论中的一些主要概念，更多关于概率论知识的介绍请参见经典的概率论教材Ross (2018)，Grimmett and Stirzaker (2001)，李贤平 (2010) 以及王梓坤 (2007) 等。

A.1　随机实验与随机事件

概率论的核心工作是研究随机现象的统计规律性，这种规律性通常是通过对相同条件下可重复的随机现象的实验、观察来得出的。对在相同条件下可重复的随机现象的实验称为**随机实验 (random experiment)**，随机实验的可能结果称为**样本点 (sample point)**，记为 ω，而所有可能结果组成的集合称为随机实验的**样本空间 (sample space)**，记为 $\Omega = \{\omega\}$。

> **例 A.1**　[抛硬币实验] 抛一枚硬币，若正面朝上，则记为"H"，若反面朝上，则记为"T"。显然，此实验的样本空间为 $\Omega = \{\mathrm{H}, \mathrm{T}\}$。

对于随机实验的样本空间 Ω，Ω 的子集称为**随机事件**，通常用大写的英文字母 A、B 等表示。空集 $\varnothing$ 是 Ω 的子集，我们称其为**不可能事件**。Ω 也是其自身的子集，它包含所有可能结果，因而总是发生，我们称其为**必然事件**。

不难发现，复杂的事件往往是通过一些简单事件经过一系列"同时发生""或者发生""不发生"等运算得到的。而这些事件的运算等价于集合的"交""并""补"运算。表A.1给出了概率语言中一些复合事件的描述以及与之等价的集合运算。

表 A.1　事件与集合

事件	集合
事件 A、B 至少发生其一	$A \bigcup B$
事件 $A_1, A_2, \cdots, A_n$ 至少发生其一	$\bigcup_{i=1}^{n} A_i$
事件 A 和 B 均发生	AB
事件 $A_1, A_2, \cdots, A_n$ 均发生	$\bigcap_{i=1}^{n} A_i$
事件 A 不发生	$\overline{A}$
事件 A 发生，则事件 B 发生	$A \subset B$
事件 A 发生而事件 B 不发生	$A\overline{B}$
事件 A 和 B 不能同时发生	$AB = \varnothing$

如果两个事件 A、B 满足 $AB = \varnothing$，也就是 A、B 不能同时发生，则称 A 与 B **互不相容**。如果两个事件 A、B 满足

$$AB = \varnothing, \quad A \bigcup B = \Omega$$

也就是 A、B 中必发生其一，但是不能同时发生，则称 A 与 B **互逆**，或 A 是 B 的 **对立事件**，即 $A = \overline{B}$。

"n 个事件 $A_1, A_2, \cdots, A_n$ 至少发生其一" 可以推广到可列个事件，"事件 $A_1, A_2, \cdots$ 至少发生其一" 称为 **可列个事件的并**，记作 $\bigcup\limits_{i=1}^{\infty} A_i$。类似地，"事件 $A_1, A_2, \cdots$ 均发生" 称为 **可列个事件的交**，记作 $\bigcap\limits_{i=1}^{\infty} A_i$。

例 A.2　连续抛一枚硬币 3 次，若正面朝上记为 "H"，反面朝上记为 "T"。那么样本空间可以表示为 $\Omega = \{(H,H,H), (H,H,T), (H,T,H), (H,T,T), (T,H,H), (T,H,T), (T,T,H), (T,T,T)\}$。事件 "第 1 次抛正面朝上" 可表示为 $A_1 = \{(H,H,H), (H,H,T), (H,T,H), (H,T,T)\}$。类似地，令 A_2, A_3 分别表示第 2 次、第 3 次抛正面朝上，那么：

(1) 事件 B_1："3 次都正面朝上" 可表示为 $B_1 = A_1 A_2 A_3$;

(2) 事件 B_2："3 次中最多有 1 次正面朝上" 可表示为 $B_2 = \overline{\bigcup\limits_{i<j} A_i A_j}$;

(3) 事件 B_3："3 次中只有 1 次正面朝上" 可表示为 $B_3 = A_1 \overline{A_2}\, \overline{A_3} \bigcup (A_2 \overline{A_1}\, \overline{A_3}) \bigcup (A_3 \overline{A_1}\, \overline{A_2})$;

(4) 事件 B_4："3 次中最多有 2 次正面朝上"，显然，B_4 是 B_1 的对立事件，$B_4 = \overline{B_1} = \overline{A_1 A_2 A_3} = \overline{A_1} \bigcup \overline{A_2} \bigcup \overline{A_3}$。

A.2　随机事件的概率

一个随机事件在一次实验中可能出现，也可能不出现。**概率** 是对随机事件在一次实验中发生的可能性的度量。随机事件 A 的概率通常记作 $P(A)$。在概率论的发展过程中，人们曾经对概率给出过不同的定义，例如，古典概率、几何概率以及最终 1933 年柯尔莫哥洛夫给出的公理化定义。

如果一个实验满足：

(1) 实验只有有限个样本点，

(2) 实验的每个样本点出现的可能性是一样的，

那么，这样的实验便是古典实验。

对于古典实验中的事件 A，它的概率定义为：

$$P(A) = \frac{m}{n}$$

其中 n 表示该实验中所有可能出现的样本点的总个数，m 表示事件 A 包含的样本点个数。

古典定义要求实验只有有限个基本结果，然而很多实验可能的结果不可能是有限的。因此，古典概率被扩展到几何概率。在这个模型下，随机实验所有可能的结果是无限的，并且每个样本点发生的概率是相同的。几何概率解决了相当一部分古典概率无法解决的概率问题。然而，无论是古典概率还是几何概率，其定义均是基于一个随机实验。1899 年，法国学者贝特朗提出了所谓"贝特朗奇论"，人们才开始反思古典概率和几何概率中的不合理之处："等概率"的描述实在是太模糊了，存在歧义。经过几十年的探索，直到 1933 年柯尔莫哥洛夫给出了概率的公理化定义。

A.3 随机变量及其分布

随机变量是样本空间中样本点 ω 的函数，该函数对每个样本点 ω 赋予一个实数值 $X(\omega)$。我们常用大写英文字母 X、Y、Z 等表示随机变量。

> **例 A.3** 设某个项目小组中有 2 名女生、3 名男生，我们令 2 名女生分别编号 A 和 B，3 名男生分别编号 C、D、E。随机挑选两名学生，令随机变量 $X(\omega)$ 表示挑选的两名学生中女生的人数，$X(\omega)$ 可取的值为 $0,1,2$。例如，样本点 $\omega = BC$，则 $X(\omega) = 1$。

> **例 A.4** 设样本空间 $\Omega = \{\omega : 0 \leqslant \omega \leqslant 1\}$。在 Ω 中任选一点 ω，令随机变量 $X(\omega) = \omega$，此时，X 可取的值为整个 $[0,1]$ 区间上的实数。

例A.3和例A.4分别给出了两种不同形式的随机变量。如果随机变量所有可能的取值为有限个或至多可列个，即我们能把其可能的结果一一列举出来，就称之为离散型随机变量，如例 A.3。如果随机变量全部可能取值不仅无穷多，还不能一一列举，而是充满一个区间，就称之为连续型随机变量，如例A.4。

A.3.1 随机变量的概率分布

在例A.3中不难发现，我们可以把 X 在每个可取值处的概率一一计算出来，这就是离散型随机变量的概率质量函数.

> **定义 A.1** 设 $\{x_i\}$ 为离散型随机变量 X 的所有可能值，而 $p(x_i)$ 是 X 取 x_i 的概率，即
> $$P(X = x_i) = p(x_i), \qquad i = 1, 2, \cdots$$
> $\{p(x_i), i = 1, 2, \cdots\}$ 称为随机变量 X 的概率质量函数，简称概率函数。

显然，概率函数 $p(x_i) \geqslant 0$, $i = 1, 2, \cdots$, 且 $\sum_{i=1}^{\infty} p(x_i) = 1$。

> **例 A.5** 设某个项目小组中有 2 名女生、3 名男生，随机挑选两名学生，令随机变量 X 表示挑选的两名学生中女生的人数。因此，X 可取的值为 $0, 1, 2$。显然，X 的概率函数为：
>
> $$P(X = 0) = 3/10, \quad P(X = 1) = 6/10, \quad P(X = 2) = 1/10$$

> **定义 A.2** 对于随机变量 X，若存在非负可积函数 $f(x)$ $(-\infty < x < +\infty)$，使得对任意实数 $a < b$，都有
>
> $$P(a \leqslant X \leqslant b) = \int_a^b f(x)\mathrm{d}x$$
>
> 则称 X 为**连续型随机变量**，并称 $f(x)$ 为 X 的**(概率) 密度函数**。

连续型随机变量 X 的密度函数 $f(x)$ 应满足如下性质：$f(x) \geqslant 0$, $-\infty < x < +\infty$, 且 $\int_{-\infty}^{+\infty} f(x)\mathrm{d}x = 1$。

A.3.2 随机变量的数字特征

和概率分布相比，在很多场合中我们只关心随机变量分布的某些特征，例如期望、方差等。

期望是常用的描述随机变量中心趋势的量。随机变量 X 的**数学期望**，简称**期望**或**均值**，定义为：

$$\mu = E(X) = \begin{cases} \sum_{i=1}^{\infty} x_i p(x_i), & X \text{为离散型} \\[3mm] \int_{-\infty}^{+\infty} x f(x)\mathrm{d}x, & X \text{为连续型} \end{cases}$$

从定义可以看出，期望就是随机变量所有可能取值的加权平均，权重即为随机变量取该点处值的概率。

随机变量 X 的**方差**，记作 $D(X)$，定义为：

$$D(X) = E(X - E(X))^2 = \begin{cases} \sum_{i=1}^{\infty} (x_i - E(X))^2 p(x_i), & X \text{为离散型} \\[3mm] \int_{-\infty}^{+\infty} (x - E(X))^2 f(x)\mathrm{d}x, & X \text{为连续型} \end{cases}$$

方差的算术平方根 $\sqrt{D(X)}$ 称为 X 的**标准差 (standard deviation)**，记作 $sd(X)$。

通常，我们用 σ_X^2（或简写为 σ^2）表示随机变量 X 的方差。此时，标准差记为 σ_X 或简写为 σ。方差是随机变量 X 与它的期望的偏差平方 $(X - E(X))^2$ 的平均值，是描述随机变量离散程度的重要指标。标准差与方差应用背景相同，都是用来衡量随机变量取值的离散程度。方差与标准差越小，表示随机变量取值越集中；方差与标准差越大，表示随机变量取值越分散。方差与标准差的主要差别在于量纲不同，标准差与随机变量具有相同的量纲，更便于应用，但标准差通常需要通过方差得到。两种特征数转换方便，可以根据不同场合选择使用。

例 A.6　例A.5中 X 的概率函数为：

$$P(X = 0) = 0.3, \quad P(X = 1) = 0.6, \quad P(X = 2) = 0.1$$

则 X 的期望和方差分别为：

$$E(X) = 0 \times 0.3 + 1 \times 0.6 + 2 \times 0.1 = 0.8$$
$$D(X) = (0 - 0.8)^2 \times 0.3 + (1 - 0.8)^2 \times 0.6 + (2 - 0.8)^2 \times 0.1 = 0.36$$

A.4　常见的概率分布

1. 伯努利分布

若随机变量 X 只可能取 0 或者 1，且相应的概率函数为：

$$P(X = k) = p^k(1 - p)^{1-k}, \quad k = 0, 1$$

则称 X 服从参数为 $p\,(0 \leqslant p \leqslant 1)$ 的**伯努利分布**，亦称两点分布，记为 $X \sim \text{Bernoulli}(p)$。

显然，由以上定义可知，求事件发生的概率可以转换为随机变量求概率的问题。在一次实验中，事件 A 出现的概率为 p，不出现的概率为 $1 - p$，若以 X 记事件 A 出现的次数，即

$$X = \begin{cases} 1, & A发生 \\ 0, & A不发生 \end{cases}$$

则 X 服从参数为 p 的伯努利分布。

2. 二项分布

二项分布的现实来源是伯努利实验。假设一次实验中，事件 A 出现的概率为 p。现重复进行 n 次独立的伯努利实验，令 X 表示事件 A 出现的次数，则 X 服从二项分布。

二项分布的定义如下：

若离散型随机变量 X 的概率函数为：

$$b(k; n, p) = P(X = k) = \binom{n}{k} p^k(1 - p)^{n-k}, \quad k = 0, 1, \cdots, n$$

其中 $0 \leqslant p \leqslant 1, n \in \mathbb{Z}^{+}$, 则称 X 服从参数为 n, p 的二项分布 (binomial distribution), 记为 $X \sim B(n,p)$。

利用二项公式不难验证

$$\sum_{k=1}^{n} b(k; n, p) = \sum_{k=1}^{n} \binom{n}{k} p^k (1-p)^{n-k} = [p + (1-p)]^n = 1$$

所以, 二项分布的定义符合离散型随机变量的要求。

图 A.1 是当 $n = 30$, $p = 0.1, 0.5, 0.9$ 时的概率函数图。从图中可以看出, 概率函数的形态随 p 变化。当 $p < 0.5$ 时, 概率函数呈右偏; 当 $p > 0.5$ 时, 概率函数呈左偏; 当 $p = 0.5$ 时, 概率函数对称。此外, 随着 p 值的增大, 分布的峰值点, 也就是最可能的成功次数, 逐渐增大。事实上, 我们可以证明:

$$\arg \max_{k} P(X = k) = \begin{cases} [(n+1)p], & (n+1)p\text{不是整数} \\ [(n+1)p]\text{或}[(n+1)p] - 1, & (n+1)p\text{是整数} \end{cases}$$

其中 $[(n+1)p]$ 表示不超过 $(n+1)p$ 的最大整数。

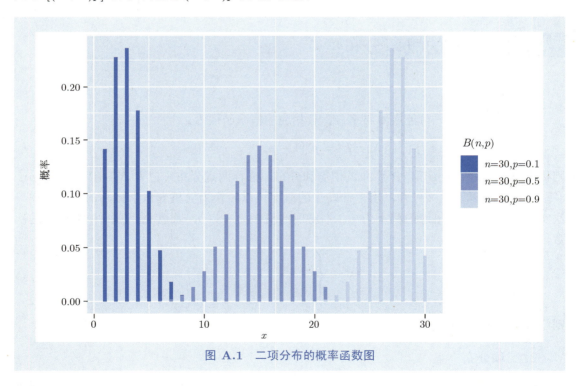

图 A.1 二项分布的概率函数图

3. 正态分布

若随机变量 X 的密度函数为:

$$f(x) = \frac{1}{\sqrt{2\pi}\sigma} e^{-\frac{(x-\mu)^2}{2\sigma^2}}, \quad -\infty < x < +\infty$$

其中 $\sigma > 0$，$-\infty < \mu < +\infty$，μ 与 σ 均为常数，则称 X 服从参数为 (μ, σ^2) 的**正态分布**，记为 $X \sim N(\mu, \sigma^2)$。

正态分布又名高斯分布 (Gaussian distribution)，最早由棣莫弗在求二项分布的渐近公式时得到。德国数学家高斯在 1809 年得到了随机误差服从正态分布这一重要结论。高斯这项工作对后世的影响极大，故后人又把正态分布称为 "高斯分布"。正态分布在概率论和统计学中占有重要地位。例如，当样本量很大时，频率近似服从正态分布。

图A.2是 $\sigma^2 = 1$，$\mu = -3, 0, 3$ 的正态密度曲线，图A.3是 $\mu = 0$，$\sigma^2 = 1, 3, 5$ 的正态密度曲线。从图 A.2 和图 A.3 中看出，正态分布 $N(\mu, \sigma^2)$ 的密度曲线具有以下几何性质：

• $f(x)$ 为钟形曲线，关于 $x = \mu$ 对称，即 $f(\mu + x) = f(\mu - x)$，且在 $x = \mu$ 处取到最大值 $\dfrac{1}{\sqrt{2\pi}\sigma}$。

• μ 决定了图形的中心位置。若固定 σ，改变 μ 的值，则密度曲线整体左右平移。因此，称 μ 为位置参数 (见图A.2)。

• σ 决定了图形中峰的陡峭程度。若固定 μ，改变 σ 的值，则密度曲线中心位置不变。σ 越大，曲线越低平；σ 越小，曲线越陡峭。因此，称 σ 为尺度参数 (见图A.3)。

• $f(x)$ 以 x 轴为水平渐近线，拐点为 $\left(\mu \pm \sigma, \dfrac{1}{\sqrt{2\pi}\sigma}\mathrm{e}^{-\frac{1}{2}}\right)$。

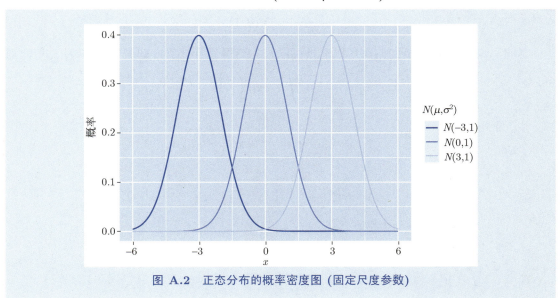

图 A.2　正态分布的概率密度图 (固定尺度参数)

特别地，$\mu = 0, \sigma = 1$ 的正态分布，即 $N(0, 1)$，称为**标准正态分布**，其密度函数为：

$$\varphi(x) = \frac{1}{\sqrt{2\pi}}\mathrm{e}^{-\frac{x^2}{2}}, \qquad -\infty < x < +\infty$$

相应的分布函数 $\Phi(x)$ 为：

$$\Phi(x) = \frac{1}{\sqrt{2\pi}}\int_{-\infty}^{x}\mathrm{e}^{-\frac{u^2}{2}}\,\mathrm{d}u, \quad -\infty < x < +\infty$$

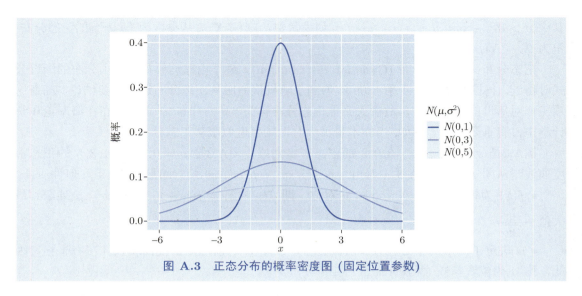

图 A.3　正态分布的概率密度图 (固定位置参数)

由 Φ 的对称性可以得到 $\Phi(-c) = 1 - \Phi(c)$。

一般正态分布都可以通过一个线性变换，即标准化过程，转换成标准正态分布。具体而言，若随机变量 $X \sim N(\mu, \sigma^2)$，则

$$\frac{X - \mu}{\sigma} \sim N(0, 1)$$

因此，任意正态变量的概率可以通过标准正态变量进行计算，即若 $X \sim N(\mu, \sigma^2)$，则

$$P(X \leqslant c) = \frac{1}{\sqrt{2\pi}\sigma} \int_{-\infty}^{c} \exp\left(-\frac{(x-\mu)^2}{2\sigma^2}\right) \mathrm{d}x$$

$$= \frac{1}{\sqrt{2\pi}} \int_{-\infty}^{(c-\mu)/\sigma} \exp\left(-\frac{t^2}{2}\right) \mathrm{d}t$$

$$= \Phi\left(\frac{c-\mu}{\sigma}\right)$$

R语言简介

R 语言[①]是一个免费的软件环境，可以用于统计计算和绘图，并且获得了众多数据分析从业者和相关学者的青睐，在统计学界更是拥有巨大的影响力，甚至 2019 年统计学界的"诺贝尔奖"——考普斯总统奖 (COPSS) 也被授予 Hadley A. Wickham 博士，奖励他在 R 语言的发展中做出的巨大贡献。Wickham 博士开发了许多大家耳熟能详的 R 软件包，如 ggplot2、plyr、dplyr 和 reshape2，而他所供职的 RStudio[②]更是贡献了诸多 R 软件包 (如 rmarkdown、shiny 等)，方便大家进行数据分析、撰写科学论文、传播软件包等。

在使用 R 语言之前，我们需要从官方网站下载 R 的安装包并确保在自己的电脑上成功安装 (如图B.1所示)。

图 B.1　R 语言的编程界面

我们建议读者再从 RStudio 的官方网站下载一个集成编程界面 RStudio 并安装在自己的电脑上 (如图B.2所示)。RStudio 具有强大的功能，使 R 语言的编程变得轻松有趣。我们在后面将会介绍 rmarkdown 软件包，并利用 RStudio 撰写相关文档。大家将会发现统计学的作业和课程项目的书写过程变得如此简洁而高效。

R 语言的强大生命力不仅仅在于其易于上手的编程，更在于其拥有一个庞大的社区群。全世界众多爱好者、学者贡献了不计其数的 R 软件包，大大拓展了 R 基础软件包所能提供的功能。在使用特殊软件包的时候,我们需要在 R 语言编程环境中使用 library

---

① https://www.r-project.org.

② https://www.rstudio.com.

图 B.2   RStudio 界面

命令，如果这个包之前没有安装过，还需要先使用 install.packages 命令来完成安装。比如，我们想在 R 中自动升级已经安装过的软件包，那么可以使用软件包 installr 来完成这一任务。所用的代码如下：

```
install.packages("installr")
library(installr)
updateR()
```

R 也一直与时俱进，随着大家对于各类方法使用日益频繁，一些高质量软件包也得以"转正"，直接进入 R 的基础软件安装包中，如实现稳健估计和推断的 MASS 包以及进行并行计算的 parallel 包等。下面我们先来介绍 R 语言的一些基本语法。

B.1   基本语法

对于一门编程语言而言，基本的算术运算无非是加、减、乘、除。由于 R 语言和 C 语言的关系密切，因此很多 R 语言的语法规则都从 C 语言继承而来。比如：

```
1+2
```

```
## [1] 3
```

```
5-3
```

```
## [1] 2
```

```
2*3
```

```
## [1] 6
```

```
4/10
```

```
## [1] 0.4
```

在 R 语言中实现次方运算也比较简单，比如：

```
3^4
```

```
## [1] 81
```

```
9^(1/2)
```

```
## [1] 3
```

```
27^(-1/3)
```

```
## [1] 0.3333333
```

我们也可以非常容易地在 R 中创建一个变量并进行赋值，如：

```
a=1
b <- 2
d <<- a+b
d^2
```

```
## [1] 9
```

上面的 4 行代码实际上做了几件事情：(1) 在 R 中创建一个名为 a 的变量，并赋值为 1；(2) 在 R 中创建一个名为 b 的变量，并赋值为 2；(3) 在 R 中创建一个名为 d 的全局变量，并赋值为变量 a 和变量 b 的当前数值之和；(4) 计算变量 d 中数值的平方。

通常使用 "=" 或者 "<-" 进行赋值，这取决于个人偏好。注意，使用这两个赋值运算符创建的变量都是局部变量。而赋值符 "<<-" 则创建了全局变量。对于局部变量和全局变量的区别，我们将在后面介绍 R 函数的时候加以介绍。我们还可以通过 assign 函数来赋值，使用 rm 函数从 R 中移除已经创建的变量，比如：

```
assign("j",2)
rm(j)
```

对于字符串的赋值，语法规则也类似，如：

```
x = "Xingdong"
x
```

```
## [1] "Xingdong"
```

```
nchar(x)   #计算字符串长度
```

```
## [1] 8
```

R 语言的逻辑运算和 C 语言的相应语法规则也保持一致。比如,符号 "==" 和 "!=" 分别用来判断符号两边的变量或数值是否相等或者不等,"<=" 则表示小于或等于。示例如下:

```
2 == 3
```

[1] FALSE

```
2 != 3
```

[1] TRUE

```
2 <= 3
```

[1] TRUE

```
"data" == "name"
```

[1] FALSE

```
x == "Xingdong"
```

[1] TRUE

R 语言的一个特征在于其可以直接进行向量运算,这一点与 Python、Matlab 颇为类似。在 R 中我们可以使用 c 函数来创建一个列向量。示例如下:

```
x = c(1,2,3,4,5)
```

如果要创建一个拥有一些顺序特征的序列向量,我们也可以用 seq 函数:

```
seq(1,5,1)
```

[1] 1 2 3 4 5

seq 函数中的第一个输入值表示序列最小值,第二个输入值表示序列最大值,第三个输入值表示该等差序列相邻数的间隔。

如果想要查阅 R 的一个具体函数命令的帮助文档,可以简单地在该函数之前加上问号,示例如下:

```
?seq
```

如果等差数列中相邻数的间隔是 1,我们可以简单地使用如下代码:

```
c(1:5)
```

[1] 1 2 3 4 5

```
1:5 #上一行命令的简化形式
```

```
## [1] 1 2 3 4 5
```

R 语言是一种面向对象的编程语言，它的很多运算符和自有函数会自动识别输入的变量类型，并采用相应的运算，如：

```
x+2
```

```
## [1] 3 4 5 6 7
```

```
x*2
```

```
## [1]  2  4  6  8 10
```

```
x/2
```

```
## [1] 0.5 1.0 1.5 2.0 2.5
```

```
sqrt(x)
```

```
## [1] 1.000000 1.414214 1.732051 2.000000 2.236068
```

通过这里的 +、*、/等运算符可以判断出输入变量是一个向量，因此函数就会让向量 x 中的每个元素执行相应的计算。函数 sqrt 则对向量 x 中的每个元素进行开根号运算。当然，如果我们自己编写一个 R 函数，它并不能自动成为面向对象的运算函数，需要我们按照面向对象的编程规则仔细处理不同的对象。在 R 中，两个向量间的算术运算也可以方便地进行，如：

```
x=1:10
y=-5:4
x+y
```

```
## [1] -4 -2  0  2  4  6  8 10 12 14
```

```
x*y
```

```
## [1] -5 -8 -9 -8 -5  0  7 16 27 40
```

```
y/x
```

```
## [1] -5.0000000 -2.0000000 -1.0000000 -0.5000000
## [5] -0.2000000  0.0000000  0.1428571  0.2500000
## [9]  0.3333333  0.4000000
```

```
x^y
```

```
## [1] 1.000000e+00 6.250000e-02 3.703704e-02
## [4] 6.250000e-02 2.000000e-01 1.000000e+00
## [7] 7.000000e+00 6.400000e+01 7.290000e+02
## [10] 1.000000e+04
```

显然 R 会把两个向量的对应元素按照顺序相匹配，并执行相应计算。如果有一个向量的长度比另一个向量短，则 R 会按照顺序自动重复较短向量的元素，直到两个向量的长度匹配。比如：

```
y=1:6
x+y
```

```
## Warning in x + y: longer object length is not a
## multiple of shorter object length
## [1] 2 4 6 8 10 12 8 10 12 14
```

R 会自动将 y 向量的前四个元素 1、2、3、4 补充到 y 向量的后面，再与 x 向量的对应元素一一相加，并形成新的向量，即完成了如下运算：

$$
\begin{pmatrix} 1 \\ 2 \\ \vdots \\ 10 \end{pmatrix} + \begin{pmatrix} 1 \\ \vdots \\ 6 \\ 1 \\ 2 \\ 3 \\ 4 \end{pmatrix}
$$

我们也可以取出向量中的一些元素进行计算，比如使用 rep 函数来产生一个向量：

```
y=rep(c(-2,2),3)
```

在上述运算中，我们将向量 $\begin{pmatrix} -2 \\ 2 \end{pmatrix}$ 重复三次，形成一个新的向量：

$$
\begin{pmatrix} -2 \\ 2 \\ -2 \\ 2 \\ -2 \\ 2 \end{pmatrix}
$$

现在我们取出第 1、3、5 个元素形成一个新的向量，即

$$\begin{pmatrix} -2 \\ -2 \\ -2 \end{pmatrix}$$

以及取出第 2、4、6 个元素形成一个新向量，即

$$\begin{pmatrix} 2 \\ 2 \\ 2 \end{pmatrix}$$

最后执行两个向量相加的运算，代码及输出如下：

```
y[c(1,3,5)]+y[seq(2,6,2)]
```

[1] 0 0 0

在 R 中，我们可以很方便地生成矩阵，并执行相关矩阵运算。比如我们可以通过如下代码生成矩阵

$$\begin{pmatrix} 1 & 4 & 7 \\ 2 & 5 & 8 \\ 3 & 6 & 9 \end{pmatrix}$$

```
A=matrix(1:9,nrow=3)
A
```

```
##      [,1] [,2] [,3]
## [1,]    1    4    7
## [2,]    2    5    8
## [3,]    3    6    9
```

其中 R 的函数 matrix 被用来生成这一矩阵，矩阵的元素来自向量

$$\begin{pmatrix} 1 \\ 2 \\ \vdots \\ 9 \end{pmatrix}$$

缺省情况下按照先填满第 1 列，然后第 2 列……这样的方式生成矩阵。

求矩阵的转置、逆以及特征值和特征向量，可通过如下代码实现：

```
t(A)    #矩阵A的转置
```

```
##      [,1] [,2] [,3]
## [1,]    1    2    3
## [2,]    4    5    6
## [3,]    7    8    9
```

```
solve(A+diag(3))   #求矩阵A+I的逆
```

```
##      [,1] [,2] [,3]
## [1,]   -6 -1.0    5
## [2,]   -2  0.5    1
## [3,]    3  0.0   -2
```

```
eigen(A)
```

```
## eigen() decomposition
## $values
## [1]   1.611684e+01 -1.116844e+00 -5.700691e-16
##
## $vectors
##            [,1]       [,2]       [,3]
## [1,] -0.4645473 -0.8829060  0.4082483
## [2,] -0.5707955 -0.2395204 -0.8164966
## [3,] -0.6770438  0.4038651  0.4082483
```

这里我们使用 R 的 diag 函数产生一个 3 阶单位阵，然后与矩阵 A 相加，并求逆 (矩阵 A 本身不可逆)。R 的 eigen 函数可以直接得到矩阵的特征值和特征向量。对于矩阵乘法，我们要稍微注意一下，如果我们执行如下代码：

```
A*t(A)
```

```
##      [,1] [,2] [,3]
## [1,]    1    8   21
## [2,]    8   25   48
## [3,]   21   48   81
```

显然得到的矩阵是一种点积计算的结果，即两个矩阵中的对应元素分别相乘之后放置在结果矩阵中的对应位置。如果我们需要执行普通的矩阵乘积，则需要在 "*" 两边分别加上%，即

```
A %*% t(A)
```

```
##      [,1] [,2] [,3]
## [1,]   66   78   90
## [2,]   78   93  108
## [3,]   90  108  126
```

对于 R 的很多运算符和函数，如果输入变量是矩阵，那么面向对象的规则一样会发生作用。在矩阵计算的编程过程中，有时我们可能需要合并两个矩阵，则 R 中 rbind 函数和 cbind 函数会经常用到。其中，rbind 函数表示将两个矩阵按照行的方向来合并，cbind 函数则表示将两个矩阵按照列的方向来合并。例如：

```
rbind(A,t(A))
```

```
##      [,1] [,2] [,3]
## [1,]    1    4    7
## [2,]    2    5    8
## [3,]    3    6    9
## [4,]    1    2    3
## [5,]    4    5    6
## [6,]    7    8    9
```

```
cbind(A,t(A))
```

```
##      [,1] [,2] [,3] [,4] [,5] [,6]
## [1,]    1    4    7    1    2    3
## [2,]    2    5    8    4    5    6
## [3,]    3    6    9    7    8    9
```

假如我们希望查看第 1 行和第 3 行以及第 2 列至第 3 列的所有元素，那么可以执行以下代码：

```
A[c(1,3),2:3]
```

```
##      [,1] [,2]
## [1,]    4    7
## [2,]    6    9
```

对于更高维度的张量数据，可以通过函数 array 来创建。比如，创建一个维度为 3 且每个维度的长度为 2 的张量，代码及输出如下：

```
MyArray=array(1:8,dim=rep(2,3))
MyArray
```

```
## , , 1
##
##      [,1] [,2]
## [1,]    1    3
## [2,]    2    4
##
## , , 2
##
##      [,1] [,2]
## [1,]    5    7
## [2,]    6    8
```

```
MyArray [, 2, ]
```

```
##      [,1] [,2]
## [1,]   3    7
## [2,]   4    8
```

张量中的数据读取方法与矩阵类似，也是以逗号为间隔，如果一个维度上不填任何数字而是留白，则表明会提取这个维度上的所有数据。

B.2 Data Frame 类

在进行统计分析的时候，不同类型的数据往往汇总在一起。比如，有的是数值型，有的是字符型，因此 R 也设计了一些特殊的数据构成形式，将不同类型的数据整合在一起。

Data Frame 是 R 自己设计的一种数据形式，可以将不同类型的数据放在一起以方便后面的分析。R 的很多函数都要求输入的数据集属于 Data Frame 类。定义这样的一个类，可以使用 R 的 data.frames 函数来完成。示例如下：

```
x=10:1
y=-4:5
q=c("Hockey","Football","Baseball","Curling",
    "Rugby","Lacrosse","Basketball","Tennis","Cricket",
    "Soccer")
MyData=data.frame(First=x, Second=y, Sport=q)
MyData
```

```
##    First Second      Sport
## 1    10     -4     Hockey
## 2     9     -3   Football
## 3     8     -2   Baseball
## 4     7     -1    Curling
## 5     6      0      Rugby
## 6     5      1   Lacrosse
## 7     4      2 Basketball
## 8     3      3     Tennis
## 9     2      4    Cricket
## 10    1      5     Soccer
```

输出结果的前两列是数值型数据，第 3 列是字符型数据。我们将第 1～3 列的列名分别设置为 First、Second 和 Sport，如果想查看第 3 列数据，可以执行 MyData[,3] 或者如下代码：

```
MyData$Sport
```

```
## [1] "Hockey"    "Football"    "Baseball"
## [4] "Curling"   "Rugby"       "Lacrosse"
```

```
##  [7]  "Basketball" "Tennis"       "Cricket"
## [10]  "Soccer"
```

如果希望查看第 2~5 行的所有数据，则可以执行如下代码：

```
MyData[2:5,]
```

```
##   First Second    Sport
## 2     9     -3 Football
## 3     8     -2 Baseball
## 4     7     -1  Curling
## 5     6      0   Rugby
```

假如需要查看 Data Frame 数据中一些具体位置的元素，则可以采用与查看矩阵元素一样的命令类似进行，代码如下：

```
MyData[c(2,4,5),2:3]
```

```
##   Second    Sport
## 2     -3 Football
## 4     -1  Curling
## 5      0   Rugby
```

如果希望找出第 1 列中取值为 2 或者第 2 列中取值为 2 的所有数据，可以运行以下代码：

```
MyData[MyData$First==2 | MyData$Second==2,]
```

```
##   First Second     Sport
## 7     4      2 Basketball
## 9     2      4    Cricket
```

假如希望找出第 3 列中取值为 Football 或者 Tennis 的所有数据，则可以使用 "**%in%**" 命令来得到满足条件的子集，代码如下：

```
MyData[MyData$Sport %in% c("Football","Tennis"),]
```

```
##   First Second    Sport
## 2     9     -3 Football
## 8     3      3   Tennis
```

至于修改 Data Frame 类数据的行名称和列名称，可以分别使用 rownames 和 names 来实现。

现在 R 社区有一个 R 程序包 data.table，定义了 Data Table 类。该类是由 Data Frame 类继承而来，因此兼容 Data Frame 类。Data Table 类可以用更快的速度处理更大的数据集，感兴趣的读者可以自己安装了解。

B.3 List 类

R 还提供了一种强大的数据类：List。这个类型的数据可以把向量、矩阵、Data Frame 类数据等自由组合在一起。例如：

```
MyList=list(Sports=MyData,Vec=1:4,Mat=A)
MyList
```

```
## $Sports
##    First Second      Sport
## 1     10     -4     Hockey
## 2      9     -3   Football
## 3      8     -2   Baseball
## 4      7     -1    Curling
## 5      6      0      Rugby
## 6      5      1   Lacrosse
## 7      4      2 Basketball
## 8      3      3     Tennis
## 9      2      4    Cricket
## 10     1      5     Soccer
##
## $Vec
## [1] 1 2 3 4
##
## $Mat
##      [,1] [,2] [,3]
## [1,]    1    4    7
## [2,]    2    5    8
## [3,]    3    6    9
```

这里我们创建了一个 List 类变量 MyList，里面有三个元素，其中第一个元素是一个 Data Frame 类数据集，第二个元素是一个向量，第三个元素是一个矩阵。元素名称则分别是 Sports、Vec 和 Mat。如果需要分析 MyList 的第一个元素中的数据，则可以使用命令 MyList[[1]] 或者 MyList$Sports 来获取。

B.4 R 函数

函数是用来把一些可重复执行的代码集写成一个可以通过输入参数控制的程序段。比如，我们希望写一个打招呼的小函数，代码及输出如下：

```
SayHello=function()
{
  name <- "Xingdong"
```

```
  print(paste("你好!",name,sep=" "))
}
SayHello()
```

[1] "你好! Xingdong"

如上所示，我们需要使用命令 function 来定义一个 R 函数，所有函数内的代码放在花括号"{ }"之间，函数名称则类似于变量。这里的函数名就是 SayHello，至于使用"="或者"<-"来赋值，则看个人偏好。在函数中，我们定义了一个局部变量 name，这个变量只在函数 SayHello() 中有效，函数完成运算任务之后，就会被从内存中移除。如果这时输入 name 并查看取值，就会得到这样的错误信息：

错误: 找不到对象'name'

假如我们换种方式来定义该函数, 并在函数完成运算之后查看变量 name 的取值，就会发现 name 变量并没有因为 SayHello() 的运算结束而被移除。代码及输出如下：

```
SayHello=function()
{
  name <<- "Xingdong"
  print(paste("你好!",name,sep=" "))
}
SayHello()
```

[1] "你好! Xingdong"

```
name
```

[1] "Xingdong"

```
rm(name)
```

区别就在于"<<-"赋值符创建了一个全局变量，这个变量会在当前的环境中一直存在，除非我们使用 rm 函数主动移除该变量。

如果想根据不同人的名字来打招呼，且这个人的名字由参数输入，则可以定义下列函数：

```
Hello=function(name)
{
  print(sprintf("Hello,%s!",name))
}
Hello("Xingdong")
```

[1] "Hello, Xingdong!"

需要注意的是，这里的变量 name 依然是局部变量。

R 函数的编写非常自由，其输入参数可以是不同类型的数据，甚至可以是函数，因此 R 又是一种函数类编程语言。比如，我们想对一组数据进行某种运算，并且这种运算的具体计算形式可以根据输入参数的情况来确定，代码及输出如下：

```
run.example <- function(x,func=mean)
{
  do.call(func,args=list(x))
}
run.example(MyList$Vec)
```

[1] 2.5

在定义 run.example 函数时，对于第二个输入变量 func，我们使用了 mean 这个缺省输入函数。也就是说，如果第二个输入变量不赋值，就直接计算输入数据 x 的均值。

假设我们希望得到一个输入数据集中各个元素的平方的均值，那么先定义一个实现该运算的函数，代码如下：

```
mean.square <- function(x)
{
  return(mean(x^2))
}
```

接着可以执行如下命令来得到数据平方的均值：

```
run.example(MyList$Vec,mean.square)
```

[1] 7.5

B.5　控制语句和循环语句

在计算机编程中，控制语句比较常见。在 R 语言中也可以使用 if···else···，switch 等语句来实现判断控制。例如：

```
Square=1
if (Square==1)
  {print(run.example(MyList$Vec,mean.square))}else
  {print(run.example(MyList$Vec))}
```

[1] 7.5

为了编程的简洁，R 语言还提供了 ifelse 函数来实现简单的判断控制。例如，上面的控制执行语句可以简化为：

```
ifelse(Square==1,run.example(MyList$Vec,mean.square),run.example(MyList$Vec))
```

[1] 7.5

当有多重判断时，一种方式是使用 if···else if···else 语句，另一种方式则是使用 switch 语句。例如：

```
MySwitch=function(x)
{
  switch(x,
    "a"="Apple",
    "b"="Blue berry",
    "c"="Cherry",
    "o"="Orange",
    "Other")
}
MySwitch("a")
```

[1] "Apple"

```
MySwitch("q")
```

[1] "Other"

R 语言提供了两种循环语句 for 和 while，并没有提供类似于 C 语言的那种 do···while··· 语句。这两种循环的使用方式也和 C 语言类似，例如：

```
a=NULL
for ( i in 1:5 ) a=c(a,sqrt(i))
a
```

[1] 1.000000 1.414214 1.732051 2.000000 2.236068

```
i=1; b=NULL
while (i<6){b=c(b,sqrt(i)); i=i+1}
b
```

[1] 1.000000 1.414214 1.732051 2.000000 2.236068

在上述运算中，我们分别通过 for 和 while 语句将 1～5 开根号之后生成向量 a 和 b。然而，由于 R 语言是一种逐句编译的高级计算机语言，因此应当尽量利用 R 语言的一些函数来避免过多地使用循环，以提高程序的运行效率。R 的 apply 函数就可以批量执行一系列运算。比如上面的循环，就可以采用如下语句实现：

```
apply(as.matrix(1:5),1,sqrt)
```

[1] 1.000000 1.414214 1.732051 2.000000 2.236068

B.6   读入与输出数据

很多数据集都以 CSV 的格式存储，CSV 文件实际上是一种文本文档，每个数据之间用逗号间隔。R 语言提供了 read.table 函数来对多种文本文档进行读取，间隔符号也可以由使用者设定，故可以使用该命令来读取 CSV 文档。我们用数据集 Tomato First.csv[①] (Lander (2014)) 来阐述 CSV 文件的读取方法。如果将这个 CSV 文件下载并存储在工作目录的子目录 data 之下，那么可以通过以下代码来读取：

```
tom=read.table (file="data/Tomato First.csv",header=T,sep=",")
head(tom,n=3)
```

```
##   Round             Tomato Price       Source Sweet
## 1     1          Simpson SM  3.99 Whole Foods   2.8
## 2     1   Tuttorosso (blue)  2.99      Pioneer   3.3
## 3     1  Tuttorosso (green)  0.99      Pioneer   2.8
##   Acid Color Texture Overall Avg.of.Totals
## 1  2.8   3.7     3.4     3.4          16.1
## 2  2.8   3.4     3.0     2.9          15.3
## 3  2.6   3.3     2.8     2.9          14.3
##   Total.of.Avg
## 1         16.1
## 2         15.3
## 3         14.3
```

实际上，R 语言为了方便大家处理 CSV 文档，提供了一个基于 read.table 的快捷函数 read.csv。那么上面的读入文件代码可以简化为：

```
tom=read.csv(file="data/Tomato First.csv")
head(tom,n=2)
```

```
##   Round            Tomato Price      Source Sweet Acid
## 1     1         Simpson SM  3.99 Whole Foods   2.8  2.8
## 2     1  Tuttorosso (blue)  2.99      Pioneer   3.3  2.8
##   Color Texture Overall Avg.of.Totals Total.of.Avg
## 1   3.7     3.4     3.4          16.1         16.1
## 2   3.4     3.0     2.9          15.3         15.3
```

还有一些其他的 R 软件包提供了诸如 Excel 格式的数据、数据库数据以及一些统计软件 (SPSS、Stata、SAS 等) 的自有格式数据的读取函数，感兴趣的读者可以参阅 Lander (2014)。

从 R 中输出文本数据，可以通过 write.table 函数来实现。此外，对于占用内存或硬盘较大空间的数据，也可以通过 save 函数将数据以二进制的形式存储为 R 语言自己定

---

① http://www.jaredlander.com/data/.

义的数据格式文件 (文件名以.RData 结尾)。这类文件的读取可以通过 load 函数来实现。例如：

```
save(tom, file="data/tom1.rdata")
rm(tom)   # 将tom变量从R中删除
3http://www.jaredlander.com/data/
load("data/tom1.rdata")
head(tom, n=2)
```

```
##   Round                Tomato Price       Source Sweet Acid
## 1     1            Simpson SM  3.99  Whole Foods   2.8  2.8
## 2     1  Tuttorosso (blue)  2.99      Pioneer   3.3  2.8
##   Color Texture Overall Avg.of.Totals Total.of.Avg
## 1   3.7     3.4     3.4          16.1         16.1
## 2   3.4     3.0     2.9          15.3         15.3
```

B.7 几个常用的 R 软件包

本节我们将简单介绍几个常用的 R 软件包。读者想要熟练使用这些软件包，需要花费一定的时间去自学。

B.7.1 ggplot2

R 语言提供了一些诸如 plot 之类的画图命令，而软件包 ggplot2 则进一步拓展了 R 的画图功能。这里介绍软件包 ggplot2 的一些基本用法，更多使用说明可以在 RStudio 的官方网站上查看。实际上，RStudio 还专门制作了一张海报，其中把 ggplot2 的所有可设置的选项汇总在了一起。

该软件包通常通过 ggplot 命令来构建画板，并通过 geom_point、geom_line 等命令在画板上添加数据点和相关线条。例如，这里考虑一个 R 自带的数据集 cars。有关代码及输出如下：

```
head(cars)
```

```
##   speed dist
## 1     4    2
## 2     4   10
## 3     7    4
## 4     7   22
## 5     8   16
## 6     9   10
```

```
dim(cars)
```

```
## [1] 50  2
```

该数据集共有 50 行、2 列。第 1 列是汽车的速度，第 2 列是行驶的距离。我们可以使用 geom_point 函数把这些数据点按照各自的坐标画在一个平面上 (见图 B.3)，并使用 stat_smooth 函数来添加一条直线用于描述速度和距离的相关关系，代码如下：

```
library(ggplot2)
g=ggplot(cars,aes(x=speed,y=dist))
g=g+geom_point()
g+stat_smooth(method=lm,se=FALSE,colour="red")
```

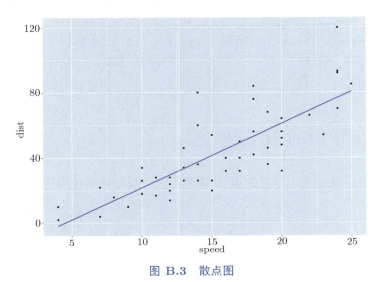

图 B.3　散点图

在上面的代码中，我们首先创建了一个针对数据集 cars 的画板对象，同时设定 x 轴对应 speed 变量，y 轴对应 dist 变量，并且赋值给变量 g。接着利用"+"把函数 geom_point 读入的 cars 数据点添加至画板上，并同时更新画板对象变量 g。最后使用函数 stat_smooth 拟合一条直线来刻画 speed 和 dist 两个变量的线性相关性，并添加至画板中，同时将图形在图形输出端显示。

假设我们把该数据集分成两部分：一部分是速度小于 15 的，另一部分是速度不小于 15 的。而且在原来的数据集 cars 上添加一个取值为 1 和 0 的变量（小于 15 则取值为 1，否则取值为 0），有关代码及输出如下：

```
cars0=cars
cars0$indicator=factor(cars$speed<15)
head(cars0)
```

```
##   speed dist indicator
## 1     4    2      TRUE
## 2     4   10      TRUE
## 3     7    4      TRUE
## 4     7   22      TRUE
## 5     8   16      TRUE
## 6     9   10      TRUE
```

然后我们把数据集按照 indicator 分成两类，并使用 geom_density 函数将每一类中行驶距离的概率密度估计出来 (见图 B.4)，代码如下：

```
par(mar=c(4,4,0.1,0.1))
ggplot(cars0,aes(x=dist,colour=indicator,linetype=indicator))+geom_density()
ggplot(cars0,aes(x=dist,fill=indicator))+geom_density(alpha=.3)+
        scale_fill_grey()
```

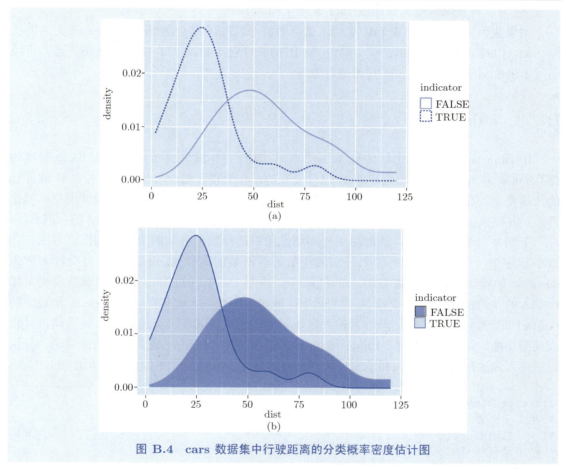

图 B.4　cars 数据集中行驶距离的分类概率密度估计图

在图 B.4(a) 中，我们用不同颜色绘出了行驶距离密度函数的估计曲线；在图 B.4(b) 中，我们则在曲线下方填充了不同颜色，且设置了一定的透明度 (alpha=.3)。

B.7.2　rmarkdown

在 2020 年上半年的网课教学中，很多学生在做统计学作业时需要输入大量数学公式和数学符号，而使用 Word 软件来编辑这些特殊符号往往耗时耗力。实际上，对于需要编辑大量数学符号和公式的工作而言，LaTex[①]是一个非常好的选择。虽然与 Office 软件相比，LaTex 的学习门槛稍微高一些，但是一旦熟悉之后，编辑效率非常高。LaTex 也是科

---
① https://www.latex-project.org/.

技类文章、书籍的常用编辑软件，其编辑生成的文档行文整齐漂亮。RStudio 提供了软件包 rmarkdown[1]，让大家在编辑数学符号和公式的同时，能够把 R 代码的运算结果直接输出到文档中，而输出的文档格式可以是 doc、pdf 和 html。如果大家编辑的文档支持中文，可以事先安装文档模板的软件包 rticles[2]，并在 RStudio 中通过如下方式打开模板：

(1) 打开 "File"→"New File"→"R Markdown"；

(2) 支持中文：选择 "From Template"，再选择 "CTex Documents"；

(3) 可以直接输入中文并生成 LaTex 等文档。

如果我们需要成功生成 pdf 文档，就需要在系统中安装能够编译 LaTex 源文件的软件，如 Miktex[3]或者 texlive[4]，并且安装 R 的软件包 knitr[5]。在编辑完文字之后，可以通过 RStudio 界面上的 knitr 按钮进行编译。

B.7.3　shiny

RStudio 还提供了一个软件包 shiny[6]。这个软件包可以让我们设计自己的 R 程序的交互界面，从而让一些需要用户和 R 进行交互的工作变得轻松，大大有利于各自 R 软件包的传播使用。在使用 shiny 包编写交互应用小程序时，需要定义 ui 函数来设计用户可视化界面，并定义 server 函数来实现后台相关运算。感兴趣的读者可以参考 shiny 的官网教程。

下面是一个简单例子，该应用小程序通过用户选择数据分割的个数来画出直方图。在该小程序中，用户通过滑条输入分割的个数，该滑条的名称为 bins；程序将会在名称为 distPlot 的输出区域画出直方图。ui 和 server 这两个函数通过 bins 对应的滑条模块来接收输入的参数值, 通过 distPlot 对应的输出区域画出图像，完成交互运算。server 函数中的 renderPlot 起到了重要作用，一旦输入区域发生改变，renderPlot 函数就会被启动，并完成绘图功能。需要注意的是，input 和 output 是 R 软件包 shiny 定义的保留变量名，分别对应输入和输出模块。输入和输出模块都可以定义多个区域用于不同的输入和输出。

```
library(shiny)
# 定义一个画出直方图应用小程序的UI界面
ui <- fluidPage(
  # 小程序标题
  titlePanel("你好，Shiny!"),
  # 定义输入和输出两个功能区域
  sidebarLayout(
    # 输入滑条区域
    sidebarPanel(
      # 输入直方图分割（bin）的数目
      # 通过min和max来定义滑条的取值范围，value表示初始值
```

[1] https://rmarkdown.rstudio.com/.
[2] https://github.com/rstudio/rticles.
[3] https://miktex.org/.
[4] https://tug.org/texlive/.
[5] https://github.com/yihui/knitr.
[6] https://shiny.rstudio.com/.

```
        sliderInput(inputId="bins",
                    label="箱柜分割（bins）个数:",
                    min=1,
                    max=50,
                    value=30)
    ),
    # 输出区域
    mainPanel(
      # 绘制图像
      plotOutput(outputId="distPlot")
    )
  )
)

# 定义后台运算规则
server <- function(input, output) {
  # 黄石公园的Old Faithful喷泉喷涌的间隔时间直方图
  # 函数renderPlot接收参数之后自动渲染并画出直方图
  output$distPlot <- renderPlot({
    x    <- faithful$waiting
    bins <- seq(min(x), max(x), length.out=input$bins+1)
    hist(x,breaks=bins, col="#75AADB", border="white",
         xlab="Old Faithful喷泉下一次喷涌的等待时间（分钟)",
         ylab="频率",
         main="间隔时间的直方图")
  })
}

# 运行该小程序
shinyApp(ui = ui, server = server)
```

　　这个应用小程序的 UI 界面如图B.5所示，图中左上角就是 bins 对应的输入区域，而右边的直方图所处的绘图区域就是 distPlot 对应的输出区域。通过滑动滑条来改变箱柜的数目，小程序就会在右边的输出区域重新画出喷泉喷涌的间隔时间直方图。

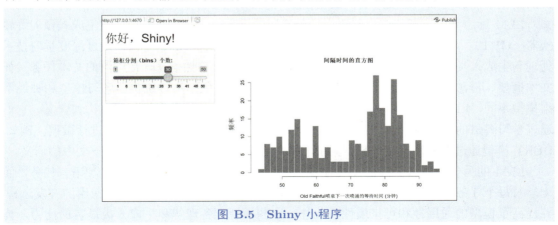

图 B.5　Shiny 小程序

人工智能（AI）起源于 20 世纪 50 年代。在过去的几十年里，随着计算机技术的快速发展，AI 也取得了迅速进步。将 AI 应用于各个领域的前景逐渐受到越来越多的关注。大语言模型（LLM）作为近年来出现的自然语言处理（NLP）技术，已迅速发展并在自然语言理解（NLU）和自然语言生成（NLG）等任务中取得了突破。LLM 不仅在技术层面取得了显著成就，在诸多领域的应用前景也备受瞩目，逐渐在金融、医疗、教育、法律等多个行业成为一种强大的工具。

C.1　大模型发展、现状与应用

C.1.1　大模型的发展历程

从技术上讲，人工智能模型的发展可以大致分为三个主要阶段：传统机器学习模型、神经网络模型、大语言模型。

传统机器学习模型以支持向量机（SVM）、随机森林（Random Forest）、逻辑回归（Logistic Regression）为主，通过一些经典机器学习算法，基于历史数据对未来数据或总体趋势进行判断及预测。

神经网络模型具有捕捉面板数据纵向和横向特征的优势。常用的神经网络模型有长短期记忆（LSTM）模型、生成对抗网络（GAN）模型等。长短期记忆模型具有时间序列数据建模能力，能够处理和利用长期的依赖关系，更好地适应总体趋势的复杂变化。生成对抗网络模型能够模拟和生成逼真的数据，应用于欺诈检测、风险管理和数据增强等方面。

LLM 标志着人工智能在自然语言处理领域的重大进步。这些模型，如生成式预训练转换器（GPT）、双向编码器表示转换器（BERT）和 Transformer 架构，通过深度学习技术处理和生成人类语言。LLM 特别擅长理解、生成和翻译自然语言，在广泛的文本任务（如文本摘要、情感分析、问答系统和机器翻译）中表现出色。与传统机器学习模型和神经网络模型不同，LLM 通常需要大量的数据进行预训练，以学习语言的深层结构和含义。它们通过学习海量的文本数据，捕获语言的复杂模式，然后可以根据特定任务进行微调。例如，BERT 模型通过在大规模文本数据集上的双向训练，能够更准确地理解上下文中的词义。

LLM 的另一个显著优势是其具有多功能性。同一个模型可以应用于多种语言任务，而无须对每个任务重新训练模型。这种一致的方法大大简化了自然语言处理应用的开发过程，并提高了模型的通用性和可扩展性。此外，这些模型具备理解和生成人类语言的能力，为聊天机器人、自动内容创作和语言翻译等应用提供了强大的基础。然而，LLM 也面临着挑战，如需要大量计算资源，可能产生偏见和不准确的问题，以及在处理特定领域知识时有局限性。尽管如此，LLM 在自然语言处理和人工智能领域仍具有巨大的潜力和影响力。随着技术的不断发展和优化，LLM 预计将在未来持续扮演重要角色，为人工智能的应用开辟新的可能性。

C.1.2　大模型的现状

目前，国内外大模型发展呈现出两条主要路线：一是规模不断增大，走向通用智能方向；二是纵向垂直行业的大模型在各个行业找到适应性。

在通用大模型方面，国际上最具代表性的当属 OpenAI 的 GPT 系列模型。GPT-3 模型拥有 1 750 亿个参数，采用 API 方式提供服务，主要应用于自然语言处理、文本生成、机器翻译等领域。2022 年 11 月，OpenAI 发布了 GPT-3.5，进一步提高了模型的性能，同时降低了模型的成本和资源需求。2023 年 3 月，OpenAI 发布了 GPT-4，带来了更高质量的文本生成和更广泛的应用，持续推动人工智能技术的发展和创新。与此同时，Anthropic 的 Claude 系列模型、BigScience 的 Bloomz 系列模型、Meta 的 LLaMA 系列模型等也表现出色，为自然语言处理、文本生成等领域的发展做出了重要贡献。

在国内的通用大模型方面，2023 年成为中国大模型爆发年。自 2022 年 8 月起，清华大学和智谱 AI 公司合作发布了 GLM-130B 模型，这是一个具有 1 300 亿个参数的开源语言模型。随后，2023 年 3 月，同一团队推出了 ChatGLM-6B，它是一个参数规模为 60 亿的开源模型。同年 2 月，复旦大学计算机科学技术学院教授邱锡鹏团队发布了拥有 160 亿个参数的 MOSS 模型，并邀请公众参与内测，后续团队将经验、代码和模型参数开源。4 月，阿里云发布了通义千问大模型。6 月，百川智能公司推出了 Baichuan-7B 大模型，后续它们也推出了更大规模参数的模型，如 140 亿个参数的 Qwen-14B、130 亿个参数的 Baichuan-13B 等模型。在此之前，科大讯飞在 5 月发布了讯飞星火模型，尽管参数规模未公开，但提供了 API 接口供开发者使用。另外，百度在 3 月发布了文心一言模型，同样未公开参数规模，但提供了 API 接口。这些模型的发布标志着人工智能领域在自然语言处理方面的重要进展，并为研究人员和开发者提供了强大的工具。表C.1和表C.2简要列举了国内外主流通用大模型。

表 C.1　国内主流通用大模型

模型名称	发布机构	参数规模（亿）	使用方式	发布时间
LLaMA-65B	Meta	650	开源	2023/02
GLM-130B	清华、智谱	1 300	开源	2022/08
ChatGLM-6B	清华、智谱	60	开源	2023/03
Chinese-LLaMA-13B	Cui et al.	130	开源	2023/04
Chinese-Alpaca-13B	Cui et al.	130	开源	2023/04
MOSS	复旦大学	160	开源	2023/02
Baichuan-7B	百川智能	70	开源	2023/06

续表

模型名称	发布机构	参数规模（亿）	使用方式	发布时间
Qwen-14B	阿里云	140	开源	2023/09
讯飞星火	科大讯飞	—	API	2023/05
文心一言	百度	—	API	2023/03

表 C.2　国外主流通用大模型

模型名称	发布机构	参数规模（亿）	使用方式	发布时间
GPT-3.5	OpenAI	1 750	闭源	2022/11
Bloomz-mt	BigScience	1 760	开源	2022/12
Claude-v1.3	Anthropic	—	闭源	2023/01
LLaMA-65B	Meta	650	开源	2023/02
Bing Chat	微软	—	闭源	2023/02
GPT-4	OpenAI	—	闭源	2023/03
Claude-instant-v1.0	Anthropic	—	闭源	2023/03
StableLM-7B	Stability AI	70	开源	2023/04
Titan	亚马逊	—	闭源	2023/04
PaLM 2	谷歌	5 400	开源	2023/05
Aurora genAI	英特尔	10 000	闭源	2023/05
Gorilla	加州大学伯克利分校、微软研究院	—	闭源	2023/05
BloombergGPT	Bloomberg	500	闭源	2023/06
Gemini	谷歌	—	闭源	2023/12

总的来说，国内外大模型发展呈现出多种类、多方向的特点，不仅在自然语言处理领域有广泛应用，还在图像生成、视频生成等领域具有巨大潜力。随着技术的发展，大模型在各个行业的应用将越来越广泛，对经济社会的发展将产生重要影响。未来，我们有望看到更多具有创新性和实用性的人工智能大模型问世，为人类生产生活带来更多便利。

C.1.3　大模型的应用

大模型的应用范围广泛，涵盖了许多领域和行业。这些基于统计学原理和技术的模型，利用大规模数据集进行训练，能够生成高度准确的预测、推断和决策。随着技术的不断发展和数据的不断增长，大模型在各个领域的作用日益重要，它们帮助我们从大量复杂数据中提取有价值的信息，为决策和创新提供强大支持。

在金融领域，大模型通过分析历史数据和市场趋势，进行股票价格预测、风险评估和投资组合优化，同时也用于信用评分、欺诈检测和市场波动预测。在医疗保健领域，大模型能够分析大规模医疗数据，进行疾病诊断和预测、药物疗效评估和基因组学研究，帮助医生制定个性化的治疗方案，改善患者护理和医疗资源分配。

在自然语言处理领域，大模型通过学习大量语言数据，来完成语言翻译、文本摘要、情感分析和问答系统等任务，理解和生成自然语言，在各种文本处理任务中表现出色。在图像处理和视觉识别方面，大模型完成图像分类、目标检测、人脸识别和图像生成等任务，通过训练大规模图像数据，识别和理解图像内容，在计算机视觉领域取得了重大突破。

在社交媒体和推荐系统中，大模型通过分析用户行为和社交网络关系，进行个性化的内容推荐和广告定向，识别用户兴趣和偏好，提供个性化的用户体验，帮助企业实现更精准的市场营销。在工业制造和供应链管理方面，大模型通过分析生产数据和供应链网络，进行质量控制、故障检测和供应链优化，帮助企业提高生产效率、降低成本，提供更可靠的产品和服务。

C.2 统计学大模型构建简述

基于 LLM 的蓬勃发展和广泛应用，上海财经大学统计与管理学院张立文副教授团队开发设计了一款统计学大模型 StatChat，专项应用于统计学领域的知识问答，包括基础概念解惑、相关 R 语言和 Python 语言代码解答等方面。这一大模型可以作为学院学生的数字化智能学习助手，在与学生的互动中很好地传授知识、答疑解惑，从而极大地提升学生的学习积极性和学习效率。

C.2.1 统计学大模型构建意义

随着 LLM 的快速发展和广泛应用，它们在金融、医药等多个专业领域展现出了巨大的潜力和实用价值。这些模型通过深度学习和大量数据训练，为专业人士提供了强大的决策支持工具。然而，在统计学这一关键学科领域，尚未出现专门针对该学科需求设计的大模型。统计学作为数据科学的核心，其理论和方法在各行各业中都发挥着重要作用，因此，开发专门的统计学大模型显得尤为重要和迫切。在高校教育环境中，学生在学习统计学的过程中经常会遇到各种各样的难题和疑问。这些问题可能涉及复杂的统计概念、数据分析方法或编程技巧。由于各种原因，比如羞于提问、担心被误解等，学生可能不愿意直接向教师寻求帮助。同时，教师由于课程安排和研究任务繁重，未必能随时提供即时的个性化指导。因此，一个专门设计的统计学大模型，作为一种智能学习助手，可以有效弥补这一空白，帮助学生在学习过程中自主解决问题，提高自主学习的能力。StatChat 统计学大模型的设计团队来自上海财经大学统计与管理学院，由张立文副教授领衔。该模型依据培养方案的划分涵盖两大类：统计学基础课程与统计学应用课程。学生通过这一模型，不仅能够系统学习统计学的基本概念、理论和方法，还能掌握如何运用 R 语言和 Python 进行数据处理和建模。此外，模型还提供了一系列实例，指导学生如何运用统计学方法分析金融市场、宏观经济和微观经济现象，从而培养他们的经济学分析能力和决策能力。例如，模型演示了如何利用 R 语言进行数据分析，以及如何借助 Python 实现复杂的统计算法。这些实践环节对于提高学生的实际操作能力和解决实际问题的能力至关重要。通过 StatChat 模型，学生能够在统计学的理论学习与实践应用之间无缝衔接，为学术发展和职业生涯打下坚实的基础。

统计学基础课程旨在培养学生掌握统计学的基本理论和方法，主要包括概率论、统计学/数理统计、线性回归和多元统计分析等课程。概率论课程让学生理解和掌握随机现象的规律性和不确定性，培养逻辑思维和推理能力；统计学/数理统计课程则教授学生如何分析和解释数据，以推断总体的特性，培养基本的数据分析能力；线性回归课程教授学生如何建立自变量和因变量之间的线性关系模型，进行预测和解释，培养模型构建和数据分析能力；多元统计分析课程则进一步扩展了线性回归的内容，让学生掌握多个自变量与因变量之间的复杂关系，培养综合分析和解决实际问题的能力。通过对这些基础课程的学习，学生将具备扎实的统计学基础知识和技能，掌握一定的建模和数据分析能力，为更高阶统计学课程的学习打下基础。

统计学应用课程旨在培养学生将统计学理论和方法应用于实际问题解决的能力，主要包括 R 语言应用、Python 应用、时间序列分析、金融学、宏观经济学、微观经济学和机器学习等课程。R 语言应用和 Python 应用课程教授学生如何使用这两种编程语言进行数据处理、可视化和建模，培养数据分析和编程能力；时间序列分析课程让学生掌握时间序列数据的特性、建模和分析方法，培养对时间序列数据的理解和预测能力；金融学、宏观经济学和微观经济学课程将统计学与经济学相结合，让学生能够运用统计学方法分析金融市场、宏观经济和微观经济现象，培养经济学分析和决策能力；机器学习课程则教授学生如何运用统计学原理和方法构建和应用机器学习模型，培养人工智能和数据分析能力。通过这些应用课程的学习，学生将能够将统计学知识应用于金融等领域，解决实际问题，并具备数据分析和决策能力。

总之，这款统计学大模型不仅能够提高学生对统计学的学习兴趣，还能通过实时反馈和互动学习提高学习效率。更重要的是，该团队计划对模型进行持续的迭代和优化，以确保其内容保持更新，与统计学领域的最新发展同步。随着技术的不断进步和教学方法的不断创新，这款模型有望成为高校统计学教育的重要辅助工具，为培养数据时代的新型人才提供强有力的支持。

C.2.2　统计学大模型结果展示

图C.1至图C.4分别展示了 StatChat 针对四个问题的具体回答，问题分别包括一道自我身份识别题、一道统计学概念基础题、一道统计学概念高阶题和一道 R 语言代码题，较为全面地展示了大模型的效果。

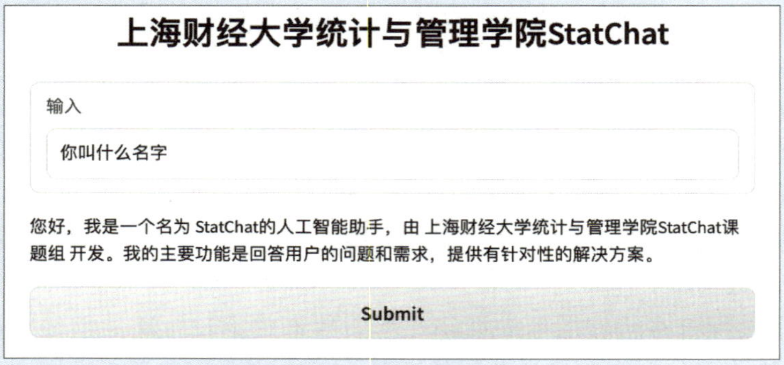

上海财经大学统计与管理学院StatChat

输入

你叫什么名字

您好，我是一个名为 StatChat 的人工智能助手，由上海财经大学统计与管理学院 StatChat 课题组开发。我的主要功能是回答用户的问题和需求，提供有针对性的解决方案。

Submit

图 C.1　自我身份识别题回答

上海财经大学统计与管理学院StatChat

输入

什么是统计学

统计学是一门研究如何收集、组织、分析和解释数据以便做出决策的学科。它是运用数学、概率论和数学统计学的方法来研究数据和现象的科学。统计学的应用领域非常广泛，包括自然科学、社会科学、医疗保健、金融、经济学、市场营销等。

统计学的主要任务是：

1. 收集数据：通过各种途径收集关于某一现象或问题的数据，如调查、实验、观察等。

2. 整理数据：对收集到的数据进行清洗、转换和整理，以便进行进一步的分析。

3.
分析数据：运用各种统计方法，如描述性统计、推断性统计、回归分析等，对整理好的数据进行分析和解释。

4. 解释数据：根据分析结果，对数据进行解释和解读，为决策提供依据。

5. 展示结果：将分析结果以图表、报告等形式展示，以便决策者更好地理解数据和现象。

统计学具有很强的实用性，通过运用统计学方法对数据进行分析和解释，可以帮助我们更好地理解现象、发现规律，从而为决策提供有力支持。

Submit

图 C.2　统计学概念基础题回答

上海财经大学统计与管理学院StatChat

输入

请详细回答什么是t分布

t分布是一种概率分布，用于描述小样本容量下的统计推断问题。它通常用于总体方差未知的情况，并且当样本容量较小，总体标准差未知时，使用 t 分布来估计总体均值的区间估计或进行假设检验。

t分布的形状类似于正态分布，但相对更宽一些，其形状由一个参数，自由度（degrees of freedom，通常用 df 表示）来确定。自由度是样本容量 n 减去估计的参数个数。当自由度增加时，t分布逐渐趋近于标准正态分布。

t分布的概率密度函数如下：

$$f(x) = \frac{\Gamma\left(\frac{v+1}{2}\right)}{\sqrt{v\pi}\Gamma\left(\frac{v}{2}\right)} \left(1 + \frac{x^2}{v}\right)^{-\frac{v+1}{2}}$$

总的来说，t分布在统计学中是一个非常重要的概率分布，特别是在小样本推断中，它提供了对总体参数的可靠估计和假设检验的工具。

Submit

图 C.3　统计学概念高阶题回答

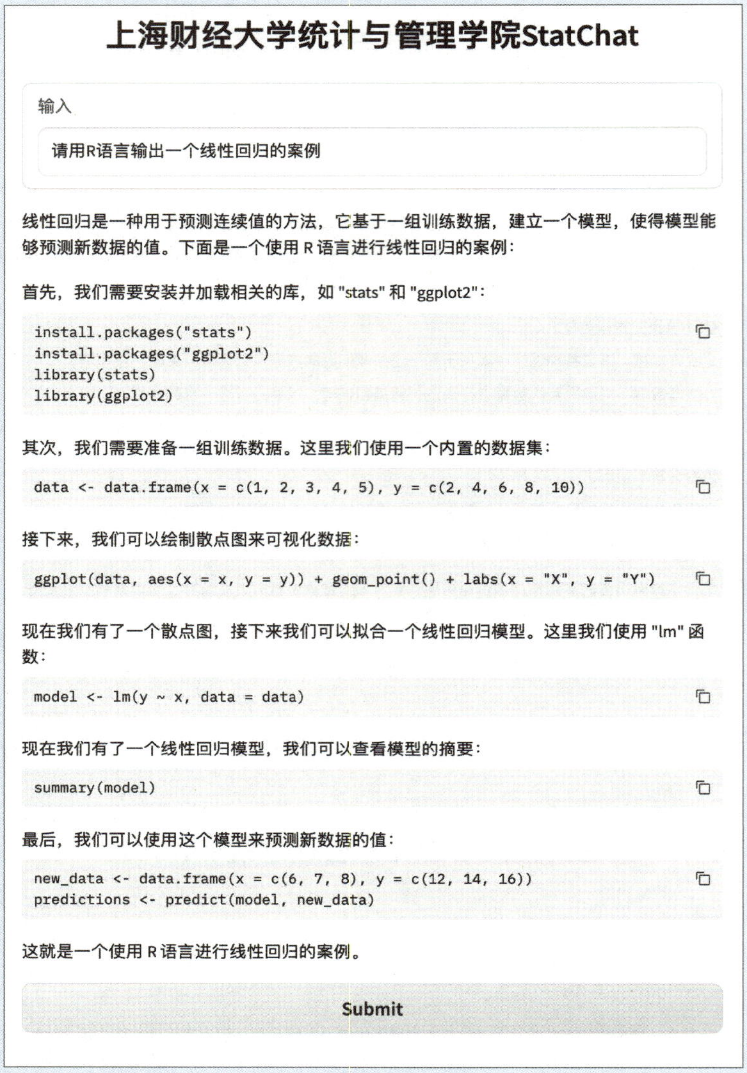

上海财经大学统计与管理学院StatChat

输入

请用R语言输出一个线性回归的案例

线性回归是一种用于预测连续值的方法，它基于一组训练数据，建立一个模型，使得模型能够预测新数据的值。下面是一个使用 R 语言进行线性回归的案例：

首先，我们需要安装并加载相关的库，如 "stats" 和 "ggplot2"：

```
install.packages("stats")
install.packages("ggplot2")
library(stats)
library(ggplot2)
```

其次，我们需要准备一组训练数据。这里我们使用一个内置的数据集：

```
data <- data.frame(x = c(1, 2, 3, 4, 5), y = c(2, 4, 6, 8, 10))
```

接下来，我们可以绘制散点图来可视化数据：

```
ggplot(data, aes(x = x, y = y)) + geom_point() + labs(x = "X", y = "Y")
```

现在我们有了一个散点图，接下来我们可以拟合一个线性回归模型。这里我们使用 "lm" 函数：

```
model <- lm(y ~ x, data = data)
```

现在我们有了一个线性回归模型，我们可以查看模型的摘要：

```
summary(model)
```

最后，我们可以使用这个模型来预测新数据的值：

```
new_data <- data.frame(x = c(6, 7, 8), y = c(12, 14, 16))
predictions <- predict(model, new_data)
```

这就是一个使用 R 语言进行线性回归的案例。

Submit

图 C.4　R 语言代码题回答

　　展望未来，我们期待统计学大模型与金融大模型的深度结合，形成具有上海财经大学特色的大模型。这样的结合将充分发挥统计学在数据分析和决策支持中的核心作用，同时融入金融学的专业知识，为学生在金融领域的应用提供强有力的支撑。通过这种跨学科的合作，学生将有机会学习如何将统计学原理应用于金融市场的风险管理和资产定价，以及如何利用金融模型来分析经济数据，预测市场趋势。例如，结合统计学模型和金融工程技术，学生可以探索如何开发新的金融衍生品，或者如何评估金融机构的稳健性。此外，通过模拟真实的金融市场环境和决策场景，学生能够锻炼自己的实战能力，为将来在金融行业工作做好准备。这样的特色经管模型不仅能够提升学生的专业素养，还能够加强他们在就业市场上的竞争力，为社会培养出更多具有创新精神和实践能力的经济管理人才。

参 考 文 献

[1] Agresti, A. (2019). An introduction to categorical data analysis. 3rd edition. John Wiley and Sons.

[2] Bartlett, M. S. (1937). Properties of sufficiency and statistical tests. Proceedings of the Royal Society of London. Series A, Mathematical and Physical Sciences, 160:268–282.

[3] Bonferroni, C. E. (1936). Teoria statistica delle classi e calcolo delle probabilita. *Pubblicazioni del R Istituto Superiore di Scienze Economiche e Commericiali di Firenze*, 8:3–62.

[4] Conover, W. J., Johnson, M. E., and Johnson, M. M. (1981). A comparative study of tests for homogeneity of variances, with applications to the outer continental shelf bidding data. *Technometrics*, 23:351–361.

[5] Cramér, H. (1946). Mathematical methods of statistics. Princeton Press, NJ.

[6] D'Agostino, B. B. (1971). An omnibus test of normality for moderate and large size samples. *Biometrika*, 58:341–348.

[7] Efron, B., Hastie, T., Johnstone, I., and Tibshirani, R. (2004). Least angle regression. *The Annals of Statistics*, 32:407–451.

[8] Fisher, R. A. (1935). The design of experiments. Edinburgh: Oliver and Boyd.

[9] Goodman, L. A. and Kruskal, W. H. (1954). Measures of association for cross classifications. *Journal of the American Statistical Association*, 49:732–764.

[10] Goodman, L. A. and Kruskal, W. H. (1959). Measures of association for cross classifications.ii: Further discussion and references. *Journal of the American Statistical Association*, 54:123–163.

[11] Grimmett, G. and Stirzaker, D. (2001). Probability and random processes. 3rd edition. Oxford University Press.

[12] Hicks, C. R. and Turner, K. V. (1999). Fundamental concepts in the design of experiments. 3rd edition. Oxford University Press.

[13] Hoerl, A. E. and Kennard, R. W. (1970). Ridge regression: biased estimation for nonorthogonal problems. *Technometrics*, 12:55–67.

[14] Lander, J. P. (2014). R for everyone: advanced analytics and graphics. Pearson.

[15] Ledolter, J. (2013). Data mining and business analytics with R. Wiley.

[16] Levene, H. (1960). Robust tests for equality of variance. Contributions to Probability and Statistics: Essays in Honor of Harold Hotelling, 278–292.

[17] McCullagh, P. and Nelder, J. (1989). Generalized linear models. 2nd edition. London: Chapman & Hall.

[18] Ross, S. (2018). A first course in probability. 10th edition. Pearson.

[19] Scheffe, H. (1953). A method for judging all contrasts in the analysis of variance. *Biometrika*, 40: 87–104.

[20] Shapiro, S. S. and Francia, R. S. (1972). An approximate analysis of variance test for normality. *Journal of the American Statistical Association*, 67:215–216.

[21] Shapiro, S. S. and Wilk, M. B. (1965). An analysis of variance test for normality (complete samples). *Biometrika*, 52:591–611.

[22] Tibshirani, R. (1996). Regression shrinkage and selection via the lasso. *Journal of the Royal Statistical Society. Series B*, 58:267–288.

[23] Tschuprow, A. A. (1939). Principles of the mathematical theory of correlation. William Hodge.

[24] Tukey, J. W. (1953). The problem of multiple comparisons. Princeton University.

[25] Yule, G. U. (1912). On the methods of measuring association between two attributes. *Journal of the Royal Statistical Society*, 75:579–652.

[26] 冯兴东，李涛，朱倩倩. 数理统计. 北京：中国统计出版社，2023.

[27] 李贤平. 概率论基础. 3 版. 北京：高等教育出版社，2010.

[28] 王梓坤. 概率论基础及其应用. 3 版. 北京：北京师范大学出版社，2007.

图书在版编目（CIP）数据

统计学 / 李涛等编著. -- 北京：中国人民大学出
版社，2024.5
ISBN 978-7-300-32767-9

Ⅰ. ①统… Ⅱ. ①李… Ⅲ. ①统计学－高等学校－教
材 Ⅳ. ①C8

中国国家版本馆 CIP 数据核字（2024）第 083208 号

统计学

李　涛　刘　鑫　吴　洁　冯兴东　编著
Tongjixue

出版发行	中国人民大学出版社		
社　　址	北京中关村大街 31 号	邮政编码	100080
电　　话	010-62511242（总编室）	010-62511770（质管部）	
	010-82501766（邮购部）	010-62514148（门市部）	
	010-62515195（发行公司）	010-62515275（盗版举报）	
网　　址	http://www.crup.com.cn		
经　　销	新华书店		
印　　刷	北京密兴印刷有限公司		
开　　本	787mm×1092mm　1/16	版　　次	2024 年 5 月第 1 版
印　　张	17.25　插页 1	印　　次	2024 年 5 月第 1 次印刷
字　　数	402 000	定　　价	49.00 元

中国人民大学出版社　理工出版分社

教师教学服务说明

　　中国人民大学出版社理工出版分社以出版经典、高品质的统计学、数学、心理学、物理学、化学、计算机、电子信息、人工智能、环境科学与工程、生物工程、智能制造等领域的各层次教材为宗旨。

　　为了更好地为一线教师服务，理工出版分社着力建设了一批数字化、立体化的网络教学资源。教师可以通过以下方式获得免费下载教学资源的权限：

★　在中国人民大学出版社网站 www.crup.com.cn 进行注册，注册后进入"会员中心"，在左侧点击"我的教师认证"，填写相关信息，提交后等待审核。我们将在一个工作日内为您开通相关资源的下载权限。

★　如您急需教学资源或需要其他帮助，请加入教师 QQ 群或在工作时间与我们联络。

　中国人民大学出版社　理工出版分社

🔔　教师 QQ 群：229223561(统计2组) 982483700(数据科学) 361267775(统计1组)
　　教师群仅限教师加入，入群请备注 (学校 + 姓名)

☎　联系电话：010-62511967，62511076

✉　电子邮箱：lgcbfs@crup.com.cn

◎　通讯地址：北京市海淀区中关村大街 31 号中国人民大学出版社 507 室（100080）